Comunicação Consciente

O Que Comunico Quando me Comunico

Mara Behlau

É fonoaudióloga e consultora em comunicação humana para diversas empresas, dirige o CEV, empresa de consultoria, treinamento e ensino em comunicação e desenvolvimento humano. Doutora em Distúrbios da Comunicação Humana pela Universidade Federal de São Paulo – Escola Paulista de Medicina (UNIFESP-EPM), com pós-doutoramento em Audiologia e Ciências da Fala na *University of California San Francisco* (UCSF), Estados Unidos. Orientadora credenciada na Universidade Federal de São Paulo – Escola Paulista de Medicina (UNIFESP-EPM), é também professora de Comunicação em Negócios no Insper, São Paulo. É instrutora no curso de Formação de Conselheiros do Instituto Brasileiro de Governança Corporativa (IBGC), São Paulo. Especializada em neuroliderança pelo NeuroLeadership Institute (NLI) (Programa *Certificate Foundations In Neuroleadership* (CFN)) de Nova Iorque, Estados Unidos. Também exerce a função de *coach*, sendo certificada como *Associate Certified Coach* (ACC), pela *International Coaching Federation* (ICF), dos Estados Unidos. Foi presidente da Sociedade Brasileira de Fonoaudiologia (SBFa), da Sociedade Brasileira de Laringologia e Voz (SBLV) e da *International Association of Communication Sciences and Disorders* (IALP). Hoje está no *board* da *The Voice Foundation* (TVF), Filadelfia, EUA. No segmento empresarial trabalha principalmente com competência na comunicação e desenvolvimento de liderança.

Marisa Barbara

Consultora organizacional, *coach* e mentora para desenvolvimento humano e lideranças para diversas empresas, tem MBA em Direção de Empresas pela Fundação Armando Álvares Penteado (FAAP) e MBA *Professional Program Continuing Education – Effective Leadership for a Changing World na University Park*, Pennsylvania, Estados Unidos. Graduada em Sistemas de Informação pela Universidade Mackenzie. É professora associada ao CEV, São Paulo. É também instrutora no curso de Formação de Conselheiros do Instituto Brasileiro de Governança Corporativa (IBGC), São Paulo. Especializada em neuroliderança pelo NeuroLeadership Institute (NLI) (Programa *Certificate Foundations In Neuroleadership* – CFN) de Nova Iorque, Estados Unidos. Também exerce a função de *coach*, certificada como *Professional Certified Coach* (PCC), pela *International Coaching Federation* (ICF), dos Estados Unidos. Sua experiência no mundo corporativo foi diversa, começando na área de tecnologia e sistemas de informação, migrou para a área executiva como Diretora Administrativa e Financeira e, posteriormente, realizou diversos projetos em consultoria de planejamento estratégico, reorganização de estruturas organizacionais e M&A. No segmento empresarial, atualmente trabalha principalmente com desenvolvimento humano, por meio de otimização dos processos de comportamento, baseado em neurociência.

Comunicação Consciente

O Que Comunico Quando me Comunico

Mara Behlau
Marisa Barbara

Thieme
Rio de Janeiro • Stuttgart • New York • Delhi

Dados Internacionais de Catalogação na Publicação (CIP)
(eDOC BRASIL, Belo Horizonte/MG)

B419c

Behlau, Mara
Comunicação consciente: o que comunico quando me comunico/Mara Behlau, Marisa Barbara. – Rio de Janeiro, RJ: Thieme Revinter, 2022.

256 p. : il. ; 16 x 23 cm

Inclui bibliografia.
ISBN 978-65-5572-151-5
eISBN 978-65-5572-152-2

1. Comunicação profissional, 2. Comunicação nas organizações, 3. Liderança. I. Barbara, Marisa. II. Título.

CDD 658.45

Elaborado por Maurício Amormino Júnior – CRB6/2422

Contato com as autoras:
Mara Behlau
mbehlau@cevbr.com

Marisa Barbara
mbarbara@cevbr.com

Centro de Estudos da Voz (CEV)
www.cevbr.com

Thieme Revinter Publicações Ltda.
Rua do Matoso, 170
Rio de Janeiro, RJ
CEP 20270-135, Brasil
http://www.ThiemeRevinter.com.br

Thieme USA
http://www.thieme.com

Créditos Imagem da Capa: imagem da capa combinada pela Thieme usando a imagem a seguir: Empresários que trabalham no escritório © Depositphotos/Rawpixel.

Impresso no Brasil por Forma Certa Gráfica Digital Ltda.
5 4 3 2 1
ISBN 978-65-5572-151-5

Também disponível como eBook:
eISBN 978-65-5572-152-2

Ao meu filho Thomas, meu amor visceral, que me desafia a ser uma pessoa melhor.

Mara

Ao meu amado filho Theo, por tudo o que conquistou e ainda vai conquistar.

Marisa

APRESENTAÇÃO

Esse livro aborda a comunicação, com um convite para que você tome consciência sobre o que comunica, quando se comunica, em suas diversas interações. Produzimos esse texto a partir de estudos de Comunicação e Neurociência Social, entrelaçando esse conhecimento com as nossas experiências profissionais, Mara vinda da área da saúde e Marisa do mundo corporativo, acrescidas de dez anos de trabalho em conjunto atendendo profissionais e empresas em seus desafios de comunicação e desenvolvimento de carreira. Nosso objetivo é o de oferecer um texto de divulgação científica, em uma linguagem prática, amparado pelo que há de mais importante na bibliografia da área, favorecendo o autoconhecimento, para ajudar o leitor a implementar melhorias em sua comunicação, de modo imediato.

Cada um dos 12 capítulos foca um aspecto especial, abordado com um referencial teórico atualizado, com propostas de testes de autoconhecimento e exercícios para você ter oportunidades de reflexão e desenvolvimento. Quando o capítulo inclui autoavaliação, ela surge no texto no momento adequado para a sua resposta; procure observar isso para aproveitar melhor a leitura. Sugestões de vídeos relacionados ao tema central de cada capítulo são apresentadas. Essa organização permite que cada capítulo tenha quase uma vida independente: assim, você poderá escolher a ordem de leitura que lhe parecer mais atrativa; contudo, o ideal é que você enfrente logo de início o capítulo mais complexo, o capítulo 1, sem que isso o assuste e o afaste dos demais. Garantimos que os seguintes serão mais fáceis!

No Capítulo 1 abordamos o **cérebro e comportamento na comunicação**, com informações essenciais que serão retomadas e expandidas ao longo do livro. Esse texto envolve conhecimentos essenciais de neurociência social, associados ao comportamento humano na comunicação e, por essa razão, é o que vai exigir um maior esforço de leitura. Ao entender a tendência de usar automatismos e a necessidade de se comunicar de modo consciente, principalmente em situações decisivas e importantes, vai ficar claro com as metáforas e analogias sobre o funcionamento do cérebro, esse grande regente de nossas vidas. Compreender os processos básicos envolvidos na comunicação vai ajudá-lo a modificar comportamentos e contribuir para o seu desenvolvimento de carreira. Esse texto conta com a autoavaliação do SCARF®.

O Capítulo 2 apresenta a **arquitetura estrutural da comunicação**, com os três elementos essenciais para ser bem-sucedido: 1. Objetivo e eixo condutor do discurso; 2. Destinatário da mensagem e contexto de sua transmissão; e 3. Mensagem verbal e não verbal.

Essa é a base de toda a comunicação humana, ainda mais essencial quando falamos sobre o mundo das organizações.

O Capítulo 3 expõe os **cinco fatores de sucesso na comunicação** e vai ficar mais claro em quais deles você precisa fazer alguns ajustes: 1. Autenticidade; 2. Foco duplo na comunicação; 3. Respeito às regras; 4. Expressão de autoestima; e 5. Atitude de resolução de problemas. Esse capítulo conta com duas autoavaliações, uma para identificar seu estilo de comunicação – o TEC, e outra para identificar se você usa um foco duplo na comunicação ou se privilegia mais a mensagem ou o interlocutor.

O Capítulo 4 é todo dedicado à **competência na comunicação: fala e escuta**, baseado em uma autoavaliação, chamada TACCom. Cada um dos 19 itens desse teste é apresentado com detalhes, avaliando-se o impacto de cada aspecto de fala ou de escuta, o que permite compreender os motivos pelos quais alguns dos componentes da competência na comunicação não se encontram bem desenvolvidos.

O Capítulo 5 é dedicado aos **tipos de escuta,** tópico que mereceu destaque de todo um capítulo por ser central no desenvolvimento da comunicação. Esse texto inclui uma autoavaliação dos tipos de escuta, o ATEsc, que vai lhe oferecer mais clareza sobre as diferenças entre ouvir e escutar e quais situações de comunicação são favorecidas por um tipo de escuta: 1. Apreciativa; 2. Empática; 3. Organizativa; 4. Perspicaz; e 5. Avaliadora, ou pela combinação de vários deles.

O Capítulo 6 apresenta os principais **canais de comunicação**, com suas vantagens e desvantagens, oferecendo uma estratégia para saber como escolher entre os diferentes canais, principalmente quanto às opções de telefonema, *e-mail* ou redes sociais. São também incluídas algumas dicas sobre como as diferentes gerações lidam com os diversos canais, para facilitar sua comunicação, considerando-se clientes de várias idades.

O Capítulo 7 aborda o importante tema da **empatia na comunicação**, discorrendo sobre três tipos: emocional, preocupação empática e cognitiva. Esse texto conta com a autoavaliação Inventário de Empatia – IE, que vai ajudá-lo a verificar em qual aspecto você é mais forte e o que você precisa desenvolver para aumentar a qualidade de sua comunicação.

O Capítulo 8 expõe o desafio da **assertividade na comunicação**, uma habilidade que não é natural, mas é essencial de ser desenvolvida em um mundo sobre pressão de resultados, sem tempo e imerso em ruídos que atrapalham a efetividade da transmissão da mensagem. Esse texto conta com a autoavaliação de Assertividade – TA, que vai indicar o quanto você usa um comportamento passivo, assertivo, agressivo ou passivo-agressivo na comunicação.

O Capítulo 9 tem como foco **persuasão na comunicação** e apresenta os princípios universais que ajudam a influenciar o outro, diferenciando conformidade de persuasão, a partir da compreensão de duas rotas cerebrais, a periférica e a central. Ficará claro o quanto esta habilidade está relacionada ao desenvolvimento de outras, como a qualidade da escuta e da empatia. Esse texto conta com uma autoavaliação da Persuasão.

O Capítulo 10 é dedicado ao universo das **apresentações profissionais**, explorando o desafio de falar em público, aspectos da comunicação presencial face a face e virtual, reações no palco, com diversas dicas sobre como aproximar a audiência de você, como se apresentar em público, como usar o microfone e como melhorar a qualidade de seus *slides*. Esse texto conta com a autoavaliação Falar em Público – SSPS e a Autoavaliação Performance nas Apresentações Profissionais – APAP.

O Capítulo 11 explora estratégias para se conquistar a **autorregulação emocional na comunicação,** um aspecto central para se ter um bom rendimento nas situações de falar em público, seja em reuniões ou apresentações para um público maior, bem como aprimorar sua assertividade quando a situação de comunicação ocorre em meio a conflitos ou com interlocutores mais difíceis.

O Capítulo 12 traz o conceito de **presença líder e estruturas de apoio**, uma atitude comunicativa que pode ser facilitada pelo uso de esquemas de comunicação que contribuem para você ser mais assertivo, empático e eficaz nas relações interpessoais. Esse capítulo também apresenta o perfil hormonal do líder e o impacto de alguns químicos que o cérebro produz na construção da confiança nas relações interpessoais. Esse texto conta com duas autoavaliações, a de Habilidade para Formar uma Boa Imagem e a de Habilidades para a Presença Líder.

Finalmente, oferecemos um **resumo conclusivo** com 10 itens que você deve valorizar, quando enfrenta os desafios de comunicar-se, fazer-se entender, compreender o outro e trabalhar em grupo.

Desejamos boa leitura e nossa expectativa é que você valorize o que faz bem e descubra os pontos a serem desenvolvidos na sua comunicação. Esperamos que você se convença de que investir em sua comunicação vai deixá-lo mais visível em um mundo com excesso de estímulos, acelerar sua carreira e reduzir mal-entendidos que causam tantos desconfortos na vida pessoal e profissional.

Mara e Marisa

PREFÁCIO

Em 2021, tive a grata satisfação de participar da 100ª turma do curso para conselheiros do Instituto Brasileiro de Governança Corporativa (IBGC), do qual era presidente, e acompanhar o módulo de Comunicação no Conselho de Administração. Eu já havia feito o curso anos atrás, mas sentia que ainda havia espaço para reforçar o tema de comunicação em conselhos, tão vital para o bom funcionamento dos colegiados. O módulo faz parte do programa do curso de conselheiros do instituto e é ministrado por Mara Behlau e Marisa Bárbara, duas referências no mercado. Com formações diversas, elas complementam suas experiências e nos trazem esta obra de inestimável valor para todos os profissionais.

Até então, eu as conhecia por atuarem no mundo das organizações. Mara, Ph.D., fonoaudióloga e consultora em comunicação humana, e Marisa, consultora organizacional, mentora para desenvolvimento humano e lideranças. Especializadas em neurociência, elas aceitaram o convite para ministrar o módulo – a propósito, com maestria –, conferindo maior qualidade ao já reconhecido curso do IBGC. Um dos temas abordados no curso e neste livro é sobre a importância crescente da comunicação mais fluida, transparente, objetiva e empática, uma das competências fundamentais para os profissionais em qualquer área de atuação e nas suas relações interpessoais.

Criamos laços durante o curso e me identifiquei com o conteúdo compartilhado, muito coerente com os princípios e valores praticados ao longo de minha trajetória profissional, seja em posições executivas ou integrando conselhos de organizações de diferentes setores. Ao receber o primeiro rascunho deste livro, me deparei com um conteúdo riquíssimo, que remete a situações reais, atuais e frequentes no mundo corporativo, e ficou claro que os temas abordados nos 12 capítulos vão, de fato, ajudar os profissionais e as corporações a se comunicarem melhor e de forma mais consciente.

Em todas as etapas da minha vida profissional, a comunicação foi de extrema importância. Trago aqui apenas dois exemplos que ilustram o poder da comunicação assertiva: a primeira se deu quando uma empresa que eu presidia estava sendo adquirida por um novo acionista; senti que as equipes estavam inseguras, sem saber o que aconteceria. Naquele momento, foi imperativo reforçar a comunicação clara, transparente e contínua sobre tudo que estava acontecendo, mantendo a equipe unida e coesa durante o longo processo de aquisição, reforçando a importância e o valor que ela agregava ao negócio. Em outro momento, vivenciei um processo de fusão de duas empresas com culturas muito diversas. Mais um desafio para o qual tivemos de elaborar um plano de comunicação efetivo que foi muito importante para alinhar expectativas e valores. O sucesso de situações como essas, inerentes ao mundo das organizações, se deve essencialmente à forma como se interage com os colaboradores, respaldada numa comunicação clara, inclusiva e humana.

Ao longo do tempo, atestamos que quando os líderes de uma empresa não agem com o cuidado necessário para administrar conflitos ou situações críticas, eles perdem a legitimidade para liderar, porque não praticaram uma comunicação inclusiva e respeitosa com suas equipes: as organizações não podem mais conviver com desperdício de energia decorrente de falhas na comunicação. A atração e retenção de talentos nunca foram tão valorizados e carreiras têm que ser potencializadas com muita interação e acompanhamento. As lideranças não conseguem manter suas equipes informadas com a mesma velocidade com que as mudanças ocorrem. Somos impactados por esse enorme volume de informação e comunicação o que gera insegurança. E as redes sociais aumentam riscos de reputação e de desinformação.

A pandemia trouxe um desafio enorme para os gestores e ilustra muito bem como a boa comunicação pode ser um divisor de águas: quem se manteve próximo a suas equipes e colocou em prática uma comunicação empática, transparente e objetiva, pôde contar com uma adesão maior aos planos de contingência que as empresas tiveram que estruturar. A comunicação passou a depender mais da tecnologia, para viabilizar a interação, via reuniões remotas, entre colaboradores, gestores e alta liderança e com seus consultores e conselhos. Todos tiveram que se expor mais, falar e escutar mais. Foi uma ótima oportunidade para descobrir os heróis anônimos que antes eram desconhecidos e até invisíveis.

Neste mundo digital, a comunicação aproxima as pessoas de forma mais democrática e exige criatividade das lideranças para envolver seus colaboradores. A tecnologia tem sido uma importante aliada para inovar o jeito de se comunicar e promover maior interação. Soube de empresas que criaram programas de influenciadores internos para comunicar eventos e ações importantes da empresa. Cada influenciador escolhe a forma que quer se comunicar com os demais colaboradores, seja por vídeos ou *posts*, utilizando as redes digitais internas. É um exemplo de comunicação contemporânea que rompe paradigmas para estimular a participação das equipes, cada vez mais diversas e atuantes nas mídias sociais.

A busca da excelência na comunicação pressupõe uma escuta ativa, praticada de forma consciente. Entender o que os interlocutores têm a dizer, com respeito e atenção. As autoras propõem o uso de escutas diferenciadas, fundamentais para a prática da diversidade. Elas enfatizam que escutar o diferente exige esforço e energia, mas permite desenvolver uma comunicação de mais qualidade e uma equipe mais coesa. Um bom comunicador deve dominar os vários tipos de escuta apresentados no livro. Eu acredito fortemente nesse conceito e na necessidade de desenvolver outras escutas além da apreciativa e empática.

Tenho observado que as empresas desenvolvem programas de *compliance*, de transformação cultural, de *change management* e, muitas vezes, esses complexos programas não são acompanhados de um plano de comunicação robusto e permanente. É necessário um tempo para que os colaboradores possam participar, construir junto e se engajar. As reflexões deste livro não se encerram numa primeira leitura. Ao contrário: é uma referência para consulta e estudo ao longo da vida profissional e pessoal. Além disso, os testes de autoconhecimento constantes no livro ajudam a identificar o que você está fazendo bem e o que pode ser melhorado em sua comunicação profissional.

À Mara e Marisa agradeço imensamente o convite para escrever este prefácio. Foi uma honra e um privilégio ter lido este livro antes da publicação. Aprendi muito e tenho certeza de que será uma leitura muito prazerosa para todos que se interessam genuinamente por aprimorar a qualidade de sua comunicação. Queria parabenizá-las pelo excelente trabalho, alicerçado em estudos realizados por mais de dez anos, com farta bibliografia, e nas suas próprias e ricas experiências profissionais. Uma obra com embasamento científico, séria e didática, com uma linguagem acessível. Um aprendizado rico para todos. Este livro leva o leitor a refletir sobre sua forma de comunicação, erros e oportunidades de aperfeiçoamento, favorecendo o autoconhecimento e a autoavaliação. Uma obra diferente de tudo que eu já tinha lido sobre comunicação corporativa, com muito foco nas competências de fala e escuta, nos fatores de sucesso na comunicação e na importância da empatia, assertividade e persuasão em todas as interações, pessoais e profissionais. Muita admiração pelas incríveis autoras, profissionais fantásticas e pessoas maravilhosas.

Leila Abraham Loria
Ocupou cargos de CEO e de Diretora Executiva
em grupos familiares e transnacionais.
Foi Presidente do Conselho de Administração do IBGC e
atualmente é conselheira de Administração de
companhias abertas e fechadas.

AGRADECIMENTOS

Esse livro teve um longo processo de gestação, que começou há 30 anos quando fui solicitada pela diretoria da Universidade Federal de São Paulo – Escola Paulista de Medicina (UNIFESP-EPM) a auxiliar empresas farmacêuticas a melhorarem sua comunicação com os diversos clientes, em virtude de novas regulamentações da ANVISA. Sou grata a essas empresas que me propiciaram compreender os enormes desafios que enfrentavam em uma comunicação essencialmente técnica. Esses clientes históricos pediram um material específico e foram responsáveis pelos primeiros instrumentos de avaliação que desenvolvi, o TACCom e o FoCom, presentes neste livro. Outras organizações que seguiram na busca da melhoria da comunicação: construtoras, escritórios de advocacia, empresas do mercado financeiro, urbanismo, agronegócios, indústrias pesadas e prestadoras de serviços. Passei a considerar que eu poderia atingir um grupo diferente de pessoas das que eu atendia no trabalho de clínica fonoaudiológica, produzindo um impacto de maior escala. Os cenários empresariais eram diversos, mas as dores eram muito parecidas em todos eles: falhas na comunicação produziam resultados ruins e faziam com que talentos fossem desperdiçados. Agradeço todas as empresas que confiaram suas dores, dificuldades e desafios a mim.

Conversas sobre os desafios no mundo das organizações foram me interessando cada vez mais, e diálogos valiosos sobre ingredientes de desenvolvimento de carreira deixavam cada vez mais clara a importância da comunicação nesse processo. Entre tantos interlocutores, meu reconhecimento ao querido amigo, Roberto Santos, da consultoria Ateliê RH, com quem aprendi a buscar uma visão equilibrada das diversas facetas do mundo das organizações.

Um grande salto nessa trajetória ocorreu quando o Miguel Vizzioli me convidou para integrar o time da Saad-Fellipelli, do qual era sócio, apostando que eu pudesse contribuir nos processos de recolocação de altos executivos, com avaliação e orientação de comunicação. Sua confiança e incentivo foram essenciais na fase inicial de meu trabalho com a alta liderança executiva. Nessa consultoria, eu passei a responder ao diretor, Saulo Lerner, e assumi a tarefa de atender quase 400 executivos em recolocação de carreira, afetados pela crise econômica iniciada, em 2007. Essa exposição teve um enorme impacto na qualidade de minha atuação, pois me ofereceu a oportunidade de compreender o cenário abrangente dos cargos executivos em empresas nacionais e transnacionais. Desenvolvi com eles entrevistas simuladas, avaliei a comunicação de líderes reconhecidos e, principalmente, escutei o que eles tinham a me dizer. Ainda em relação a essa fase de minha carreira, expresso meu reconhecimento à Adriana Fellipelli, que me levou à Fellipelli consultoria, em que eu pude me qualificar em diversos instrumentos de autoavaliação e desenvolvimento profissional; ela foi responsável pelo meu ingresso formal na área de Neurociências, convidando-me para a formação em *Coaching* com base em Neurociência (NLI Institute) e, em seguida, para participar do time de instrutores para a formação de *coaches*, atividade que mantive enquanto minha agenda permitia. A ideia do livro ficava cada vez mais forte, várias reflexões sobre seus conteúdos foram sendo feitas, mas o eixo condutor que eu queria imprimir ainda não era claro e, sem esse elemento da arquitetura estrutural, a ideia não se mantinha em pé. Foi também na Fellipelli que conheci minha parceira neste livro, amiga querida, Marisa Barbara, que trouxe às minhas reflexões uma perspectiva complementar, que me permitiu atingir outro nível de diálogo e, consequentemente, de trabalho com a comunicação profissional. Nosso encontro, há mais de dez anos, foi sempre mesclado por estudo, diversas formações, produção de materiais e desenho de treinamentos para executivos e empresas. O encontro com a Marisa foi feliz, rico e decisivo para que o conteúdo deste livro fosse delineado e se tornasse uma realidade.

Paralelamente, nas últimas duas décadas, três outras frentes abriram-se em meu caminho profissional e me impactaram diretamente. A primeira delas foi um convite para participar do *II Fórum das Mulheres em Destaque*, o que colocou em meu caminho uma das maiores batalhadoras para a valorização da liderança feminina e equidade nas empresas, a Cris Kerr, CEO da CKZ Diversidade. Cris ofereceu-me a oportunidade de interlocução com as mais destacadas líderes mulheres do Brasil, favoreceu trocas valiosas em diversos eventos e, posteriormente, no *Fórum Diversidade e Inclusão*, me fez acreditar ser viável e essencial advogar a favor da inclusão para a diversidade nas organizações.

A segunda frente foi a minha entrada no Insper, em que o Prof. Dr. Guy Cliquet do Amaral teve uma participação decisiva, já que na minha primeira aula-teste, necessária para o ingresso na instituição, eu me senti ameaçada por um membro da banca e fiquei absurdamente límbica, tendo sido reprovada. Prof. Guy, muitos meses depois, gentilmente me ofereceu uma segunda oportunidade de teste e, dessa vez, em meu melhor equilíbrio de gangorra entre o córtex pré-frontal e o sistema límbico, fui aprovada. O Insper foi e ainda é um enorme desafio: entender essa instituição líder em formar profissionais para o mercado, tendo como base as melhores práticas internacionais, exigiu repensar todo o enfoque que eu tinha do trabalho de comunicação humana. Prof. Guy esteve sempre disponível para que eu compreendesse esse novo contexto acadêmico e apoiou as mudanças que propus na Disciplina de Comunicação em Negócios, no programa *Certificates*, o que me levou a contribuir também com cursos de Educação Executiva, compreendendo o que colaboradores já no mercado buscam para aperfeiçoar sua atuação. Ainda no Insper conto com a valiosa ajuda de minha amiga, sócia e parceira, a Glaucya Madazio, com quem tenho a honra de compartilhar as disciplinas e de pensar em formas de chegarmos a um conteúdo de aula que favoreça o desenvolvimento de nossos alunos de pós-graduação. Sem a querida Glaucya, estar no Insper não seria possível, pelo mosaico maravilhoso e, ao mesmo tempo, quase impossível, que é minha agenda.

Foi também por meio da rede de contatos da CKZ que fui convidada a integrar o time de alta *performance* dos instrutores do Curso de Formação de Conselheiros do Instituto Brasileiro de Governança Corporativa (IBGC), que é a terceira frente que se abriu em minha trajetória profissional e, que me proporcionou a entrada no mundo dos conselhos de administração. Além de ser instrutora da Disciplina de Comunicação para o Conselheiro, o IBGC ofereceu-me a formação como conselheira, atualizando meus conhecimentos e fazendo-me pensar com mente de conselheiro. A Adriane dos Santos de Almeida, Diretora de Desenvolvimento do instituto, foi eficazmente persuasiva e fez os ajustes necessários para que eu pudesse contribuir no curso. São mais de dez anos de trabalho associado ao Instituto, com um grupo de colegas e participantes dos cursos que me traz a interlocução mais sofisticada de minha atividade profissional e que me faz pensar o Brasil com olhos ainda mais esperançosos. O IBGC faz a diferença na vida das empresas e participar dele é um privilégio. Destaco aqui dois instrutores que me inspiram pelo seu conhecimento impecável e atitude a toda prova. Eles pacientemente me fizeram compreender a dinâmica dos conselhos, me ajudaram a ver erros de interpretação e me apoiaram em meus momentos de insegurança: os conselheiros, Leonardo Viegas e Eduardo José Bernini, foram meus excelentes professores, em caráter intensivo de competência, generosidade e desafio. Sou muito grata aos dois. Foi também no IBGC que conhecemos uma conselheira e executiva de excelência, Leila Abraham Loria, que nos impactou por sua comunicação competente, estratégica e empática. Escolhemos Leila por tudo que ela representa e comunica para escrever o prefácio desta obra, da qual ela extraiu a essência. Ficamos em débito por tamanha generosidade.

Tive uma vida associativa muito intensa, em sociedades científicas nacionais e internacionais, em que aprendi a força da representação, o poder da estrutura e a importância da hierarquia. Por muito tempo, acreditei que os problemas que minha classe profissional enfrentava eram restritos a essa categoria, pela baixa representação institucional. Contudo, por meio do Maurício Cavichion, CEO da Tribeca Eventos, tive a oportunidade de conhecer diversas sociedades científicas e associações de classe, o que me permitiu compreender as dificuldades comuns a muitas profissões, os desafios de atingir os públicos de interesse e de preparar a sucessão das diretorias. Todos os convites do Maurício me desafiaram, e ele me obrigou a repensar minhas palestras, ajustar meus treinamentos e resolver dilemas de comunicação de grupos específicos, em cenários que eu não havia ainda frequentado. O Maurício sempre foi um grande incentivador de um livro para o público em geral e sou grata a ele pelas nossas conversas sobre como vencer barreiras de comunicação, sejam elas pessoais ou empresariais.

Ainda na vida associativa, dois gestores da Sociedade Brasileira de Fonoaudiologia (SBFa), a Fernanda Dreux, ex-presidente, e o Leonardo Lopes, atual presidente, partilharam diálogos difíceis sobre as dificuldades de comunicação da Fonoaudiologia, as incertezas sobre o futuro de nossa profissão e sobre como pavimentar novas estradas para uma carreira sem fronteiras. Essas duas pessoas incríveis dedicam à Fonoaudiologia uma energia inexplicável, abrindo caminhos científicos e profissionais para uma comunicação cada vez mais consciente de nossa classe.

Celebrar 40 anos do Centro de Estudos da Voz (CEV), em 2021, organização que fundei e dirijo, também me fez reavaliar o que estava faltando em minha carreira e, mais uma vez, o livro sobre comunicação ocupou minha mente. O CEV é meu porto seguro profissional e compartilhar o dia a dia do centro de estudos e da clínica, com profissionais de primeira linha, me deu a liberdade que eu precisava para atuar nas empresas. Sou profundamente grata às fonoaudiólogas, Glaucya Madazio, Thays Vaiano, Claudia Pacheco, Flávia Badaró e Juliana Benatti, pelo apoio, carinho e por apostarem constantemente que eu posso ser uma líder melhor, que podemos oferecer um melhor atendimento aos nossos pacientes e melhores programas de pós-graduação e educação continuada aos nossos alunos. Elas me inspiram diariamente! Ainda no CEV, as serenas tutoras, Natalia Oliveira e Iandra Barbosa, e a comprometida equipe de assistentes atual, Alan de Mendonça Silva, Amanda Campos Santos, Angélica Tiegs, Djanira Nogueira dos Santos Fernandes, Isabela Santos, Mariana Santos Souza, Samylle Danubia Leite do Ó, Taila da Silva Albuquerque e Thaís Fernandes Sebastião me reenergizam, ajudam a resolver muitas de minhas dúvidas, vão atrás de qualquer texto ou referência perdida ou ambígua, com habilidades dignas dos melhores detetives; sou muito grata pois com isso reduzem a minha chance de erros, o que contribui para manter o compromisso com a seriedade, que sempre tivemos no CEV.

Contar com o entusiasmo da equipe da Thieme Revinter é uma grande vantagem. Todo o time sempre me atende com tantas atenções, o que é um privilégio. Agradeço de modo especial à Renata Barcellos, que é a história viva de mais de 25 anos de colaboração minha com a editora.

Finalmente, essa trajetória não teria sido possível sem minha família, que me alimenta com amor, me valida com sua compreensão e me resgata de meus excessos, geralmente concentrados na paixão que tenho pelo que faço. Sou profundamente grata ao meu marido, Reinaldo, com quem aprendi o enorme prazer de compartilhar; ao meu filho Thomas, que me oferece a riqueza inestimável de ser sua mãe; à minha irmã, Silvana, cujo amor é de enorme intensidade e profundo respeito; à minha nora, Manuele, que trouxe um cenário lindo à família com sua maravilhosa energia; e à minha querida neta adquirida, Gabriela, que me dá a oportunidade de ver uma linda menina se transformando em mulher responsável. Tenho, realmente, muito a agradecer!

Mara Behlau

Meu interesse por comunicação e comportamento humano começou muito cedo, desde a infância. Talvez por ser a caçula da família, com dois irmãos, duas primas e um primo, todos mais velhos, eu não tinha muitas chances e, simplesmente, não entendia por quê. Fazia muitas perguntas, "Por que as pessoas se tratam assim? Por que falam dessa forma umas com as outras?", mas não encontrava uma resposta que fizesse sentido. Mesmo assim, fui buscando formas de me posicionar, boas e ruins. Quando chegou o momento de escolher qual carreira seguir, a primeira que veio em mente foi a Psicologia, pela minha vontade de ajudar as pessoas em seus inter-relacionamentos. Levei um banho de água fria quando minha orientadora do ensino médio, que era psicóloga, sabendo de meu desgosto por Biologia, alertou-me que esta seria uma matéria bastante relevante na área. Parti em busca de outra opção, que surgiu quando no meio de uma aula de Matemática, onde eu vibrava com a matéria em questão, meu professor jogou a resposta que eu estava procurando: "Você se daria bem em alguma carreira na área de processamento de dados, computação ou sistemas de informação.". Não sabia o que era isso, tudo era muito novo na época e nem se usava a palavra tecnologia. Depois de uma boa pesquisa, descobri que com essa formação poderia ajudar muitas empresas a melhorarem seus processos, desenvolver os relacionamentos entre as áreas e obter assim melhores resultados. Ali começou a minha jornada de carreira, bastante dinâmica, diversa e cheia de desafios, da qual me orgulho imensamente.

Na área de Sistemas de Informação tive a minha primeira oportunidade de trabalhar com organizações de diferentes mercados, desde empresa pública de tecnologia de informação a indústrias de vidros, plásticos, têxtil, automobilístico, rádio e televisão, varejo, além de tantas outras. O momento histórico era de muitas mudanças, a progressão de minha carreira foi rápida, passando de analista a coordenadora e, logo depois a consultora. Os chamados microcomputadores estavam chegando à mesa das pessoas e das organizações. Nessa época, não eram nada "amigáveis" e provocavam incertezas e medo. Foram muitas conversas com todos os níveis de usuários (como eram chamados), do chão de fábrica à presidência. Escutava as dores, esclarecia os processos e as necessidades, perguntava muito e observava ainda mais. Muitas vezes, as pessoas declaravam seus pensamentos e sentimentos sobre as mudanças que poderiam acontecer com os novos sistemas, outras se fechavam como um túmulo por suas resistências diante do desconhecido. Em várias ocasiões, descobri que algumas áreas não sabiam o que outras faziam, mostrando o quanto não existia comunicação entre elas. De todas as maneiras, as mensagens estavam lá e, com o tempo, comecei a perceber, pela forma como as pessoas se comunicavam, se um projeto e a sua implantação seriam um sucesso ou não. Foram muitos aprendizados, não apenas sobre processos e sistemas, mas principalmente sobre comportamento humano. Tenho muito a agradecer a cada um dos profissionais e às organizações que me receberam, se abriram e se empenharam em uma parceria indispensável para buscar melhores resultados, tornando as informações mais fluídas e os processos e as relações mais estáveis.

Ainda havia muitas possibilidades a serem realizadas na área de sistemas; contudo, o país estava longe da abertura de mercado e, principalmente, da tecnologia. Sempre inquieta com desejo de fazer mais, aconteceu a primeira grande mudança na minha carreira. Meus dois irmãos, Renato e Carlos, engenheiros e sócios em uma empresa de construção e incorporação imobiliária, passavam pelo momento certo de fazer o seu negócio crescer. Nossa conversa começou sobre computadores, processos e sistemas e resultou em um convite para eu assumir a direção das áreas financeira e administrativa da Barbara Engenharia e Construtora e de todos os empreendimentos, cada um deles uma empresa, o que incluía RH, jurídico, fiscal, contábil, enfim, uma oportunidade única de vivenciar o outro lado do mundo corporativo, saindo da posição de consultora e ingressando no papel de gestora e executiva. Além de não ser especialista nesses assuntos, eu tinha apenas vinte e sete anos e, entre tantas responsabilidades, as mais desafiadoras foram me posicionar, obter a confiança e ser reconhecida pelos próprios sócios e pelos diversos investidores, todos homens e mais velhos que eu. Ali também aprendi que encontrar os limites entre as relações familiares e profissionais é uma arte. Mais uma vez, a comunicação foi minha aliada nas diversas conversas, reuniões, dilemas e conflitos, típicos do mundo executivo. Intuitivamente, fui encontrando formas de fazer a gestão, reunindo profissionais de especialidade e visões diferentes, levando-os a resultados melhores por meio de perguntas, muita escuta, esclarecimentos e posicionamentos, sempre com foco no objetivo comum: obter o melhor de cada um e chegar aos resultados desejados. A primeira carreira ajudou muito para manter a contínua melhoria dos processos e das relações entre as áreas. Liderei mudanças, não apenas dos processos de informação, mas também na estrutura da empresa, por mais de uma vez. Entre erros e acertos, entendo que foram muito mais acertos, sendo o mais importante a decisão de ter aceitado este grande desafio, onde pude aprender significativamente, em um mercado tão complexo; vivenciei as dores e as vitórias de colaboradores, clientes, compradores, investidores, fornecedores e dos próprios sócios, meus irmãos. Agradeço a todos por esta rica etapa de minha vida profissional onde sei que minha missão foi cumprida.

Uma nova oportunidade surgiu quando resolvi voltar para consultoria, desta vez com um foco organizacional mais amplo. Começava ali a minha terceira carreira, ainda com o mesmo desejo de apoiar as empresas em momentos de mudanças e transformações. Nessa etapa, devo um agradecimento especial a Jorge Ruivo, sócio e fundador da Wiabiliza Soluções Empresariais, que foi um fornecedor e grande parceiro na construtora e confiou em mim para a realização de diversos projetos em empresas nacionais e transnacionais para reorganização de estruturas, M&A e planejamento estratégico. Lá conheci profissionais competentes e, juntos, enfrentamos diversos desafios com muitos aprendizados que contribuíram para minha jornada. Nessa etapa meus agradecimentos vão para Claudemir Leme Duarte, com quem aprendi muito sobre agronegócios e suas leis trabalhistas; juntos realizamos verdadeiras aventuras nas usinas de álcool e açúcar, elaboramos complexos relatórios e apresentações para as reuniões de M&A com as transnacionais; para José Jacques Memran, que me desafiou a realizar meu primeiro trabalho de planejamento estratégico e com o qual tive discussões riquíssimas sobre projetos nos quais estivemos juntos; e para Marilia Neves da Rocha, pelas generosas conversas e troca de ideias sobre treinamento e desenvolvimento de pessoas, o que me motivou a seguir pelo quarto e último movimento de minha carreira. Tenho muito carinho por todos eles. Mais uma vez, a comunicação foi minha aliada em facilitar a aproximação e promover confiança com os diversos interlocutores nos processos de mudanças.

Naquele momento de minha trajetória estava ficando mais claro que trabalhar na melhoria de processos era importante, mas antes disso entendi que o ser humano era a base fundamental para a mudança acontecer. Foi quando minha querida amiga e médica, Márcia Veloso Kuahara, me intimou a fazer um curso que tinha base em neurociências. Márcia e eu sempre tivemos longas conversas e ela já me conhecia bem para saber que esse curso iria produzir uma mudança significativa, na minha vida! Fiz minha primeira formação em *Coaching* com base em neurociência social, a primeira de muitas outras nessa área pela qual me apaixonei e da qual obtive muitas respostas para as perguntas que estavam em branco na minha mente. Foi neste momento que conheci Flávia Contarelli, na época diretora do *NeuroLeadership Institute* (NLI) Brasil, que me ofereceu a oportunidade de participar da equipe de instrutores para formação de *coaches*, o que me levou à decisão de me dedicar ao trabalho de desenvolvimento de pessoas. Além de instrutora, trabalhei com Flavia em todos os materiais do NLI, diretamente com as equipes dos Estados Unidos e da Austrália, o que me proporcionou uma imersão na neurociência social. Entre as pessoas da equipe, conheci Agnelson Correali, que se tornou um querido amigo, com quem aprendi e me diverti muito quando éramos a dupla de instrutores nas formações. Foi com ele que compreendi o significado de propósito e descobri o meu. Agradeço profundamente à Márcia e à Flávia por tudo que me proporcionaram e, principalmente, porque foi neste momento que conheci a Mara e começamos nossa parceria que já tem mais de dez anos. Flávia dizia ter certeza de que nossa dupla dava "liga". Desde o primeiro treinamento que entregamos juntas, recebemos sempre o mesmo o *feedback:* sincronicidade! Muitos estudos, reflexões, *insights*, atendimentos, treinamentos e materiais produzidos juntas, para executivos e empresas de diversos mercados, representam uma riqueza indescritível alinhada ao nosso propósito de desenvolvimento contínuo. Agradeço a todos profissionais e organizações pela confiança em nosso trabalho, por compartilharem seus dilemas e aceitarem o desafio de aprimoramento da comunicação.

Mara me trouxe para dentro do CEV, organização fundada e dirigida por ela com enorme competência. Sou muito grata à equipe do CEV que nos apoia em todos os desafios que trazemos em nossos projetos e nas aulas da pós-graduação, onde participo como professora da trilha de autoconhecimento. Equipe querida, vocês sempre nos surpreendem com novas ideias, agilidade e paixão pelo que fazem.

Mara abriu duas frentes em meu caminho profissional, as quais considero de grande valor e importância. A primeira foi ao me apresentar a Adriane dos Santos de Almeida, Diretora de Desenvolvimento do Instituto Brasileiro de Governança Corporativa (IBGC), a quem agradeço a confiança em me integrar como instrutora da Disciplina de Comunicação para Conselheiros. Foi ela que me ofereceu a formação nesse mesmo curso, o que me proporcionou mais conhecimento sobre a perspectiva do conselheiro, a dinâmica de suas relações e reforçou a importância da governança nas organizações, o que deu um salto de qualidade ainda maior nas aulas que ministro. Participar do IBGC, ao lado de tantos conselheiros profissionais experientes é um privilégio. Agradeço especialmente a Leonardo Viegas e a Eduardo José Bernini, por quem tenho grande respeito e admiração, por suas condutas impecáveis e por todos os ensinamentos de boas práticas que recebi e recebo a cada interação que temos nas aulas de reuniões simuladas. Aos colegas, Artur Neves, Cristiana Pereira, Eliane Lustosa, Helena Kerr do Amaral, Leila Abraham Loria e Leonardo Rocha, sou grata pela generosidade em compartilhar seus conhecimentos como conselheiros, contribuindo para fortalecer a importância da comunicação na prática da governança.

Ainda, não posso deixar de agradecer a toda equipe do IBGC que me recebem com tanto carinho e me apoiam com toda a competência nas aulas, sejam virtuais ou presenciais.

A segunda importante frente aberta pela Mara ocorreu quando ela me apresentou Leonardo Lopes, atual presidente da Sociedade Brasileira de Fonoaudiologia – SBFa, e a Ingrid Gielow, atual vice-presidente. Sou muito grata a ambos, por terem me integrado à área de Fonoaudiologia, por meio da participação nos seus primorosos congressos. Fico muito feliz pela oportunidade que eles me deram em contribuir ativamente para o crescimento e posicionamento dos profissionais da área, desenvolvendo seus papeis como líderes e gestores de seus negócios e carreiras. Tenho enorme respeito e admiração pelo trabalho multidisciplinar que a fonoaudiologia realiza, de altíssima relevância para a saúde e a comunicação humana.

Estar ao lado da Mara realizando tudo o que fazemos é algo muito especial, intenso e único, de um valor incalculável. Para mim é uma honra indescritível participar da construção desse livro, idealizado por ela, contendo muito do trabalho que desenvolvemos juntas. Além de nossa parceria profissional, que nos desafia a fazermos mais e melhor, Mara é amiga, irmã de coração e, com sua imensa generosidade, me apoia, me reconhece e me inspira com sua energia, todos os dias e, principalmente nos momentos mais desafiadores. Sou eternamente grata e palavras nunca serão suficientes!

Finalmente, não poderia deixar de agradecer profundamente às três razões da minha existência, começando pelo meu pai, Tuffik Barbara (*in memoriam*) pelo exemplo de caráter, integridade e ética, bases da minha conduta profissional e pessoal; Myrna Jabra Barbara, mãe e amiga, que esteve e está ao meu lado, em todos os momentos mais desafiadores e complexos da minha vida, apoiando e me incentivando em todas as mudanças profissionais e pessoais; e ao meu querido filho Theo, meu maior presente, que diariamente me inspira a enxergar novas perspectivas, aprender com elas e sempre melhorar. Sou uma pessoa privilegiada por ter vocês em minha vida. Amo demais vocês!

Marisa Barbara

AGRADECIMENTO ESPECIAL

Ao Reinaldo Scalzaretto, por ter dado forma ao nosso texto, com visão crítica, olhar estratégico e foco no leitor. Sua estrutura, competência e afeto nos apoiou de modo único nesse processo. Com suas provocações, o livro ganhou praticidade, fluência e coesão.

Mara e Marisa

SUMÁRIO

Comunicação Consciente

O Que Comunico Quando me Comunico

CÉREBRO E COMPORTAMENTO NA COMUNICAÇÃO

CAPÍTULO 1

Vamos começar pelo mais difícil! Isso servirá de base para tudo o que virá nos próximos capítulos.

Comunicação é um dos comportamentos que mais nos caracteriza como espécie. Ela é a grande responsável pelo nosso bem-estar, modificada durante toda a nossa vida e sofre influência de aspectos biológicos, psicológicos e sociais, com grande impacto na cultura e na sociedade.

A associação que mais nos vem à mente quando falamos em comunicação é a da fala, os movimentos da boca e da língua que produzem as palavras. Podemos ainda pensar no som da voz, resultado da vibração das pregas (cordas) vocais, amplificado nas caixas de ressonância, que carrega as palavras e faz a mensagem chegar ao outro. Contudo, a produção da fala, base da comunicação oral, não ocorre sem os comandos do grande regente dessa orquestra, que é o cérebro. Na verdade, o cérebro é o grande condutor de todos os processos que compõem nossa vida, do metabolismo celular a uma complexa tomada de decisão. Manter o corpo em funcionamento é sua responsabilidade principal,[1] embora tenhamos a tendência de relacionar o cérebro às funções nobres, como comunicação, pensamento, inteligência, memória e consciência.

O objetivo desse capítulo é apresentar as principais informações sobre o nosso cérebro e suas funções, compartilhar metáforas e analogias usadas para compreendermos o comportamento humano e destacar a influência do funcionamento do cérebro na comunicação e, consequentemente, nas relações interpessoais. Para isso, escolhemos apresentar o que o cérebro precisa para funcionar bem, as suas principais áreas, a partir da descrição dos cinco lobos cerebrais, além de destacar duas áreas de importância fundamental para a compreensão do comportamento humano: o córtex pré-frontal (CPF) e o sistema límbico (SL).

INGREDIENTES PARA O FUNCIONAMENTO NORMAL DO CÉREBRO

Apesar de o cérebro corresponder a somente 2 a 3% da nossa massa corporal, ele consome 20% do oxigênio que usamos e 15 a 20% da glicose disponível em nosso organismo. Tais dados nos oferecem uma ideia do que o cérebro precisa para ter seu funcionamento normal. São quatro os seus principais ingredientes: água, oxigênio, nutrientes e conexão humana. A falta de qualquer um desses elementos faz com que o cérebro perca sua eficiência, prejudicando funções vitais, comprometendo o estado emocional e dificultando o processamento das funções cognitivas do indivíduo. Vamos compreender o que cada um desses ingredientes faz para a saúde mental.

- **Água:** a massa total do cérebro é composta por 75% de água, essencial para conduzir informações entre os neurônios: esse órgão necessita de mais água do que qualquer outro do corpo humano. O desempenho das funções cerebrais depende da hidratação do corpo e, como o cérebro não tem como armazenar água em si mesmo, esse aporte tem que ser constante. A água é tão importante que tomar um copo pode matar a sensação de sede em segundos, mas na verdade não há como eliminá-la imediatamente; porém, para o cérebro, apenas a previsão de hidratação alivia essa sensação desconfortável e sentimo-nos imediatamente melhores.[2] Uma redução de apenas 1 a 2% de água no corpo pode provocar perdas cognitivas, em grau variável, dependendo de fatores individuais e ambientais, como condicionamento físico, temperatura atmosférica e tolerância à desidratação, o que pode levar a dificuldades de concentração, aumento de tempo de reação, problemas de memória em curto prazo, ansiedade e mudanças de humor.[3,4]

- **Oxigênio:** é um nutriente fundamental para células nervosas, juntamente com a glicose. O oxigênio entra no cérebro pela circulação sanguínea, sendo que o cérebro recebe 20% do sangue de todo o corpo. O cérebro usa três vezes mais oxigênio que os músculos do corpo. Atividades físicas que aumentam o aporte de oxigênio ao cérebro ajudam na produção de novos neurônios; já sua a falta prolongada pode comprometer a sobrevivência celular e causar danos irreversíveis ao órgão.[5] O oxigênio controla nossos genes mais importantes e oferecer oxigênio ao cérebro corrige uma série de deficiências metabólicas, o que ajuda na recuperação de doenças.[6] Exercícios aeróbicos, que exigem aumento da oxigenação, podem melhorar as funções cognitivas.[7]

- **Nutrientes:** os fatores dietéticos influenciam os processos cognitivos e as emoções. O cérebro precisa de glicose, vitaminas, minerais e outros elementos químicos essenciais. Há mais de um século reconhece-se a ligação entre qualidade da alimentação e saúde mental. A importância do intestino na digestão e no transporte de nutrientes é tão grande, que ele é, às vezes, chamado de "segundo cérebro"; ele tem ação independente do sistema nervoso central, possui uma rede de 500 milhões de neurônios e foi classificado de forma independente como Sistema Nervoso Entérico (SNE).[8] Os efeitos dos alimentos sobre a cognição e as emoções podem começar antes do próprio ato de se alimentar, já que a lembrança dos alimentos através de entradas olfativas e sensoriais visuais altera o estado emocional do cérebro. Durante a última década aumentaram as pesquisas sobre como o intestino e o cérebro se comunicam, com melhor compreensão sobre o microbioma intestinal e sobre como as substâncias na parede do intestino podem ser responsáveis por mudanças na saúde e bem-estar. Antes mesmo do ato de se alimentar, a lembrança do alimento, sua visão e o cheiro podem fazer com que o cérebro altere nosso estado emocional. Vitaminas B e C, minerais, como ferro, magnésio e zinco, reduzem as fadigas física e mental percebidas, além de melhorar as funções psicológicas e cognitivas do cérebro, pois interferem na síntese de neurotransmissores.[9]

- **Conexão humana:** o *Homo Sapiens* é uma espécie social, dramaticamente afetada pela percepção de isolamento, que provoca limitações no desempenho cognitivo geral, declínio cognitivo mais rápido, aumento da negatividade, cognição depressiva e maior sensibilidade às ameaças sociais entre outros impactos negativos.[10] A conexão humana é essencial para a sobrevivência, foi fundamental para que a humanidade fizesse suas maiores conquistas e é por meio da rede social que regulamos nossos cérebros.[11] A necessidade da rede social é tão intensa que, após 24 a 30 horas confinados em uma cela solitária, o cérebro cria alucinações auditivas e visuais, comuns em transtornos psiquiátricos, mas, nessa situação, produzidas pelo isolamento total. Sem a quantidade habitual de estímulos para processar, o cérebro busca criar algum tipo de padrão e produz um mundo de fantasia, com emoções distorcidas e que não respondem à lógica. Os presos isolados ouvem vozes, passos e veem vultos nas paredes e no ar, dada a necessidade da conexão humana. Os efeitos do isolamento em longo prazo são profundamente nocivos, com aumento da pressão sanguínea, vulnerabilidade a infecções, maior probabilidade de demência e Alzheimer, além de comprometimento do sono, da concentração e do raciocínio lógico.[12]

ÁREAS DO CÉREBRO

De modo simplificado, vamos destacar cinco áreas especializadas do cérebro, chamadas de lobos, que trabalham de modo interligado e coordenado, com funções definidas. São eles: lobo occipital, lobo temporal, lobo parietal, lobo da ínsula e lobo frontal. Vejamos.

- **Lobo occipital:** localizado na região posterior do cérebro, perto da nuca, é responsável pela visão, ou seja, está envolvido no processamento de estímulos visuais, incluindo cor, forma e movimento. Os olhos enxergam (processo físico), mas o cérebro vê (processo mental), ou seja, detectar os estímulos visuais é uma coisa e interpretá-los é outra.
- **Lobo temporal:** localizado na região atrás das orelhas, é responsável pela audição, processa os sons e está também envolvido na memória e nas emoções. Esse lobo participa do processamento do afeto, da linguagem e da memória, mas seu papel principal é a audição. Os ouvidos ouvem (processo físico), mas o cérebro escuta (processo mental), ou seja, detectar os sons é uma coisa e interpretá-los é outra.

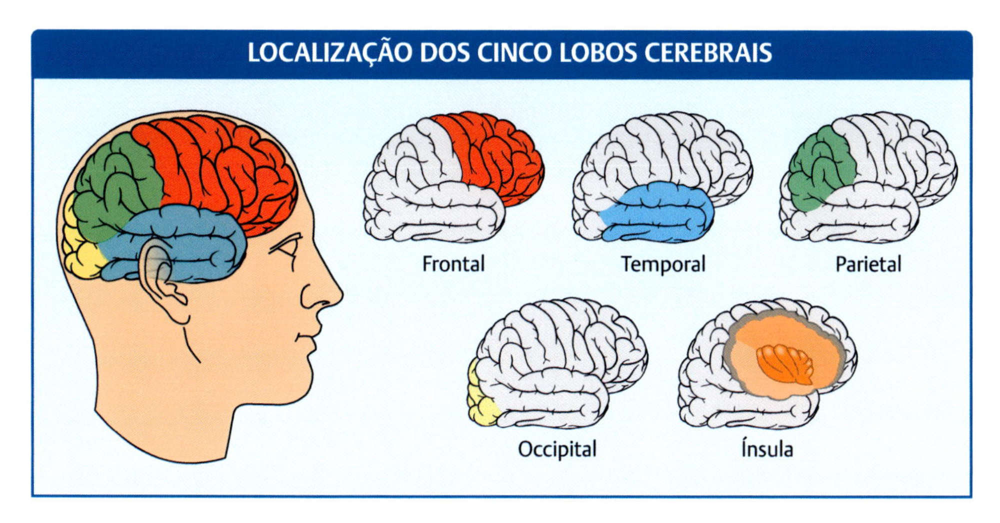

- **Lobo parietal:** localizado na região superior do cérebro, é responsável pela integração das informações sensoriais, como tato, temperatura, pressão e dor; também avalia tamanho, forma e distância e está relacionado à lógica matemática. Audição, visão e memória também são integradas nesse lobo. É interessante destacar que a dor emocional ativa os mesmos circuitos que a dor física, mas a primeira é mais profunda e cria memórias mais duradouras.[13]

- **Lobo da ínsula:** localizado no interior do cérebro, na região mais profunda dos lobos frontal, parietal e temporal e faz a conexão entre o sistema límbico e o neocórtex, além de ser responsável pelo paladar. Interessante perceber que usamos expressões de paladar para emoções fortes, como "desgosto" e "gosto amargo na boca". Esse lobo tem sido relacionado a diversos transtornos, como epilepsia e esquizofrenia.
- **Lobo frontal:** localizado na região atrás da testa, do osso da fronte, é responsável pelos movimentos voluntários do corpo e pelas chamadas funções cognitivas. Nesse lobo estão os comportamentos aprendidos e intencionais, como planejamento e organização de informações, linguagem e uma função inibitória, de regulação do comportamento. As funções cognitivas são responsáveis por trabalhar com as informações que adquirimos em nosso ambiente: percepção, atenção, compreensão, memória e linguagem, assim como na regulação de nossas emoções pelo poderoso sistema de controle de impulsos. Esse sistema inibitório, desenvolvido desde a infância, é chamado de sistema de freio do cérebro e funciona como uma "tecla pause" para controlar uma expressão emocional, um comportamento ou um movimento indesejado.[14] Essa tarefa de autorregulação é uma das últimas a se desenvolver completamente, ao redor dos 25 anos. Por ser a central da lógica, o lobo frontal também é chamado de cérebro executivo, com papel essencial em nosso sucesso ou fracasso, centro de nossos controles comportamental e emocional.[15] Ele tem várias regiões, como o centro motor primário (iniciação de movimentos voluntários), áreas pré-motoras e motoras suplementares (também relacionadas aos movimentos), área de Broca (principalmente à esquerda, responsável pelas linguagens falada e escrita) e o córtex pré-frontal (CPF), a mais recente na evolução filogenética e a última a se desenvolver na evolução ontogenética, é de importância central em nossas vidas, responsável por nossos atos cognitivos, comportamentos e atividades emocionais.[16] O CPF modula a informação que vem do sistema límbico, tem conexões com quase todas as estruturas cerebrais e cria comportamentos adaptativos ao tomar consciência das emoções. Sem o CPF as emoções ficam fora de controle e podem persistir por longo tempo, mesmo na ausência do estímulo; assim, sua ação pode ser interrompida pelo sistema límbico, via hipotálamo, inibindo a cognição e o tônus muscular, quando as emoções são extremas. Essa área não faz parte do sistema límbico, mas tem grande conexão com ele, desenvolveu-se mais acentuadamente nos mamíferos, sendo a maior de todas nos seres humanos, ocupando 30% de toda a área cortical e, em seguida, em algumas espécies de golfinhos.[17] O CPF é dividido, didaticamente, em três regiões principais: orbital, medial e lateral. A orbital e a medial estão envolvidas no comportamento emocional, e a lateral, mais desenvolvida no ser humano, fornece o suporte cognitivo à organização temporal do comportamento, da fala e do raciocínio, envolvida na memória de trabalho e no conjunto preparatório de ações; contudo, é um erro acreditar que as funções residem apenas nessas áreas, pois dependem das conexões com as outras estruturas cerebrais.[18] Por isso, mais adiante, vamos destacar outras informações relevantes sobre o CPF, suas funções e limitações, além de sua relação com o sistema límbico e como isso impacta a comunicação.

O CÉREBRO ÚNICO DE CADA PESSOA

O ser humano não nasce com um número específico de neurônios que se degradam ao longo da vida. Os bebês têm milhões de neurônios desconectados, que se interligam em uma velocidade enorme nos primeiros anos de vida, quando recebem os estímulos sensoriais dos órgãos dos sentidos. Estima-se que temos de 80 a 100 bilhões de células nervosas, que podem arquivar o equivalente a 1.000 terabytes de informações. É uma grande rede intensamente conectada.[19] Essa rede neuronal forma circuitos, por meio da comunicação entre dois ou mais neurônios, chamadas sinapses, que podem chegar a 100 trilhões.

CONEXÃO ENTRE NEURÔNIOS – SINAPSES

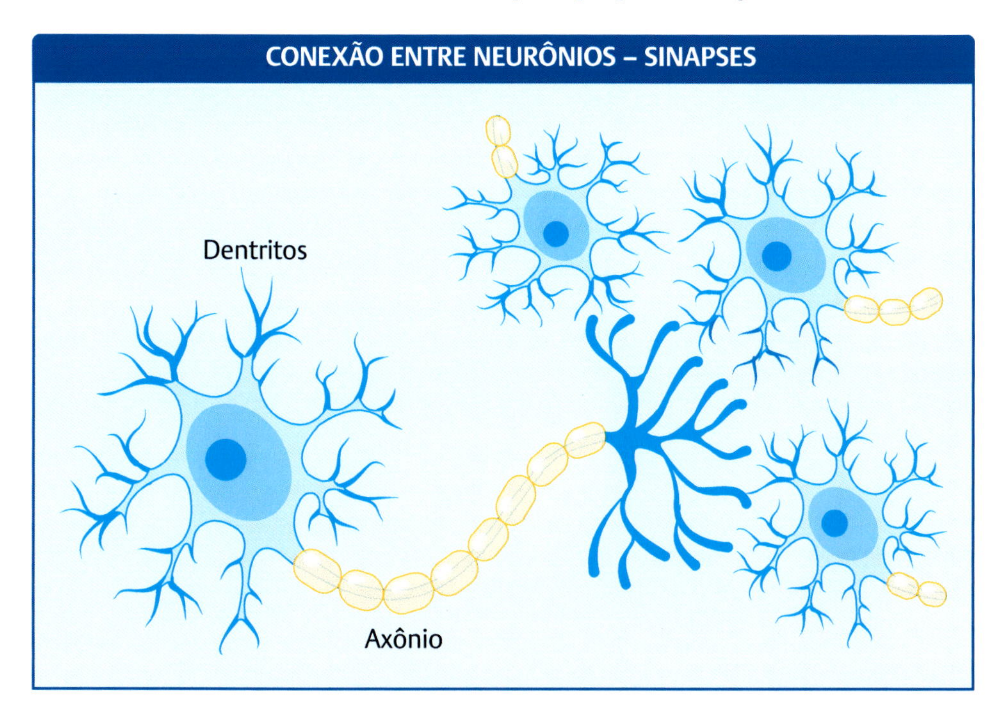

Circuitos utilizados com maior frequência são reforçados, e os que apresentam conexão frágil são eliminados. Esse processo chama-se poda neuronal, sendo a primeira a que ocorre ao redor de 3 anos, quando um desbaste de neurônios elimina as sinapses que não são úteis. Fica claro que a exposição que o bebê tem, até esse período, é fundamental para a moldagem de seu cérebro. Ao longo de toda a vida há várias podas; além dessa aos 3 anos, as mais intensas ocorrem aos 5 e 7 anos. Posteriormente na adolescência há outro período importante de poda neuronal, e somente ao redor dos 25 anos as grandes transformações cerebrais acabam.[20] Apesar de as grandes mudanças cerebrais terminarem nessa idade, a plasticidade cerebral é comprovada e regeneramos neurônios diariamente, até o fim de nossa vida: podemos contribuir com esse processo por meio de práticas saudáveis, como boa alimentação e exercícios físicos, a chamada "neurogênese adulta".[21]

Assim, todos temos um cérebro, mas cada um deles é diferente porque foi moldado a partir do que cada pessoa viveu, tanto pelo ponto de vista pessoal, quanto pelo social. Como consequência, não percebemos o mundo exatamente como ele é, mas sim a partir de nossas expectativas, de acordo com o que vivemos e do que foi reforçado nas podas neuronais. Dessa forma, nosso cérebro cria uma realidade própria e a confunde com a realidade física e social. Somos todos diferentes, mas organizamos essas variações em compartimentos lógicos para nosso cérebro, como sexo, etnia, proximidade social, nacionalidade entre outras, e tratamos tais características como se fizessem parte da natureza; contudo, essa realidade social existe apenas em nosso cérebro.[1] Nós, como produtos da cultura em que estamos inseridos, escolhemos as características das discriminações que fazemos e traçamos linhas divisórias que ampliam as diferenças entre a variedade de identidades: o indivíduo "eu"; o grupo que chamamos de "nós"; e o grupo que chamamos de "eles". Assim, a realidade social é o resultado de um conjunto de cérebros humanos que veem o mundo sob diferentes perspectivas. A boa notícia é que essa realidade social é moldável, mutável e que temos mais controle sobre ela do que acreditamos ter.

Ao longo dos anos, foram criadas várias metáforas e analogias para explicar de modo mais simplificado o funcionamento do cérebro e de sua atividade, a mente humana. Se por um lado a intenção é facilitar a compreensão, por outro, certas metáforas e analogias podem levar a vários erros de entendimento e confusões sobre o que é o cérebro e como ele funciona. Dizer que temos dois hemisférios, lado direito criativo e esquerdo lógico, é apenas uma metáfora. Da mesma forma, a disseminada teoria do cérebro trino, que o divide em três partes (reptiliano, emocional e racional), é apenas mais uma metáfora e não tem nenhum respaldo científico.[22] Feita essa ressalva, indicamos que utilizaremos várias metáforas e analogias ao longo do livro, pois entendemos que muitas delas ajudam compreender a complexidade do cérebro, mente e comportamentos. Contudo, é importante deixar claro que o cérebro é um conjunto de partes intensamente conectadas entre si para funcionar em coesão.

O que não é uma metáfora e sim um fato científico, é que o cérebro é uma estrutura de *network* única, maciça e flexível, com neurônios em constante comunicação.[1] Quando mencionamos uma determinada área cerebral como sendo a responsável por certa atividade, comportamento, reação ou resposta, isso significa que esta área é a primária e principal a ser acionada na situação, portanto é aquela que está no comando. Contudo, outras áreas ou subáreas também são acionadas, formando sistemas. Essa enorme rede neural produz e envia neuroquímicos a todo momento, com a capacidade de formar novas conexões (neuroplasticidade) até o final da vida.

A seguir, vamos destacar dois sistemas importantes, o córtex pré-frontal e o sistema límbico, e suas principais áreas, para compreendemos conceitos fundamentais sobre como o cérebro influencia o comportamento humano e a comunicação. Vamos apresentar suas principais funções, limitações e como se relacionam.

O CÓRTEX PRÉ-FRONTAL

O córtex pré-frontal (CPF) está localizado no lobo frontal, como mencionado anteriormente. Ele é conhecido como o centro executivo ou cérebro executivo, pois é responsável por atividades de alto nível de complexidade, como: compreensão, decisão, memorização, recordação, simulação de experiências futuras e inibição, o chamado sistema de freio. Quando ele entra em ação, significa que estamos cientes e controlando nosso pensamento, pois o CPF mantém informações na mente de curto prazo para serem processadas posteriormente, como se fosse uma "memória de trabalho". Por isso, também é chamado de mente consciente. Embora o CPF atue em atividades de alta complexidade, fundamentais em nossa vida, ele tem algumas limitações que explicam, em grande parte, o comportamento humano. Vejamos.

- **Alto consumo de energia:** embora o CPF ocupe uma pequena porcentagem do tamanho total do cérebro, cada pensamento consciente utiliza muitos recursos de glicose e oxigênio.[23] Com isso, é fácil entender por que ficamos tão cansados depois de um dia tomando decisões importantes, aprendendo coisas novas ou compreendendo opiniões diferentes das nossas.

- **Pequena capacidade de armazenamento:** o CPF funciona como uma memória de trabalho temporária com pequena capacidade para guardar informações; de 4 a 7 porções de dados.[24] Imagine um único *post-it*, com alguns itens anotados; não mais que isso. Se eles não forem processados, são perdidos rapidamente logo após seu uso. Por exemplo, quando nossos números de telefone possuíam apenas 7 dígitos, rapidamente conseguíamos guardá-los na memória, apenas repetindo algumas vezes. Quando passamos para 8 e depois 9 dígitos, se tornou muito mais difícil falar a sequência numérica ou memorizá-la. Para economizar energia, passamos a registrar, sabiamente, nosso número e o dos outros, na agenda do celular. Até para lembrar o nosso próprio número de telefone ou de pessoas mais próximas, precisamos usar um truque, dividindo a sequência numérica em 2 ou 3 blocos, truque que também usamos para informar nossos documentos.

- **Processo serial:** conseguimos realizar ao mesmo tempo várias tarefas habituais, como andar e falar, já que elas foram processadas diversas vezes e já estão armazenadas em nossa memória de longo prazo, o que nos dá a sensação de sermos multitarefas. Contudo, nossa memória de trabalho é pequena e, quando precisamos pensar conscientemente sobre algo, o CPF processa uma coisa de cada vez, sendo necessário atenção para fazer essas coisas de forma perfeita. Ao dividir o foco em duas ou mais tarefas importantes, estamos diminuindo a nossa capacidade de atenção e processamento, o que pode comprometer a qualidade do trabalho.[25,26] Todos já ouvimos falar de alguém que mandou pelo celular uma mensagem ou foto para uma pessoa errada, por estar falando ao telefone, dirigindo ou conversando, comprometendo a qualidade da comunicação ou até mesmo causando danos nas relações pessoais ou profissionais. Portanto, não somos multitarefas e só conseguimos executar bem duas delas, ao mesmo tempo, desde que uma já esteja no modo automático. Destacamos que mulheres também não são multitarefas, e que isso é apenas um estereótipo. Tentar realizar várias tarefas ao mesmo tempo custa muita energia, com redução na velocidade e qualidade dos resultados. Contudo, algumas pessoas, geralmente mulheres, são muito boas em alternar tarefas, provavelmente por uma vantagem evolutiva adquirida ao ter que cuidar da prole, dos trabalhos domésticos e outras tantas obrigações, enquanto o homem caçador-coletor tinha nesse objetivo único sua principal atividade.[27]

- **Influência de neuroquímicos:** para operar de forma eficaz o CPF precisa do equilíbrio exato de neuroquímicos, como dopamina e adrenalina, substâncias químicas envolvidas no funcionamento do sistema nervoso, e, em consequência, de todo o corpo. Muito pouco estímulo e ficamos entediados. Estímulos demais e ficamos estressados ou sobrecarregados.[28-30] Cada pessoa tem sua quantidade ideal, não sendo possível definir uma quantidade exata, mas não é difícil percebermos bons resultados de desempenho quando estamos com mais energia e motivação, e o impacto negativo em nossa *performance* quando estamos desmotivados ou estressados demais.

- **Fácil distração:** diariamente somos bombardeados por uma quantidade enorme de informações, a maioria delas inúteis e que provocam distrações para o CPF. Podemos sofrer ainda distrações internas, como fome, sede ou nossas próprias divagações. As distrações externas podem ser provocadas por barulhos, movimento de pessoas ou objetos, sinais auditivos do celular etc. Todas essas distrações utilizam glicose e oxigênio para serem processadas,[23] deixando menos recursos para as funções cerebrais mais importantes, como, por exemplo, dar atenção ao outro para compreender a mensagem por ele enviada. Muitos estímulos podem-se tornar ruídos na comunicação (Veja Capítulo 2) justamente em momentos que mais precisamos de nossa capacidade de processamento, provocando impactos significativos na qualidade da interação ou decisão que precisamos tomar.

A essa altura, com todas essas limitações apresentadas, você deve estar pensando e se perguntando "Meu dia é insano! Como posso recuperar esses recursos e manter meu CPF funcionando da melhor maneira?".

Podemos recuperar os recursos do CPF por meio de hábitos que economizam e repõem a energia gasta. Como a comunicação é a base de nossa existência social, vamos focar nela. O primeiro ponto é observar onde sua comunicação consome muitos dos seus recursos energéticos, como um ralo de energia. Alguns bons hábitos podem ser valorizados, dentre os quais destacamos: priorizar tarefas urgentes e de maior complexidade, logo pela manhã; fazer pequenas paradas entre uma reunião e outra; alimentar-se de modo saudável; tomar água ou outra forma de hidratação ao longo do dia; e fazer pausas para cinco minutos de *mindfulness* ou para um rápido papo despretensioso com alguma pessoa próxima, quando se sentir sobrecarregado. Principalmente, quando a atividade demandar atenção e foco, não tente ser multitarefa, pois você vai gastar mais energia, o resultado ficará comprometido e poderá provocar retrabalho. Também não adianta usar os minutos de relaxamento para checar seus *e-mails* ou fazer uma ligação rápida de trabalho. A ideia é limpar o acúmulo de informações que está atolando o seu CPF. Entre um dia e outro, mantenha uma rotina saudável com uma boa noite de sono, exercícios físicos e boa alimentação; promova momentos de lazer e diversão entre amigos e pessoas queridas; esteja em contato com a natureza e, também, reserve momentos para refletir consigo mesmo ou até não fazer nada.[31] Todas essas atividades favorecem os ingredientes fundamentais para o cérebro funcionar bem.

É importante destacar que nunca vamos conseguir manter o CPF funcionando constantemente no seu maior potencial e ele sempre vai funcionar junto com o sistema límbico. Isso ficará mais claro quando explicarmos, a seguir, a relação desses dois sistemas.

O SISTEMA LÍMBICO

O sistema límbico (SL) é um conjunto de estruturas, localizadas na região mais interna do cérebro, envolvidas nos comportamentos de sobrevivência: alimentação, reprodução, proteção e respostas às situações ameaçadoras (atacar, fugir ou congelar, às vezes nomeado apenas como luta-fuga). Há controvérsias sobre as estruturas que compõem o SL e sobre suas funções, com propostas de que existem pelo menos dois sistemas límbicos: o sistema límbico da emoção e o sistema límbico hipocampal.[32,33] Contudo, entende-se que nele reside o principal mecanismo cerebral responsável pelo bem-estar.[34] O SL é composto por diversas estruturas: tálamo, hipotálamo, gânglios da base, hipocampo e amígdalas.[35] Vejamos.

- **Tálamo:** situado profundamente entre os dois hemisférios cerebrais, integra os estímulos relacionados à visão, audição, tato e paladar, com exceção do olfato, que é trabalhado no córtex olfativo.

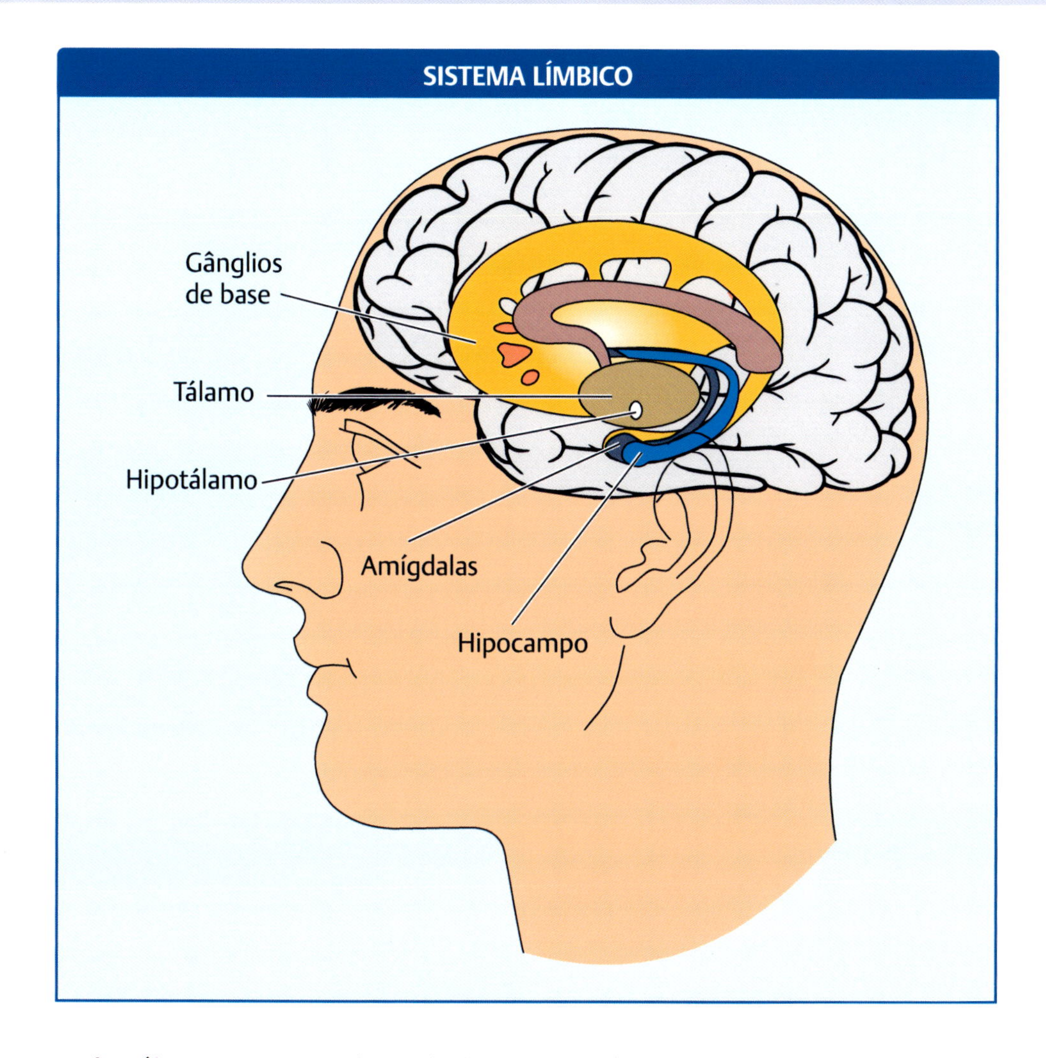

- **Hipotálamo:** atua na produção de diversos hormônios (entre os quais a oxitocina e o antidiurético) e está relacionado à regulação de sede, fome e humor.
- **Gânglios da base:** estão relacionados aos movimentos do corpo, no planejamento e execução de atos motores complexos (como falar e andar) e têm papel no processamento de recompensa, formação de hábitos e aprendizagem.
- **Hipocampo:** é a principal sede da memória episódica e associativa, convertendo a memória de curto prazo em longo prazo, além de participar na orientação espacial, por como nos movemos no mundo.
- **Amígdalas:** duas pequenas massas de agrupamento de neurônios, em forma de amêndoa com aproximadamente 3 cm, são reguladoras do comportamento sexual, das respostas emocionais, da agressividade e das reações a estímulos relevantes e que podem comprometer nossa sobrevivência; são responsáveis também por nossas respostas emocionais

de medo, ansiedade, raiva e prazer, respondendo pelos nossos comportamentos sociais. As amígdalas determinam o quanto as memórias são fortemente armazenadas, dependendo do conteúdo emocional associado a elas.

Desta forma, se o córtex pré-frontal é o centro executivo, o sistema límbico é conhecido como o centro emocional. Enquanto o CPF precisa de muitos recursos para funcionar e se distrai facilmente, o SL é exatamente o oposto: funciona com poucos recursos e não se distrai facilmente quando está realizando suas tarefas. Além disso, ele consegue fazer várias coisas ao mesmo tempo, de forma inconsciente e sozinho, sem que o CPF precise ser acionado. O cérebro não se limita a pensar e processar informações: seu principal objetivo é nos manter vivos. O sistema límbico tem um papel importante em nossa sobrevivência, não só por gerenciar as informações internas sobre funcionamento das funções vitais de nosso organismo e de como estamos nos sentindo, mas também por gerenciar as informações externas, momento a momento.

É no sistema límbico que estão armazenadas as nossas memórias de longo prazo, nossas experiências, nosso conhecimento adquirido ao longo da vida. Ele está constantemente examinando o fluxo de dados no cérebro, buscando prever o que vai acontecer, dizendo em que você deve prestar atenção e de que maneira fazer isso. Por isso, o cérebro é uma grande máquina de previsibilidade, comparando tudo que capta interna e externamente às informações nele armazenadas. Para economizar recursos e energia do cérebro, registramos tudo que podemos em circuitos cerebrais e criamos essa grande memória de longo prazo para reagirmos e respondermos de forma mais rápida e automática. Desde criança, aprendemos a andar, comer sozinhos, falar e não precisamos mais lembrar como isso é feito, apenas fazemos automaticamente. Da mesma forma, dirigimos, fazemos contas simples de cabeça e conversamos com as pessoas.

Comunicação, no entanto, é uma atividade muito mais complexa que as anteriormente citadas. Por isso, tanto em situações pessoais, quanto nas profissionais, usar o modo automático pode não ser suficiente para obtermos bons resultados. Quando precisamos compreender um ponto de vista diferente, escutar uma informação importante, inibir a vontade de interromper alguém quando não concordamos ou precisamos regular nossas emoções para não enviarmos uma mensagem indesejada ao interlocutor, precisamos usar as funções mais nobres do cérebro, acionando o CPF. Juntos, CPF e SL, trabalham melhor. Isso vai ficar ainda mais claro a seguir, quando mostrarmos como essas áreas funcionam e se relacionam em dois sistemas do cérebro.

FUNCIONAMENTO DO CÉREBRO

O tempo todo há atividade neuronal, de dia e de noite, acordados ou dormindo, quando fazemos tarefas complexas, que exigem toda a nossa atenção, ou automáticas, sem consciência. Para manter nosso corpo em funcionamento e os processos cognitivos em operação usamos 100% de nosso cérebro, apesar do mito amplamente disseminado de que usamos apenas 10%, o que não tem nenhuma base científica.[36] Seria um erro enorme de evolução termos um órgão com 90% de ociosidade. Acredita-se que esse mito tenha surgido no século XIX, nas discussões sobre a forma e função do cérebro, sendo atribuído ao filósofo e psicólogo, William James (1842-1910), considerado o pai da psicologia estadunidense, que teria dito que estaríamos usando apenas uma pequena parte de nossos recursos mentais e físicos.[37] Isso foi amplamente distorcido e inclusive mal utilizado para explicar fenômenos paranormais e vender cursos de melhoria do potencial cerebral. É verdade que não somos conscientes de todos os processos e tarefas cerebrais, mas é 100% mito o fato de usarmos apenas 10% de nosso cérebro.

Para simplificar o funcionamento do cérebro, o psicólogo e economista, Daniel Kahneman, ganhador do Nobel de Economia de 2002, lançou mão de uma analogia para explicar o funcionamento do cérebro, considerando dois sistemas: sistema 1 automático, e sistema 2 laborioso.[38] Usamos os dois sistemas em nosso dia a dia, mas com grandes diferenças em suas operações. O sistema 1 é o *default* e funciona de modo rápido, paralelo, automático, intuitivo e emocional. Ele não pode ser "desligado", não requer quase nenhum esforço para seu funcionamento e não podemos controlá-lo voluntariamente. Esse sistema lida com emoções, instintos sexuais, atenção, fome, saciedade e memória involuntária, de modo muito econômico. O orçamento de energia cerebral é limitado, portanto, nosso cérebro busca economizar, usando automatismos.[11] O sistema 2 é autogovernado, racional, consome muita energia e funciona de modo elaborado, sequencial, deliberativo, lógico e lento.[11] O sistema 1 é dirigido por emoções e associações a comportamentos aprendidos que tiveram sucesso no passado (com grande risco de vieses). Já o sistema 2 funciona por regras e processos conscientes para uma tomada de decisão. Essa dupla ficou conhecida como "rápido e devagar, duas formas de pensar".[38]

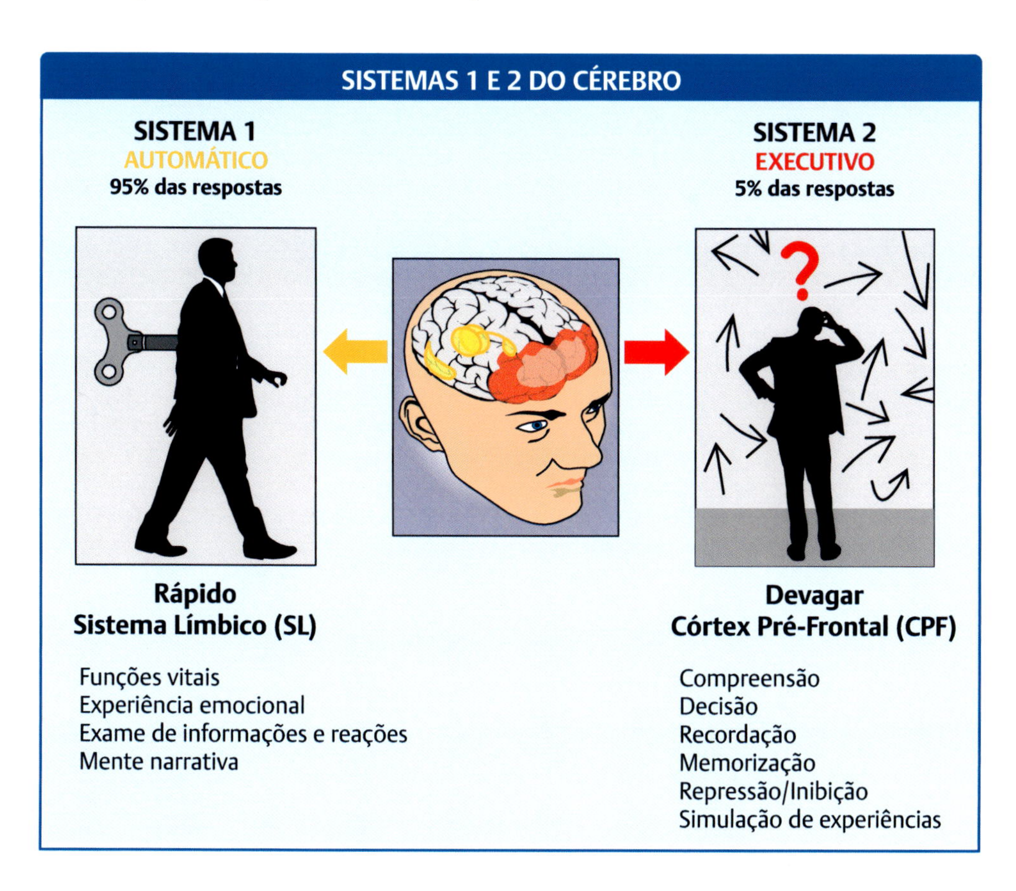

Os dois sistemas reagem às situações de nossa vida de modo diverso. O sistema 2 é o da consciência, de quem pensamos que somos e responde pelo pensamento consciente. É gerenciado pelo córtex pré-frontal, também chamado de cérebro executivo. Tarefas, como compreender, decidir, priorizar, memorizar, relembrar algo, simular experiências futuras e controlar impulsos, são do sistema 2, ou seja, consomem muita energia e são lentas. Já o sistema 1 é o que usamos rotineiramente, em 95% dos nossos comportamentos, quando não estamos atentos ou refletindo. Ele controla nossas funções vitais, regula as funções fisiológicas em resposta a estímulos, monitora a experiência emocional (não consciente), examina as informações e reage (instintivamente) e responde pela mente narrativa. Nosso cérebro é uma máquina de perceber padrões e, portanto, sua tendência natural é usar o sistema 1. Para situações importantes e reduzir a chance de vieses, devemos ativar o sistema 2, o que pode ser feito pensando sobre qual o objetivo na situação e buscando palavras que descrevam o que acontece, ou seja, racionalizando. Reconhecer a possibilidade de estarmos em uma situação mais difícil e não previsível é uma dica para reduzir a velocidade do sistema 1 e ativar o sistema 2.

O sistema 1 é gerenciado pelo sistema límbico, que reúne diferentes estruturas cerebrais responsáveis pela varredura das emoções, aprendizado e memória. Há discussões sobre quais são seus componentes, porém as estruturas principais são: amígdalas (controle de agressividade), hipocampo (relacionado à memória) e hipotálamo (conecta o sistema nervoso ao sistema endócrino). O sistema límbico é chamado de cérebro emocional e está presente nos mamíferos; sua responsabilidade é a preservação e a sobrevivência das espécies.

O sistema 1 é a base, o *default* e, portanto, ele sempre está ativado; já o sistema 2 funciona sob demanda e nunca de modo isolado. Em outras palavras, podemos ter rompantes emocionais, como em reação imediata a uma agressão ("Não sei o que deu em mim!"), ou seja, ficamos "sequestrados" pelo sistema 1, mas não conseguimos usar o sistema 2 isoladamente, sem considerarmos as informações emocionais que o sistema 1 nos envia. O problema é que o sistema 1 faz uma leitura automática da situação e nem sempre ela é correta. Vieses, heurísticas e inferências a partir de experiências passadas são usadas pelo sistema 1 para economia de energia, e esses atalhos podem não trazer o melhor ingrediente emocional para o sistema 2 tomar uma decisão. Esses dois sistemas funcionam como uma gangorra que tende mais para o lado do sistema 1, automático, límbico, que pode dominar a ação. Essa gangorra nunca será dominada pelo sistema 2, pois este não funciona de modo isolado, como pode acontecer com o sistema 1. É importante acionar o sistema 2, de forma consciente, para que suas funções sejam executadas com a análise das informações emocionais do sistema 1. Metaforicamente, isso significa equilibrar a gangorra, o que pode ser conquistado apenas por um curto período, dadas as limitações do sistema 2.

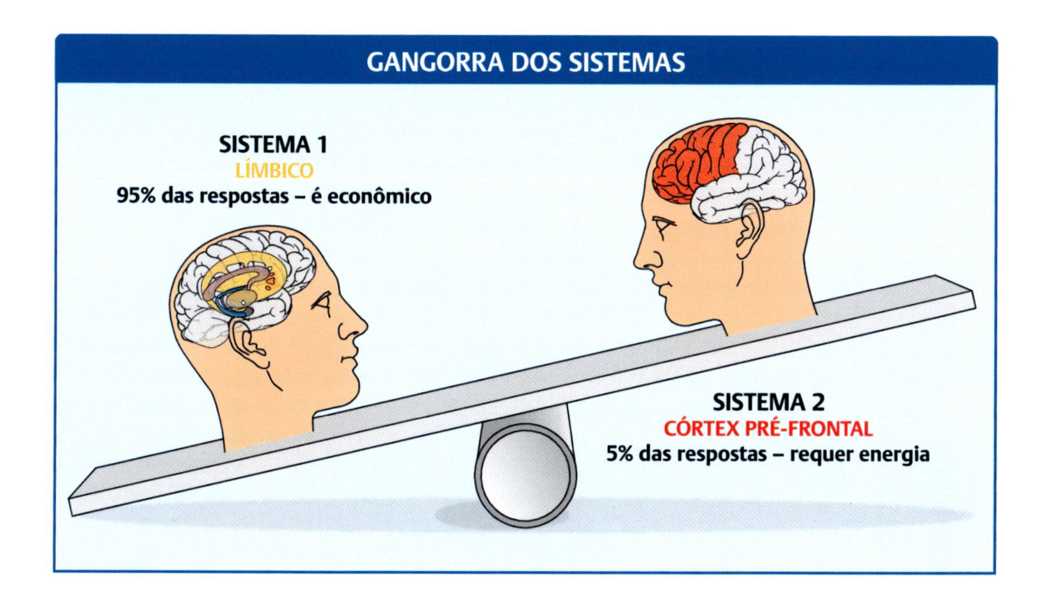

PRINCÍPIO ORGANIZADOR DO CÉREBRO

O cérebro, essa estrutura gelatinosa consistente, com massa de 1,5 kg, em média, em associação a outras estruturas que estão dentro do crânio (como o cerebelo e tronco cerebral), processa as informações que vêm pelos órgãos dos sentidos, detecta e avalia emoções, com foco especial em qualquer coisa que possa ameaçar a nossa vida. Como já comentamos, o sistema límbico é responsável por isso e, a cada momento, decide se o mundo ao seu redor é perigoso ou útil, favorecendo a sobrevivência. Se for útil, áreas de recompensa do cérebro são ativadas, recursos são preservados, haverá produção de químicos, como a dopamina, o que gera motivação e favorece o funcionamento do CPF; se for detectado um perigo, áreas de ameaça são ativadas, o cérebro e o corpo se enchem de cortisol, o hormônio do estresse, e os recursos serão direcionados para reações automáticas para manter-se vivo.

O cérebro não acessa o mundo diretamente, mas sim por um processo indireto de percepção de milhões de informações vindas por meio da visão, audição, tato, olfato e paladar. Porém, nem tudo o que é percebido, é processado e, portanto, cada um de nós tem uma imagem particular, filtrada e reduzida do que é o mundo real. A magnitude da percepção cerebral é estimada em 11 milhões de *bits*/s, enquanto seu processamento é de 16 a 50 *bits*/s,[39] o que significa que nosso cérebro, como uma filmadora grande angular poderosa, é capaz de registrar um cenário com milhões de dados, mas interpreta um grupo restrito deles. Interpretamos o que é relevante, saliente, o que nos chama atenção, o que colocamos foco no momento ou, de modo muito intenso, o que pode representar perigo à nossa sobrevivência, comparando com nossas próprias experiências e memórias. Considerando isso, podemos entender melhor a origem de tantas confusões e dificuldades de comunicação que ocorrem em reuniões de trabalho, com várias pessoas, já que o cérebro de cada uma delas interpreta a realidade de forma diferente.

O princípio organizador do cérebro procura sempre minimizar perigos e maximizar recompensas.[40] Para atender a esse princípio, o cérebro escaneia o ambiente a cada 5 segundos, por meio de uma poderosa central de segurança pessoal, localizada no sistema límbico, que manda alertas quando algo diferente, imprevisível, ambíguo ou fora do padrão habitual chega ao cérebro por meio da percepção.

Esse funcionamento cerebral não mudou desde os primórdios tempos, quando os primeiros seres humanos viviam nos ambientes mais adversos da Terra. O que mudou foi a "selva" em que vivemos. O cérebro entende qualquer coisa ou situação que o coloca em perigo como ameaça primária: um cão feroz, a sensação de fome, uma fotografia de alguém com raiva ou um colega que se dirige a você com um tom de voz sarcástico têm o mesmo efeito. Nosso desejo é nos afastar das ameaças. Ao contrário, quando o cérebro detecta algo que nos ajuda a sobreviver, experimentamos uma sensação de recompensa primária que pode ser desde comida, amor, dinheiro ou mesmo um rosto sorridente e amigável. O sistema límbico classifica o que é ameaça e o que é recompensa e quer sempre minimizar o efeito das ameaças e maximizar a sensação muito mais agradável da recompensa. Contudo, como a ameaça coloca em risco as nossas vidas, damos muito mais atenção para aquilo que é ruim, reagindo rapidamente, por mais tempo e com um efeito mais intenso do que o que é provocado por algo bom e prazeroso.[41] Um exemplo simples de nossa vida profissional é sobre *feedbacks* bons e ruins. Todos nós já recebemos elogios e críticas. É muito provável que você se lembre de quem lhe deu um *feedback* ruim, quando isso ocorreu, onde foi e como se sentiu, mesmo que hoje considere que tenha sido importante para seu desenvolvimento. Já o elogio, que você recebeu ontem, caiu no esquecimento.

Esse princípio organizador é central em nossas vidas, rege nossos comportamentos e terá grande impacto no conforto ou desconforto na comunicação, na situação de falar em público, falar de improviso ou de ser ameaçado por uma comunicação verbal ou *não verbal* agressiva (Veja Capítulo 10).

CÉREBRO SOCIAL

Como já foi mencionado, um dos ingredientes fundamentais para o cérebro funcionar bem é a conexão humana. Somos criaturas profundamente sociais, e o cérebro humano é formatado para trabalhar em rede com outros cérebros humanos. Permanecer conectados com pessoas que gostamos, familiares, colegas e amigos, nos motiva profundamente. Somos curiosos em saber o que se passa na mente de outras pessoas. A próxima vez que estiver dirigindo por um trajeto conhecido que não tenha que prestar atenção e sem estar ouvindo música ou falando ao celular, repare que seus pensamentos, geralmente, são sobre si mesmos e a relação com outras pessoas.

Nosso cérebro é um grande contador de histórias, temos uma mente narrativa interna que fica falando, fazendo suposições e inferências, certas ou erradas, pelo simples fato de querermos encontrar um padrão nas informações que recebemos e fazer previsões do que pode acontecer. Nossas identidades são formadas por valores comuns aos de outras pessoas, as quais passamos a considerar como parte do nosso grupo. Outros animais também vivem e sobrevivem melhor em grupo, como abelhas, macacos, lobos, pássaros que voam de um hemisfério a outro etc.

Contudo, a complexidade do nosso cérebro mostra que temos redes neurais mais evoluídas que formam mentes sociais exclusivas dos seres humanos. Existem várias hipóteses sobre como essas redes neurais mais evoluídas se formaram em nossa mente social. Uma delas está relacionada com a necessidade de colaborarmos uns com os outros para sobreviver; somos seres grupais desde sempre. Formamos tribos, construímos vilas, pequenas cidades, grupos de cidades formaram Estados e grandes civilizações. Sozinhos seria muito mais difícil construir uma simples cabana de madeira e dificilmente sobreviveríamos ao ataque de animais ferozes, mais forte ou mais ágeis. De forma simples, a base da sociedade pode ser vista como um acordo de colaboração e harmonia, onde você me ajuda a construir a minha cabana, eu ajudo você a construir a sua, e ambos ganhamos com isso e vivemos melhor.[42] Essa dinâmica de funcionamento do cérebro social leva a algumas hipóteses de como o comportamento moral e a empatia evoluíram, uma vez que se alguém não seguisse as regras de uma tribo ou não agisse com empatia, a pessoa seria expulsa do grupo, o que diminuiria sua chance de sobrevivência.[43]

Já apresentamos o princípio organizador do cérebro e sabemos que escaneamos o ambiente a cada cinco segundos para sobreviver. Também já sabemos que existem dois estados funcionais básicos: um de ameaça, e outro de recompensa. Quando identificamos sensação de recompensa, nos aproximamos e favorecemos o funcionamento do cérebro executivo e a melhoria do trabalho cognitivo. Assim, ampliamos nossa visão, enxergamos mais opções e oportunidades, ficamos mais abertos a escutar e receber informações, ficamos mais colaborativos e, consequentemente, melhoramos nossa comunicação e favorecemos a criatividade e a inovação. Exemplos de sensações de recompensa são felicidade, alegria, curiosidade, segurança, tudo isso ativa áreas de recompensa e motivação do cérebro. O oposto também é verdadeiro, para as sensações de ameaça, como medo, raiva, desgosto, frustração, indignação, confusão e dor: nesse caso as escolhas, oportunidades e a capacidade de receber informações ficam limitadas e totalmente comprometidas. O SL entra em estado de alerta, pronto para atacar, fugir ou congelar. Nessa situação, fica muito mais difícil criar novas conexões no cérebro, e a comunicação consciente fica prejudicada. A grande surpresa é que, no cérebro, as ameaças e recompensas sociais são tratadas com a mesma intensidade que as ameaças e recompensas físicas. Outra grande surpresa é que a nossa rede padrão é a mesma rede do cérebro social. Portanto, entender como esses mecanismos mentais impulsionam nosso comportamento é fundamental para melhorar a comunicação dos indivíduos e das organizações. Nessa direção veremos a seguir uma proposta da neurociência social que tem sido muito aplicada na prática e rendido bons resultados nas organizações.

MODELO SCARF® DE MOTIVAÇÃO

Com base na compreensão do princípio organizador do cérebro e do cérebro social, David Rock analisou diversas pesquisas científicas, para identificar quais eram as principais ameaças e recompensas sociais que comprometiam ou favoreciam a relação entre as pessoas e, consequentemente, impactavam negativa ou positivamente os resultados pessoais e organizacionais. Partindo do princípio de que a percepção de uma emoção positiva ou recompensa normalmente gera uma ação ou movimento de aproximação e, de forma oposta, a percepção de uma emoção negativa ou punição provoca estímulos de ameaça, o que leva a ações de afastamento ou defesa, ele criou o modelo SCARF® de motivação,[44] que explica o que acontece em nossos cérebros quando estamos em interação social. Esse modelo é um resumo de importantes descobertas dos neurocientistas sobre como as pessoas interagem, reagem e respondem socialmente, para garantir que continuem vivas.

O modelo foi desenvolvido com base em três ideias centrais: o cérebro entende ameaças e recompensas sociais da mesma maneira que ameaças e recompensas físicas; a capacidade de colaborar, tomar decisões e solucionar problemas com os outros é comprometida em situações percebidas como ameaça e é favorecida em situações percebidas como recompensa; e a ameaça é mais intensa e mais comum, por isso precisa ser cuidadosamente gerenciada nas interações sociais.

Cada letra do modelo **SCARF®** corresponde a um domínio ou elemento que o cérebro está automaticamente buscando no ambiente e que leva tanto a respostas de ameaça como a de recompensa, sendo eles: ***S**tatus*, **C**erteza, **A**utonomia, **R**elação e ***F**airness* (Justiça). Vejamos.

- ***Status* – percepção de ser pior ou melhor que os outros:** refere-se à percepção da nossa posição de importância e valor em relação aos outros. Temos o desejo do *Status*, pois isso significa que os outros nos estimam e fazemos parte do grupo. De forma automática nos comparamos aos outros, e o cérebro monitora essa percepção em qualquer grupo. "Sou tão inteligente, talentoso e valioso quanto aos outros ao meu redor?"; "O quanto sou valorizado por essas pessoas?"; "Sinto-me importante nesse grupo?". Esses são exemplos de perguntas que fazemos a nós mesmos, sem estarmos conscientes delas. O *Status* também compara o "Eu" atual com o "Eu" do passado. Podemos aumentar nosso próprio *Status* quando reconhecemos o quanto progredimos e crescemos em nossa carreira e vida. Por exemplo, quando você é reconhecido por seu trabalho na frente de seus pares, o cérebro sente recompensas físicas e psicológicas, incluindo a liberação do hormônio do "bem-estar", a dopamina, e da sensação de sentir-se mais motivado, seguro e confiante nesse grupo. Por outro lado, quando você sente o *Status* sendo diminuído, vivencia uma forte resposta de "afastamento". Isso pode ocorrer quando alguém fala que você está errado, o critica ou o desqualifica em frente a um grupo de colegas ou, simplesmente, diz: "Você não entendeu nada do que eu disse." Uma diminuição de *Status* provoca liberação do hormônio do estresse "cortisol" e, consequentemente, você se sente menos seguro e confiante no grupo. Gestores podem destruir o senso de *Status* dos funcionários ao desperdiçarem essas oportunidades de reconhecimento ou assumirem o crédito do trabalho dos outros. Por outro lado, eles podem promover recompensas de *Status* quando compartilham as realizações dos funcionários com toda a equipe ou ainda oferecem a eles mesmos a oportunidade de fazerem isso. Quando pares estão tomando uma decisão e não concordam com as opiniões, muitas vezes a comunicação pode-se tornar conflituosa, e as pessoas começam a brigar por quem tem razão ou qual seria a melhor ideia. Isso mostra o *Status* das pessoas brigando por valor e importância.
- **Certeza – necessidade de previsibilidade:** nosso cérebro é uma máquina de fazer previsões. A Certeza refere-se à nossa enorme necessidade de saber o que vai acontecer. O cérebro gosta de planejar, visualizar o que vai acontecer, tanto no momento seguinte, quanto em longo prazo. Temos uma mente narrativa interna fazendo suposições e inferências para buscar informações. A Certeza é um motor importante para o cérebro e está constantemente mapeando a experiência passada e trazendo-a para o presente. Quando as informações ou situação são familiares e conhecidas, nos sentimos seguros. Quando não temos clareza, a situação é desconhecida ou mesmo ambígua, vivenciamos um estado de ameaça. Mesmo pequenas mudanças, ainda que positivas, podem provocar incertezas. Por exemplo, se o seu gestor solicita uma reunião com você sem explicar o objetivo da conversa, você pode experimentar a incerteza e as emoções de "afastamento". No entanto, se ele lhe explica os motivos da reunião, você pode se preparar para ela, esclarecer antecipadamente quais são as expectativas dele quanto à sua participação. Haverá menos incerteza e é menos provável que o sistema límbico seja despertado de forma negativa. Uma pequena quantidade de incerteza até pode ser agradável em alguns momentos, quando temos aquela sensação de surpresa. Contudo, quando um ambiente possui muita incerteza, baixa qualidade de comunicação, ambiguidade nas informações ou falta de clareza, o sistema límbico assume o controle, e nossas capacidades de colaboração, criatividade e *performance* ficam prejudicadas.

- **Autonomia – percepção de controle das escolhas ou opções:** refere-se à percepção de controle que temos ou não de uma situação e é favorecida pela possibilidade de fazermos escolhas ou termos opções para alcançar objetivos ou resultados. Pense na diferença entre se voluntariar a fazer algo ou ser obrigado a fazê-lo. A Autonomia é fortemente ameaçada quando somos microgerenciados por alguém que nos diz exatamente como temos que fazer nosso trabalho ou fica perguntando a cada cinco minutos como está o andamento dele. A falta de Autonomia pode provocar raiva, frustação e desânimo. Por outro lado, permitir que as pessoas escolham a forma de realizar um trabalho, como vão se organizar, deixando claro o prazo e o que se quer alcançar promove motivação, aumenta o comprometimento e a responsabilidade de entregar os resultados. Quando trabalhamos com equipes jovens, sem experiência e sentimos que não podemos deixar apenas por conta deles, a forma de promover Autonomia é oferecer pelo menos duas opções de caminhos, perguntar qual eles acham que é a melhor e, se puder perguntar ainda se eles veem uma terceira opção. Mesmo em situações estressantes, a sensação de escolha diminui o estresse, e o oposto também é verdadeiro.

- **Relação – percepção de pertencimento:** refere-se à necessidade de conexão social, fundamental para todo ser humano. O cérebro é social e está o tempo todo avaliando se o outro é amigo ou inimigo para confirmar se há confiança e segurança ou não. Quando você se conecta a pessoas que gosta e sente que pode confiar, ocorre uma diminuição do hormônio do estresse, o cortisol, uma liberação do hormônio do bem-estar, a dopamina, e um aumento do hormônio da relação, a oxitocina, que faz você experimentar emoções de "aproximação". Por outro lado, quando encontra alguém que não confia, você pode ter sensações de "afastamento", há um aumento do cortisol e da adrenalina por considerar a outra pessoa uma ameaça. Um exemplo simples e corriqueiro ocorre quando você falou com um colega e ele não só não o escutou, como ainda criticou suas ideias. Pela natureza humana, de forma inconsciente você pode passar a vê-lo como uma ameaça e experimentar emoções de "afastamento". Na próxima vez que encontrar com essa pessoa, você provavelmente não vai escutar o que ele tem a dizer. Por outro lado, se você encontrar com alguém que tenha sido encorajador sobre o seu trabalho, você ficará mais propenso a confiar nesta pessoa, escutá-la, uma vez que sente conexão e "aproximação". Temos o desejo de pertencer a grupos e nos sentimos parte deles quando encontramos similaridades de gosto, idade, pensamentos, valores, entre outros aspectos. Muitas vezes, nas organizações, trabalhamos com pessoas muito diferentes de nós e, cada vez mais, essa diversidade é valorizada e considerada importante. É muito difícil escutar um ponto de vista diferente quando não fazemos algum tipo de conexão que nos aproxima. Mesmo em ambientes diversos podemos criar a sensação de pertencimento e aumentar a Relação deixando claros os objetivos comuns que temos em nossos trabalhos em equipe.

- ***Fairness* (justiça) – percepção de equidade ou trocas justas:** finalmente, o "F" de *Fairness* (justiça) diz respeito à necessidade que todos temos em sentir que somos tratados com equidade e de forma justa, não necessariamente igual. O seu bônus pode parecer realmente gratificante até você descobrir que alguém com função semelhante à sua recebeu um bônus maior. Piora ainda mais se você considerar que essa pessoa nem é tão competente assim. Isso pode criar uma resposta de ameaça que dura dias ou até meses. Outros exemplos de falta de justiça são: quando as pessoas não podem-se manifestar em reuniões; quando as regras mudam no meio do caminho, sem uma explicação coerente;

ou quando você é novo em uma empresa e ainda não conhece os sistemas e processos e recebe o mesmo tempo para executar atividades que outros mais acostumados ou experientes. A sensação de injustiça pode realmente acionar o circuito de aversão e desgosto do cérebro, que fica no lobo da ínsula. Isso pode ser tão forte que quando a injustiça é percebida, os outros domínios do SCARF® também podem ser acionados, aumentando fortemente a ativação do SL. Por outro lado, quando sentimos um tratamento justo, como, por exemplo, receber mais que o esperado em uma revisão salarial ou quando as regras são claras e são cumpridas, então sentimos emoções de "aproximação", como alegria, felicidade, motivação e comprometimento.

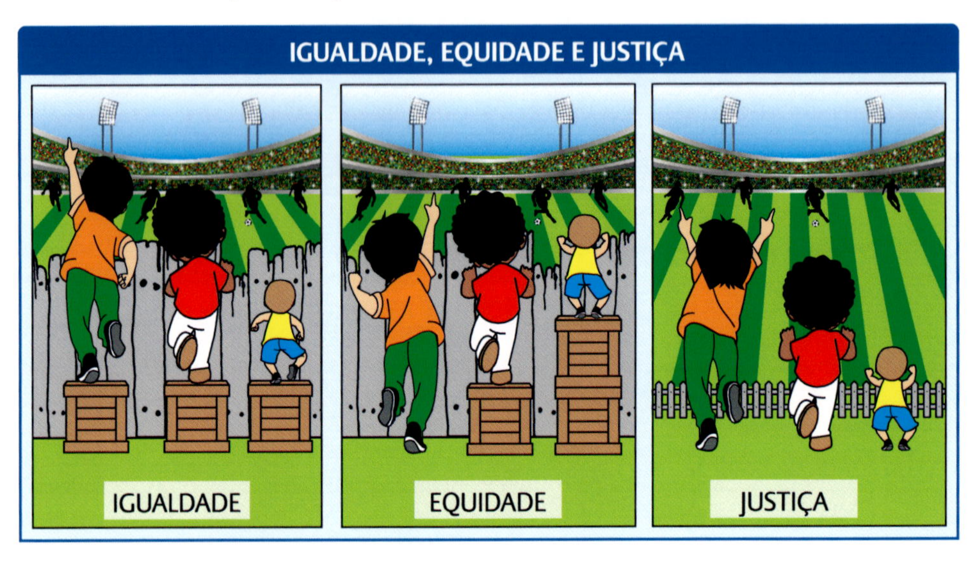

Em situações de ameaça é importante acalmar-se, acionando o sistema 2 (cérebro executivo), e confirmar se o evento realmente exige resposta de sobrevivência ou se é apenas o seu cérebro sinalizando e amplificando perigo. Quando você realiza que é apenas o seu cérebro reagindo, você tem maior controle sobre o que fazer, usando o modelo SCARF®.

Apesar de todos nós termos o desejo de sermos atendidos nos cinco domínios, geralmente cada pessoa possui a preferência por um ou dois deles. Isso se reflete pela atenção e foco maior que damos ao domínio de preferência nas situações de conexão com os outros, o que impacta a forma como nos comunicamos e recebemos a mensagem que vem do nosso interlocutor. Essa preferência é situacional, isto é, em certos momentos da vida podemos ter mais demanda por sermos reconhecidos e não nos importamos tanto em escolher, como fazer alguma atividade. Uma estratégia útil em situações profissionais desafiadoras é usar a Relação como base, o que traz inclusão, destacando o objetivo em comum, valorizando as pessoas (*Status*) e promovendo clareza (Certeza).

Concluímos que o modelo SCARF® descreve as interações humanas e como as sociedades interagem, com grande aplicação no mundo das organizações e em diversos aspectos da comunicação, como empatia (Veja Capítulo 7), persuasão (Veja Capítulo 9) e regulação emocional (Veja Capítulo 11). Vejamos mais detalhes do uso desse modelo na comunicação.

SCARF® NA COMUNICAÇÃO

O objetivo do SCARF® na comunicação é oferecer um modelo fácil de lembrar os cinco domínios que dirigem a resposta cerebral de minimizar perigo e maximizar recompensa, quando interagimos com as pessoas no ambiente de trabalho, e, consequentemente, agir de acordo com os gatilhos sociais que podem gerar tanto a resposta de aproximação, quanto a de afastamento. Quando os cinco domínios são considerados e bem gerenciados, minimizamos conflitos e favorecemos a qualidade da comunicação, tanto das mensagens que você recebe, quanto daquelas que você envia. Isto é importante, uma vez que o cérebro lida com o ambiente de trabalho como um sistema social.

Existem três níveis de ameaça aos quais devemos estar atentos.[45] Podemos identificá-los e gerenciá-los com ajuda do SCARF®, usando a comunicação consciente. Com essa estratégia, podemos conter o descarrilamento do sistema límbico e evitar a deterioração do ambiente de trabalho. Vejamos.

- **Nível um** é quando percebemos que a ameaça existe, mas ela ainda não está tão próxima, o que traz certo desconforto. Ficamos atentos, e as funções cognitivas ainda estão bem preservadas para as atividades que requerem atenção, mas não para as que exigem criatividade.
- **Nível dois** é quando sentimos que a ameaça já está bem próxima, o desconforto aumenta e ficamos em estado de alerta, prontos para atacar ou fugir. O sistema límbico está acionado, as funções cognitivas já estão bastante comprometidas, e os sistemas digestivo e imunológico estão sendo prejudicados. Em um ambiente que promove esse nível de ameaça constantemente, é fácil verificar que a saúde das pessoas pode ficar comprometida.
- **Nível três** é o mais prejudicial, quando a percepção de ameaça é a mais clara, ela está em você, e a sensação é literalmente de pânico, podendo provocar sérias complicações de saúde, se ocorrer cronicamente. Além de as funções cognitivas estarem totalmente comprometidas, o sistema límbico entra em ação, atacando, fugindo ou congelando.

Vivemos recentemente o escalonamento das ameaças em relação à pandemia da Covid-19, um exemplo concreto sobre como os níveis de ameaça funcionam: nível 1, quando a situação parecia estar muito distante, na China; nível 2, quando chegou à nossa cidade, com aumento do número de mortes; e nível 3, quando familiares e amigos foram infectados, alguns vindo a falecer.

Quando não estamos conscientes da comunicação no ambiente, podemos provocar ou contribuir para um aumento contínuo da ameaça, permitindo que ela saia do primeiro nível até chegar ao último, o que pode, consequentemente, gerar conflitos que poderiam ter sido evitados. Por exemplo, se estamos apenas trocando ideias, e as do interlocutor são diferentes das nossas, pode haver um início de desconforto, mas isso ainda é aceitável. O domínio da Relação está em jogo, algumas vezes o domínio da Certeza também fica comprometido, quando alguém não foi claro em seu ponto de vista ou se posicionou de forma ambígua.

No momento em que essas ideias precisam virar decisões e não houve alinhamentos entre as pessoas, ou algumas ideias foram desconsideradas, a ameaça já pode estar no nível dois. Além do comprometimento dos domínios de Relação e Certeza, o domínio do *Status* pode ficar comprometido, pois as pessoas, que não tiveram suas ideias aceitas, foram ignoradas ou até mesmo ridicularizadas, o que vai fazer com que elas se sintam desvalorizadas.

A situação piora quando a decisão é tomada por poucos, impondo a necessidade de mudança de comportamento e pensamento de pessoas que não foram envolvidos na decisão final. A ameaça pode escalar para o nível três, com o aumento do envolvimento dos domínios anteriores citados e ainda a inclusão do domínio de Autonomia, porque não há escolha: as pessoas têm que aceitar a decisão tomada pelos outros. Finalmente, o domínio da *Fairness* (justiça) completa esse cenário de desconforto máximo, porque não houve equidade, comprometendo assim a relação das pessoas. Portanto, podemos evitar esses conflitos se houver objetivos e intenções claras e explicitas, alinhamento da expectativa de todos os envolvidos e o gerenciamento dos domínios do SCARF®.

Outra maneira de minimizar conflitos na comunicação é escolhendo melhor o foco das conversas para promover sensações positivas do SCARF® e aumentar a qualidade das funções cognitivas. Normalmente, quando estamos resolvendo um problema, dedicamos muito tempo para descrevê-lo, entrando em mínimos detalhes. Isso é muito natural no ser humano, pois o ruim é mais forte que o bom e precisamos nos defender das ameaças que o problema nos traz.[41] Contudo, quanto mais falamos sobre o problema, entrando nos seus mínimos detalhes, mais acionamos o sistema límbico, e todos os domínios do SCARF® podem sofrer impacto, o que leva a conversa ao drama, promovendo conflitos e causando lentidão na tomada de decisão e nas ações.

Tempo é algo escasso e precisamos aproveitá-lo da forma mais eficiente possível, e isso pode ser feito com uma comunicação consciente do que estamos comunicando quando estamos nos comunicando. Falar sobre um problema para começar o assunto é necessário, mas devemos dedicar um tempo adequado, sem entrar em detalhes, e logo levar a conversa para a visão do que queremos e qual é o objetivo, para assim promover o funcionamento do cérebro executivo por meio da simulação de experiência. Ao falar sobre aquilo que queremos alcançar, com clareza e permitindo que as pessoas se manifestem, oferecendo escuta, promovemos no cérebro a produção de dopamina e adrenalina, dois químicos importantes para a criatividade, o engajamento e a união das pessoas para atingir a visão descrita e o objetivo desejado. Tudo isso pode gerar estado de aproximação pelos domínios do SCARF®. Uma vez que a visão seja clara, parte-se para falar sobre o planejamento, o como se vai atingir a visão que é o que queremos alcançar. Com isso definido, a última etapa é falar sobre os detalhes das ações, isto é, quem será o responsável, qual o indicador que deve ser apresentado, qual o prazo etc. Em resumo o que deve ser feito para a realização do planejamento e alcance da visão.[46]

Até mesmo a apresentação de um tema, em que você é especialista, pode ser um desafio para manejar seu SCARF®. Imagine que você foi convidado a dar uma palestra e recebeu uma informação de que teria meia hora para expor seu tema, para um público iniciante no assunto. Você preparou *slides* e está confiante. Contudo, ao chegar percebe que outras pessoas também apresentarão suas experiências com o tema, que será uma mesa redonda sem *slides*, você não terá os 30 minutos que esperava e alguns apresentadores, que você conhece pelo nome, são pessoas importantes no mercado. Veja que todos os domínios do SCARF® foram atingidos nessa situação: você não terá os 30 minutos e participará de uma mesa de debates, para a qual não estava preparado (*Status* e Certeza comprometidos), fica na dúvida se os outros sabiam que seria uma mesa redonda ou não (Certeza e Relação comprometidas), alguns apresentadores são verdadeiros *experts* (*Status* ameaçado), você não teve a opção de decidir se gostaria ou não de participar dessa mesa redonda (Autonomia tolhida) e tudo isso lhe parece muito injusto (*Fairness* atingida). Resolver isso não é fácil, pois a realidade apresentada foi imprevisível, e isso deixa o cérebro instável, em situação de ameaça. Mas, compreendendo o seu cérebro, regulando suas emoções e analisando seu comportamento você poderá superar essa situação e ser um melhor comunicador (Veja os Capítulos 10, 11 e 12).

Agora sugerimos que você faça a avaliação de seu SCARF® para compreender qual dimensão está mais ativa em suas interações, nesse momento.

AUTOAVALIAÇÃO: SCARF®

No quadro a seguir você fará autoavaliação do seu SCARF®. Saber quais são as suas preferências pode ajudá-lo a compreender suas reações e respostas, assim como as dos outros, comunicar melhor suas necessidades, regular suas emoções, quando suas expectativas não estão sendo atendidas, e fazer escolhas mais adequadas às suas preferências.

Não há respostas certas ou erradas, e seu resultado é situacional, podendo ter sido diferente no passado e podendo mudar no futuro, de acordo com o ambiente. Normalmente, um ou dois domínios se destacam, mas não há regra para isso.

Em cada domínio são apresentadas três afirmações. Concentre-se em verificar o quanto você se identifica com cada uma delas e quanto você dedica atenção a elas quando está se relacionando com os outros em seu ambiente de trabalho. Dê uma nota de zero a dez para cada uma delas e faça uma média por domínio. Use zero, se você não se identifica com a afirmação em questão ou se o que está sendo apresentado não representa valor para você, nesse momento. Use dez quando é algo que está muito ativo em seu radar, um aspecto que está totalmente alinhado com você na interação. Valores intermediários representam respostas em grau variado quanto ao aspecto analisado.

Autoavaliação do SCARF®

Domínios	Afirmações	Notas 0 a 10
Status	1. Gosto de ter meu valor reconhecido, mesmo em coisas pequenas	
	2. Dou *feedback* positivo e faço questão de reconhecer o trabalho das pessoas	
	3. Fico muito impactado quando alguém diz que estou errado ou que não sei como fazer algo	
	Média do Domínio *Status*	
Certeza	1. Faço perguntas para saber exatamente o que os outros esperam de mim	
	2. Fico supondo informações, dados e características dos outros, para tirar conclusões	
	3. Fico instável e inseguro quando eu me preparo para uma coisa e encontro um cenário diverso	
	Média do Domínio Certeza	
Autonomia	1. Gosto de dar oportunidades para pessoas trazerem ideias, mesmo que eu já tenha as minhas	
	2. Gosto de fazer as coisas do meu jeito, mesmo que alguém me diga como fazê-las	
	3. Fico incomodado quando alguém frequentemente supervisiona meu trabalho, entendo como microgerenciamento	
	Média do Domínio Autonomia	

Domínios	Afirmações	Notas 0 a 10
Relação	1. Gosto de compreender o objetivo e propósito comum dos grupos que participo e tenho prazer em pertencer	
	2. Gosto de ser chamado para participar de diversas atividades, incluindo reuniões, novos projetos e comemorações empresariais	
	3. Fico muito chateado por não ter sido incluído em um projeto, mesmo sabendo que não tenho tempo para isso	
	Média do Domínio Relação	
***Fairness* (justiça)**	1. Gosto de ambientes com regras e critérios preestabelecidos e cumpridos	
	2. Fico constantemente avaliando se as atitudes das pessoas são certas ou erradas	
	3. Fico muito irritado quando as regras são mudadas no meio do jogo	
	Média do Domínio *Fairness* (justiça)	

COMO COMPREENDER SEUS RESULTADOS

O valor mais alto indica o quanto você coloca seu foco de atenção para este domínio em suas interações, portanto, é aquele que o conduz. De acordo com o funcionamento do cérebro, o domínio com a maior nota revela o que mais salta aos seus olhos quando seu SL (sistema 1) escaneia o ambiente em busca de alguma ameaça real ou potencial.

Valores baixos não significam necessariamente domínios mal resolvidos ou carências particulares. O menor valor não é condutor nas interações, uma vez que você não esteja colocando tanta atenção nele, nesse momento. Por exemplo, se o resultado do seu domínio de *Fairness* (justiça) for o mais baixo, isso não significa que você é uma pessoa injusta com os outros, apenas não está usando sua energia para julgar se algo é certo ou errado. Os valores mais baixos são domínios que não estão tão ativos no presente momento.

Valores iguais em todos os domínios significa que você está fazendo um escaneamento geral nos itens do SCARF®.

Agora que você fez sua autoavaliação, reflita sobre seus resultados atuais e veja o que isso significa para você. Lembre-se que você tende a não se preocupar com os domínios que tiveram valores mais baixos em seus resultados, mas eles podem ser uma necessidade do outro na interação e deve ser considerado quando você se comunica. Por exemplo, se seu *Status* tiver um valor baixo, isso indica que você provavelmente não ficará tão incomodado se alguém não souber que seu cargo na empresa é de gestor, não o reconhecer pelo ótimo resultado de um projeto ou não saber que você tem um doutorado na área. Contudo, se você não deixar claro, na interação, que sabe qual o cargo do outro, reconhecê-lo pelo ótimo resultado do projeto que é líder ou que tem um doutorado na área e essa pessoa estiver sendo conduzida pelo *Status*, ela pode se sentir desconfortável na interação e até começar a se defender ou a atacá-lo. Como não sabemos o SCARF® do outro, contemple sempre os cinco domínios em todas as interações sociais (Veja Capítulo 10).

VÍDEOS RECOMENDADOS

The brain
Documentário do History Chanel explorando as áreas do cérebro e suas funções.
https://www.youtube.com/watch?v=vOiLqd6aq7k

The pre frontal cortex in 60 seconds
Descrição resumida, em 60 segundos, sobre o córtex pré-frontal, pelo grupo The neuropsychotherapist.
https://www.youtube.com/watch?v=X5-Hdl0Z3VA

The limbic system in 60 seconds
Documentário do History Chanel explorando as áreas do cérebro e suas funções.
https://www.youtube.com/watch?v=AGozcrFAt8w

Evolution's great mistery: language
TED Talk de Michael Corballis sobre a diferença entre a linguagem humana e a comunicação animal.
https://www.ted.com/talks/michael_corballis_evolution_s_great_mystery_language

The Social Brain – The Sentis Brain Animation Series
Animação para compreender o conceito de cérebro social.
https://www.youtube.com/watch?v=J0XmZW6xYSg

SCARF Model Influencing Others with Dr David Rock
Descrição do Modelo SCARF®, por seu criador, Dr. David Rock, com exemplos de aplicação para o mundo das organizações.
https://www.youtube.com/watch?v=rh5Egsa-bg4

REFERÊNCIAS BIBLIOGRÁFICAS

1. Barrett LF. Seven and a Half Lessons About the Brain. Houghton Mifflin Harcourt: Mariner Books. 2020. p.192.
2. Zimmerman CA, Lin YC, Leib DE, Guo L, Huey EL, Daly GE, et al. Thirst neurons anticipate the homeostatic consequences of eating and drinking. Nature. 2016; 537: 680–4. https://doi.org/10.1038/nature18950.
3. Armstrong LE, Ganio MS, Casa DJ, Lee EC, McDermott BP, Klau JF, et al. Mild dehydration affects mood in healthy young women. The Journal of nutrition. 2012; 142(2):382–388 https://doi.org/10.3945/jn.111.142000.
4. Ganio MS, Armstrong LE, Casa DJ, McDermott BP, Lee EC, Yamamoto LM, et al. Mild dehydration impairs cognitive *performance* and mood of men. The British journal of nutrition. 2011; 106(10):1535–43. https://doi.org/10.1017/S0007114511002005.
5. Leniger-Follert E. Oxygen Supply and Microcirculation of the Brain Cortex. In: Kreuzer F, Cain SM, Turek Z, Goldstick TK. Oxygen Transport to Tissue VII. Advances in Experimental Medicine and Biology. Boston: Springer. p. 191. https://doi.org/10.1007/978-1-4684-3291-6_1.
6. James PB. Oxygen and the Brain: The Journey of Our Lifetime. United States: Best Publishing Company. 2017. p. 536.

7. Ichinose Y, Morishita S, Suzuki R, Endo G, Tsubaki A. Comparison of the Effects of Continuous and Intermittent Exercise on Cerebral Oxygenation and Cognitive Function. Advances in experimental medicine and biology. 2020; 1232: 209–14. https://doi.org/10.1007/978-3-030-34461-0_26.
8. Spencer NJ, Hu H. Enteric nervous system: sensory transduction, neural circuits and gastrointestinal motility. Nature reviews. Gastroenterology & hepatology. 2020; 17:338–51. https://doi.org/10.1038/s41575-020-0271-2.
9. Tardy AL, Pouteau E, Marquez D, Yilmaz C, Scholey A. Vitamins and Minerals for Energy, Fatigue and Cognition: A Narrative Review of the Biochemical and Clinical Evidence. Nutrients. 2020; 12(1):228. https://doi.org/10.3390/nu12010228.
10. Cacioppo JT, Hawkley LC. Perceived social isolation and cognition. Trends in cognitive sciences. 2009; 13(10): 447–54. https://doi.org/10.1016/j.tics.2009.06.005.
11. Barrett LF. How Emotions are Made: The Secret Life of the Brain (4 cap.). New York: Houghton Mifflin Harcourt. 2017.
12. Kupers TA. Solitary: The Inside Story of Supermax Isolation and How We Can Abolish It. California: University of California Press. 2017.
13. Lieberman MD, Eisenberger NI. Neuroscience. Pains and Pleasures of Social Life. New York: Science. 2009; 323(5916):890–1. https://doi.org/10.1126/science.1170008.
14. Lieberman MD. The Brain's Braking System (and how to 'use your words' to tap into it). NeuroLeadership Journal. 2009; 2.
15. Goldberg E. O cérebro executivo: lobos frontais e a mente civilizada. Rio de Janeiro: Imago Editora. 2002. p. 282.
16. Fuster JM. The pre frontal cortex . 4. ed. London: Academic Press. 2008.
17. Carlén M. What constitutes the prefrontal cortex? Science. 2017; 358(6362): 478-82. https://doi.org/10.1126/science.aan8868.
18. Fuster JM. The Prefrontal cortex-An update: Time is of the Essence. Neuron. 2001; 30(2):319-333. https://doi.org/10.1016/S0896-6273(01)00285-9.
19. Sporns O. Networks of the Brain. Cambridge, MA: MIT Press. 2011.
20. Eagleman D. Cérebro: Uma biografia . Saulo: Rocco. 2017. p. 256.
21. Kumar A, Pareek V, Faiq MA, Ghosh SK, Kumari C. Adult Neurogenesis In Humans: A Review of Basic Concepts, History, Current Research, and Clinical Implications. Innovations in clinical neuroscience. 2019; 16(5-6): 30-7. PMID: 31440399 PMCID: PMC6659986.
22. Striedter G. Principles of Brain Evolution. Sunderland, Massachusetts: Sinauer Associates. 2005.
23. Vohs KD, Baumeister RF, Schmeichel BJ, Twenge JM, Nelson NM, Tice DM. Making choices impairs subsequent self-control: A limited-resource account of decision making, self-regulation, and active initiative. Journal of Personality and Social Psychology. 2008; 94(5): 883–98. doi:10.1037/0022-3514.94.5.883.
24. Cowan N. The magical number 4 in short-term memory: a reconsideration of mental storage capacity. The Behavioral and brain sciences. 2001; 24(1): 87–114. https://doi.org/10.1017/s0140525x01003922.
25. Pashler H. The Psychology of attention. Cambridge, MA: MIT Press. 1998. p. 494.
26. Pashler H, Johnston JC, Ruthruff E. Attention and Performance. Annual Review of Psychology. 2001; 52:629–51. doi:10.1146/annurev.psych.52.1.629.
27. Hirsch P, Koch I, Karbach J. Putting a stereotype to the test: The case of gender differences in multitasking costs in task-switching and dual-task situations. PloS one. 2019; 14(8): e0220150. https://doi.org/10.1371/journal.pone.0220150.
28. Arnsten AFT, Li BM. Neurobiology of Executive Functions: Catecholamine Influences on Prefrontal Cortical Functions. Biological Psychiatry. 2005; 57(11): 1377-84. doi:10.1016/j.biopsych.2004.08.019.
29. Brennan AR, Arnsten AF. Neuronal mechanisms underlying attention deficit hyperactivity disorder: the influence of arousal on prefrontal cortical function. Annals of the New York Academy of Sciences. 2008;1129 (1): 236–45. https://doi.org/10.1196/annals.1417.007.

30. Vijayraghavan S, Wang M, Birnbaum SG, Williams GV, Arnsten AF. Inverted-U dopamine D1 receptor actions on prefrontal neurons engaged in working memory. Nature Neuroscience. 2007; 10: 376–384. doi:10.1038/nn1846.
31. Rock D, Siegel JD. The Healthy Mind Platter, for Optimal Brain Matter™. Recuperado em março, 2022, de https://drdansiegel.com/healthy-mind-platter/
32. Rolls ET. Limbic systems for emotion and for memory, but no single limbic system. Cortex; a journal devoted to the study of the nervous system and behaviour. 2015; 62:119-57. https://doi.org/10.1016/j.cortex.2013.12.005.
33. Vogt BA. Cingulate cortex in the three limbic subsystems. Handbook of Clinical Neurology. 2019;166:39-51. doi: 10.1016/B978-0-444-64196-0.00003-0. PMID: 31731924.
34. McLachlan RS. A brief review of the anatomy and physiology of the limbic system. The Canadian journal of neurological sciences. Le journal canadien des sciences neurologiques. 2009; 36 Suppl 2: S84-7.
35. Catani M, Dell'acqua F, Thiebaut de Schotten MA revised limbic system model for memory, emotion and behaviour. Neuroscience and biobehavioral reviews. 2013; 37(8):1724–37. https://doi.org/10.1016/j.neubiorev.2013.07.001.
36. Beyerstein BL. Whence Cometh the Myth that We Only Use Ten Percent of OurBrain? In: Sala SD. (Ed.). Mind Myths: Exploring Everyday Mysteries of the Mind and Brain.Wiley. 1999. p. 312.
37. James W. The energies of men. Moffat). New York: Yard and company.1908. p. 38.
38. Kahneman D. Rápido e Devagar – duas formas de pensar. Rio de Janeiro: Objetiva. 2011. p. 607.
39. Zimmermann M. The Nervous System in the Context of Information Theory. In: Schmidt RF, Thews G. (Eds.). Human Physiology. 1989. p. 166–73. https://doi.org/10.1007/978-3-642-73831-9_7.
40. Gordon E. Integrative Neuroscience Bringing Together Biological. Psychological and Clinical Models of the Human Brain. Amsterdam: Harwood Academic Publishers. 2000. p. 256.
41. Baumeister RF, Bratslavsky E, Finkenauer C, Vohs KD. Bad is stronger than good. Review of General Psychology. 2001; 5(4): 323–70. doi:10.1037//1089-2680.5.4.323.
42. Lieberman MD. Social: Why Our Brains Are Wired to Connect. New York: Random House. 2013. p. 374.
43. Greene J. Tribos Morais: A Tragédia da Moralidade do Senso Comum. Rio de Janeiro: Editora Record. 2018. p. 489.
44. Rock D. SCARF: A Brain-based model for collaboration with and influencing others. NeuroLeadership Journal. 2008; 1. Recuperado em 22 de abril, 2022, de https://membership.neuroleadership.com/material/scarf-a-brain-based-model-for-collaborating-with-and-influencing-others-vol-1/
45. Mobbs D, Petrovic P, Marchant JL, Hassabis D, Weiskopf N, Seymour B, et al. When Fear Is Near: Threat Imminence Elicits Prefrontal-Periaqueductal Gray Shifts in Humans. Science. 2007; 317(5841:1079–83. https://doi.org/10.1126/science.1144298.
46. Rock D. Quiet Leadership: Six Steps to Transform Performance at Work.New York: Harper Collins Publishers. 2007. p. 262.

CAPÍTULO 2

ARQUITETURA ESTRUTURAL DA COMUNICAÇÃO PROFISSIONAL

A Comunicação não é exclusividade da espécie humana. Assim como nós, animais se comunicam para alertar sobre perigos, presença de invasores e descoberta de alimentos, o que é essencial para a sobrevivência. Animais usam diversos sinais e canais sensoriais para comunicação, com pistas visuais, auditivas, táteis, químicas e elétricas.[1] Pistas visuais podem incluir, por exemplo, a orientação de cabeça e do olhar nos animais diurnos, a mudança de cor nos polvos e a dança nas aves. Pistas auditivas são compostas por vocalizações variadas, por exemplo, de alarme ou aviso de alimentos, sendo algumas delas muito sofisticadas, como as usadas em rituais de acasalamento, que podem até envolver personalização do canto em alguns pássaros; certos animais podem apresentar um repertório muito rico de sons, como o encontrado nos golfinhos. Pistas táteis são comuns e baseadas em contato físico, como, por exemplo, remover os parasitas entre os macacos, os abraços dos chimpanzés, as lambidas de cães e gatos para demonstração de afeto ou toques para desafiar os oponentes. Pistas químicas envolvem feromônios nas secreções, usados por alguns insetos para chamar a atenção do sexo oposto; a abelha rainha de uma colmeia usa esse processo para impedir as abelhas operárias de procriarem; a urina de muitos animais, como nos peixes e mamíferos, é muito usada para delimitar territórios ou indicar predisposição sexual. Pistas elétricas são mais raras, mas alguns animais aquáticos usam choques para encontrar membros de suas espécies ou para se defender.[1,2]

Apesar dessa rica e variada possibilidade de comunicação entre os animais, a linguagem é um sistema simbólico tipicamente humano, com uma organização em estruturas profundas compartilhadas por todas as línguas, constituindo os universais linguísticos.[3] Por suas características, nossa linguagem é única entre todos os animais, crucial em nossa vida em sociedade. Com ela, expressamos não somente nossas necessidades, mas também a usamos para pensar o mundo, criar enunciados originais (que nunca falamos antes) e interiorizar informações, com uma capacidade sem limites. Enquanto comunicação se trata de um conceito mais geral que se refere à troca de informações por fala, sinais e comportamentos, a linguagem é um conceito mais específico e indica um sistema organizado, abstrato, dinâmico, em constante evolução ao longo da vida, que reúne símbolos e significados regidos por regras gramaticais.

Os objetivos desse capítulo são apresentar um resumo sobre a aquisição de linguagem, características da comunicação pessoal e profissional; desenvolver o conceito de arquitetura estrutural da comunicação, que deve ser a base de sua comunicação; compreender o que pode comprometer a fluência na comunicação e apresentar considerações sobre gênero e linguagem.

AQUISIÇÃO DA LINGUAGEM SOCIAL

Usamos a linguagem para nos comunicarmos, e todos os grupos humanos têm a capacidade de produzir, desenvolver e compreender a língua a que são expostos, desde a primeira infância. Representamos o mundo e expressamos nossos pensamentos e sentimentos por meio da linguagem verbal – a fala, e da não verbal, como as expressões faciais, gestos, escrita, ou outros signos convencionais, como os da Língua Brasileira de Sinais (LIBRAS).

Desenvolver a linguagem é, portanto, uma habilidade inata da espécie humana. O próprio choro ao nascimento é uma forma de comunicação, pois revela que temos condições de sobreviver, ajuda a expelir o líquido amniótico de todo o trajeto do pulmão à boca e ao nariz, estabelecendo a respiração por via aérea no recém-nascido. O próprio som do nascimento, tão esperado pelos pais e pela equipe médica, tem um tom específico, ao redor de 440 Hz, coincidentemente o "Lá" da escala central do piano, nota usada para afinação dos coros. Além da vocalização ao nascimento, já nos primeiros meses de vida, o bebê apresenta emissões diferenciadas para fome, com muita variação tonal, para dor, com produção longa e monótona, em uma só frequência, e para prazer, suaves e sem tensão, de curta duração, muito diferente das anteriores. Veja a seguir as espectrografias dessas vocalizações nas imagens de espectrografia acústica em que as linhas são o componente mais limpo da voz (harmônicos), e seu deslocamento para cima ou para baixo representa mudanças de frequência (som mais grosso ou mais fino); linhas retas indicam emissão em um só tom.

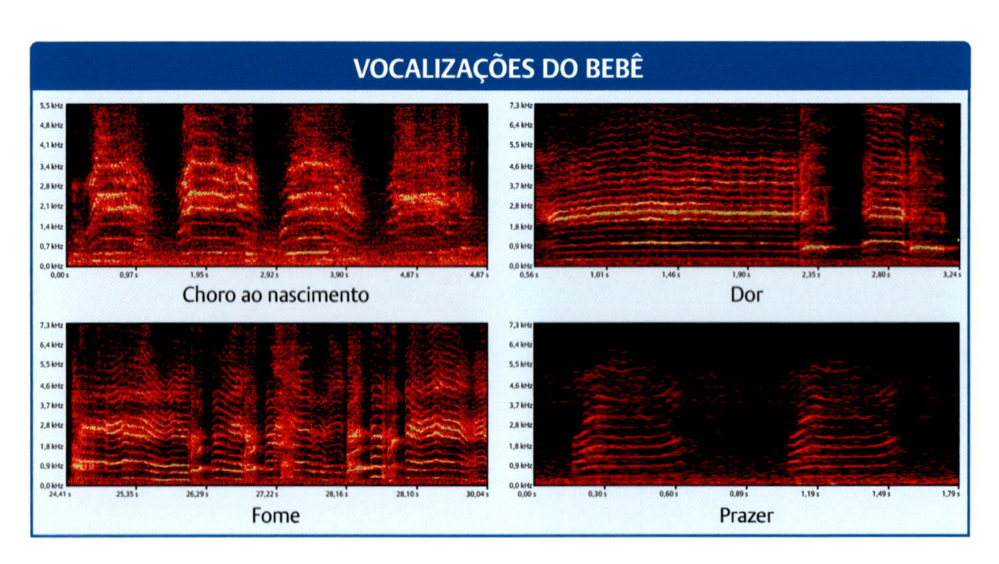

Se tais vocalizações correspondem exclusivamente a reações fisiológicas do corpo, resultantes dos processos autônomos subjacentes ao choro ou se há algum significado a mais, relacionado a uma experiência emocional subjetiva é motivo de debate.[4] Contudo, é inegável que nos comunicamos desde o nascimento, e nossas vocalizações transmitem informações. Crianças de risco, com síndromes e lesões cerebrais ou paralisia de laringe apresentam vocalizações diferentes das esperadas, o que sinaliza problemas.

Nascemos com o cérebro programado para desenvolver a linguagem, e seus mecanismos são ativados de modo natural ao sermos estimulados pelo ambiente. A aquisição da linguagem pelo bebê é motivo de milhares de estudos há décadas, com várias teorias vigentes.[5] Das vocalizações dos primeiros meses os bebês passam a reproduzir o que ouvem em seu ambiente, sendo, portanto, capazes de imitar sons de qualquer língua a que estejam expostos, a chamada língua materna. Bebês são capazes de ouvir e discriminar os sons da fala a que são expostos, e esse processo seleciona os sons que são relevantes e trazem informações em uma determinada língua. Há grande variação em relação ao número de sons que compõem um idioma: no português, por exemplo, são sete as vogais que geram diferenciação em nossas palavras ("a, é, ê, i, ó, ô, u"), mas no sueco elas são 18 por haver 9 sons vocálicos, em variantes breves e longas que são discriminativas de palavras. Assim, no primeiro ano ocorre uma sintonização entre o ambiente, o cérebro e todo o aparelho de produção da voz e da fala, incluindo o sistema auditivo. Ao redor dos 3 meses os bebês usam vocalizações para interagir, produzem sílabas entre 6 e 10 meses de idade e duplicam essas sílabas, no chamado balbucio, recebendo um reforço enorme de seus cuidadores, que se encantam com essa conquista; ao redor de 1 ano de idade reagem a seu nome e emitem, em média, 5 palavras. Com 18 meses apresentam uma produção consistente de 50 palavras, por vezes, associadas entre si, o que salta para 300 ao redor dos 2 anos, já combinando duas palavras, seguindo com uma aquisição exponencial de vocabulário nos anos seguintes, atingindo 1.000 palavras aos três anos, combinando três palavras em frases.[6] Entre 4,5 e 5 anos de idade, as crianças dominam todos os sons da língua a que são expostas (podendo eventualmente ter dificuldades em algumas palavras) e a gramática básica de seu idioma, com um vocabulário estimado de 14 mil palavras.[7]

A aquisição da linguagem representa muito mais do que adquirir os sons de uma língua, aprender palavras e construir frases corretas (sintaxe e semântica). Um aprendizado essencial é o dos diferentes usos da linguagem. Ele começa quando ainda somos bebês, na fase pré-linguística. Compreender a intenção da comunicação e os objetivos do interlocutor é o que significa desenvolver linguagem em seus diferentes usos, o que é estudado por um ramo da linguística, chamado pragmática.

Bebês usam vocalizações, balbucios simples, expressões faciais e gestos para manifestar intenções comunicativas que são interpretadas pelos outros. Apesar de uma capacidade limitada de formar frases, os bebês já mostram comportamentos de comunicação diferencial para pedir algo para a mãe, babá, avós ou irmãos e exploram diversas formas de fazê-lo. As mídias sociais estão cheias de exemplos de como crianças pequenas mostram tais habilidades.

Essa habilidade de usar a língua em um contexto da comunicação específico é uma capacidade que vai se aprimorando ao longo da vida, em um processo dinâmico com o qual aprendemos a nos comunicar de acordo com nossas intenções, contexto da comunicação e características de quem nos ouve. Distúrbios da pragmática são comuns em quadros de deficiência intelectual, autismo e esquizofrenia.

Quanto mais somos expostos a diferentes tipos de pessoas e variadas situações de comunicação, mais temos possibilidade de treinar essa função da linguagem, que será essencial na comunicação profissional, pelo fato de o cenário nas organizações exigir relação com interlocutores diversos. Compreender duplos sentidos, metáforas e entender mensagens em que as palavras dizem uma coisa e a comunicação não verbal expressa outra faz parte da pragmática. Pessoas com pouca variedade de experiências de comunicação ou interações em grupos muito específicos tendem a ser repetitivas e não se atentam para o que é necessário em outros contextos. Há uma tendência de perdermos essa habilidade com o envelhecimento,[8] com a limitação de nossas experiências de comunicação, sendo muito evidente nos quadros de demência. Por isso, desenvolver a competência na comunicação deve ser um dos focos de desenvolvimento de carreira.

Assim, linguagem é ferramenta, e comunicação é processo. Esse processo apresenta seis componentes estruturais, de acordo com a Teoria do Sistema de Comunicação:[9] o **emissor**, que envia a mensagem; o **receptor**, que é o destinatário da mensagem; o **canal de comunicação**, que é a via de transmissão, compartilhada pelo emissor e receptor; o **código**, que é o conjunto de símbolos utilizados para se comunicar, que também deve ser comum ao emissor e ao receptor; a **mensagem**, que é a informação propriamente dita; o **referente**, que é o contexto, o objeto ou a situação a que a mensagem se refere. Fechando o sistema espera-se o *feedback*, que é a resposta emitida por quem a recebeu, confirmando que a transmissão ocorreu. Isso vale para a comunicação pessoal e profissional, contudo, essa última tem uma estrutura mais definida em sua base. Os elementos descritos podem ser vistos na figura a seguir, que integra os componentes estruturais da comunicação.

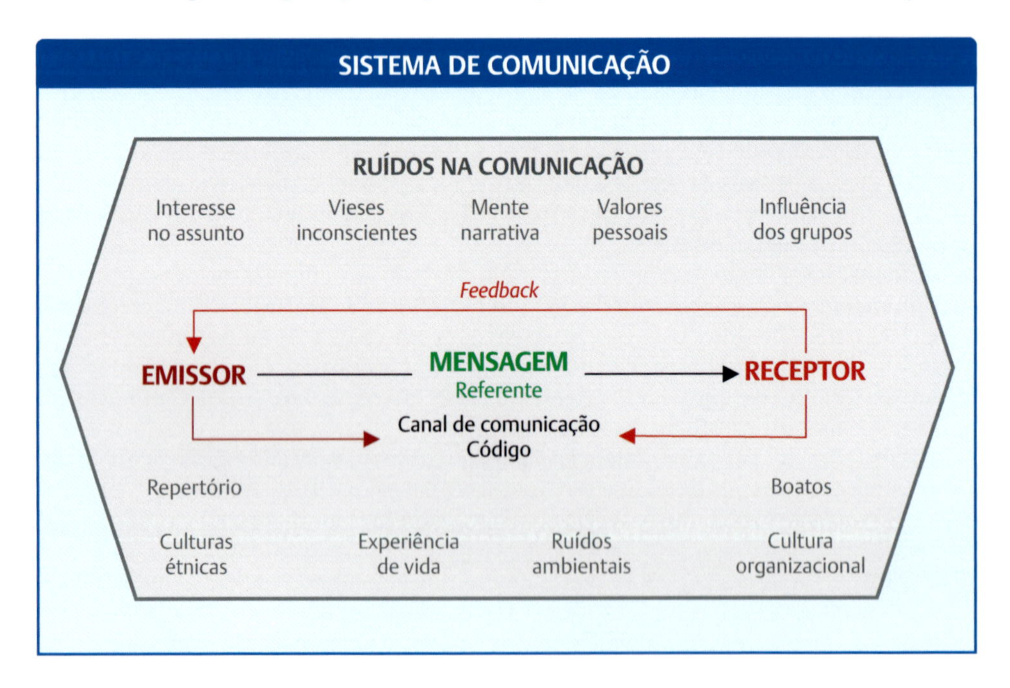

Qualquer um dos componentes do Sistema de Comunicação pode sofrer a interferência de ruídos, sejam físicos, como ambientes barulhentos; técnicos, como conexão instável de internet; psicológicos, como desinteresse, cansaço nervosismo; e culturais, como a falta de domínio no código utilizado e as influências de grupos sociais. No mundo das organizações os ruídos se multiplicam ainda mais e podem incluir a própria cultura organizacional, microculturas dentro de uma mesma empresa, boatos e valores empresariais, o que dificulta a comunicação profissional.

COMUNICAÇÃO PROFISSIONAL

A comunicação profissional é um tipo de interação treinada, que pode exigir mais ou menos habilidades, dependendo da qualificação de quem fala, do tipo de organização e do cliente a quem a mensagem se destina. De modo geral, a comunicação nas empresas é desafiadora por quatro razões principais: vivemos uma era sofisticada, abundante em informações; o público é mais criterioso e exigente; as informações devem vir em embalagens bonitas; e as organizações estão cada vez mais complexas, com dificuldades de manter o fluxo e a coerência das informações entre pessoas, áreas e unidades de negócio.[10]

Dentro desse quadro, a comunicação empresarial enfrenta mais um problema: a chamada "rádio peão" que antes transmitia as informações boca a boca e hoje usa meios eletrônicos instantâneos, transmitindo para enormes grupos e concorrendo com os canais de informação oficiais da empresa, muitas vezes antecipando notícias, o que enfraquece quem deveria tê-las transmitido. As pessoas estão mais informadas e céticas e sinalizam nos meios eletrônicos as informações confusas ou o mau atendimento ao cliente. O público de interesse espera um padrão elevado de comunicação, em termos de forma e conteúdo. Finalmente, a complexidade das organizações, as diversas filiais regionais ou espalhadas por todo o mundo, dificulta a coerência das mensagens dos diversos departamentos ou unidades de negócio da mesma empresa.

Embora nas fases iniciais de carreira a qualidade da comunicação quase nunca seja decisiva para uma contratação, pois se espera o domínio de habilidades mais operacionais, relacionadas a cuidar da mecânica do trabalho, nos níveis de gestão ela é pré-requisito, pois envolve a capacidade de lidar com outras pessoas, compreendê-las e incentivá-las, individualmente ou em grupo. Mais ainda, à medida que se sobe na hierarquia das organizações, são exigidas habilidades conceituais de comunicação, que estão relacionadas com a capacidade cognitiva de visualizar, entender e coordenar todas as atividades e interesses das organizações em um sistema, compreendendo suas inter-relações.[11]

Uma comunicação profissional é caracterizada por ser pensada, planejada, estruturada, preparada e assertiva, eliminando-se tudo o que não acrescenta valor ao discurso, com conteúdo relevante para quem ouve, coerência e coesão entre as partes, calibração de vocabulário para uma dada situação, transmitida com voz firme, boa dicção e de modo interessante. O impacto psicológico de alguém que usa esses elementos da comunicação profissional sobre quem ouve é multifacetado e inclui: a percepção de profissionalismo por ter empregado tempo na preparação; a segurança por informações passadas de modo preciso, espelhando clareza de raciocínio e pensamento; e o domínio das regras do mundo das organizações.

No contexto profissional, líderes se evidenciam por conjugarem constantemente quatro verbos: 1. **Selecionar** o que é relevante de ser dito, para facilitar a compreensão de tarefas e tomada de decisão; 2. **Inspirar** as ações do time, por meio de alinhamento de atitudes e palavras que espelhem a liderança ("*Walk the talk*"); 3. **Regular** sua emoção e a do time, para favorecer engajamento, aprendizado e buscar decisões que sejam mais justas; e 4. **Orientar** o comportamento desejado para atingir resultados empresariais, de desenvolvimento humano e de bem-estar no ambiente.

A habilidade de se comunicar, obviamente, depende de as pessoas envolvidas compartilharem vários aspectos na interação: código, gestos, valores, similaridades, propósitos e objetivos, ou seja, sem uma base comum a comunicação torna-se muito difícil, trabalhosa, demorada e produz impactos negativos para as pessoas, os negócios e a imagem da organização.

FLUÊNCIA NA COMUNICAÇÃO PROFISSIONAL

Fluência é um termo usado por várias disciplinas, mas aqui vamos nos ater a esse conceito dentro da psicologia. Nesse contexto, fluência é definida como a experiência subjetiva de facilidade para processar informações, sejam elas oferecidas pela comunicação de alguém, por folhetos sobre um produto ou até mesmo em relação ao nome de uma marca. Comunicações fluentes usam palavras simples, com combinações diretas, em frases claras (sintaxe simples), e que facilitem a memorização. Uma logomarca tem que ser fluente, com exceção do mercado de luxo, que é propositalmente disfluente.

Pessoas mais fluentes são avaliadas como mais agradáveis, confiáveis e percebidas como tendo mais valor. Particularmente quanto à comunicação oral, esse conceito de fluência assume uma posição de destaque na comunicação profissional, pois no mundo globalizado tornou-se comum o grande trânsito de colaboradores, de países com língua e cultura diferentes.

Vale esclarecer que o conceito de disfluência na comunicação não tem relação com os transtornos da fluência da fala (como a gagueira), foco de diagnóstico e tratamento fonoaudiológicos. No contexto dos distúrbios da comunicação humana, disfluência é uma interrupção no fluxo de fala por repetições, prolongamentos ou truncamentos de sons. No contexto profissional, os fatores que impactam a fluência na comunicação são: o grau de coerência da mensagem, a quantidade e qualidade de informação e o tempo que se leva para compreender o que foi dito.

Diversos experimentos com manipulação do processo de fluência mostraram que alteramos nossos julgamentos em qualquer situação de disfluência na comunicação.[12-14] Pesquisadores têm desenvolvido vários estudos com manipulação da fluência, com resultados bastante interessantes. Por exemplo, pessoas julgam que estímulos mais preparados do ponto de vista semântico (fluência conceitual), claros no aspecto visual (fluência perceptiva) e simples do ponto de vista dos sons da fala (fluência linguística) são considerados mais verdadeiros que estímulos semelhantes apresentados com variados tipos de disfluência.[13]

Estímulos fluentes não exigem esforço cognitivo e favorecem um julgamento positivo, enquanto estímulos disfluentes impactam nossa memória de trabalho (armazenamento temporário da informação) e nossos julgamentos.[12,13] Além disso, pessoas tomam decisões mais utilitárias quando ouvem um dilema moral em uma língua estrangeira do que em sua língua nativa, o que é chamado de efeito da língua estrangeira; mas não é só isso, pois um efeito semelhante também foi observado no processamento de um dilema apresentado na própria língua, mas por um falante com sotaque estrangeiro.[14]

Reduzir as manifestações de disfluência pode ser um trabalho necessário em determinadas organizações, principalmente em posições que exigem falar em público ou liderar times de alta *performance*. Mensagens sem ambiguidade, com repetição de palavras ou ideias e rimas trazem fluência, o que traz clareza e facilita o processamento da mensagem. Além disso, devemos considerar que funcionários e clientes são expostos a um número extraordinário de fontes de informação sem coerência, repetidas e variadas, tornando o processamento muito mais difícil. Isso tem levado as organizações a enfrentarem sérios desafios relacionados à atenção e ao que os neurocientistas chamam de "capacidade cognitiva". Pesquisas sugerem que as pessoas trabalham melhor quando têm informações essenciais, memoráveis e coerentes – em outras palavras, quando as informações são mais fáceis de serem processadas. Portanto, identificar aspectos que possam sinalizar disfluência e reduzi-los ao máximo ajuda a melhorar o impacto da comunicação sobre o outro.

COMUNICAÇÃO PESSOAL

A comunicação pessoal é feita e refeita constantemente na interação, tem regras mais ou menos flexíveis, pode ser constantemente corrigida, é altamente dependente de quem fala e de quem ouve, tem grande influência das relações afetivas dos envolvidos, do histórico das interações e do quanto se está disposto ou não a investir em certo vínculo. A comunicação profissional pode ser comparada às Olimpíadas, que conta com jogadores talentosos, de diversas modalidades, que se desenvolveram ao longo de anos de treinamento, focados em vencer e em evitar lesões que interrompam suas carreiras. Por outro lado, a comunicação pessoal, de modo simplificado, é um jogo de pelada, um futebol entre pais e filhos ou um campeonato de hotel, em que pode haver muita emoção, pouca preparação e várias lesões. Os desafios da comunicação pessoal são de outra natureza e não raramente executivos e gestores bem-sucedidos têm dificuldades de se comunicarem em casa, pois as regras da comunicação empresarial não são aplicáveis nesse contexto.

O mais importante princípio da comunicação, considerado um axioma fundamental, é uma frase de cinco palavras: "É impossível não se comunicar".[15] Todo comportamento é uma forma de comunicação em si mesmo, e a não comunicação não existe. Comunicamo-nos na atividade e na inatividade, já que essa também tem valor de mensagem.

Comunicação não tem oposto como dia e noite, vida e morte, em pé ou deitado. Contudo, o processo de comunicação pode passar despercebido, quase automático e sem a valorização necessária em nossas interações diárias, mas a consciência sobre o que eu comunico, quando me comunico, deve ser a base da comunicação profissional e o alicerce do sucesso nas organizações.

CONCEITO DE ARQUITETURA ESTRUTURAL NA COMUNICAÇÃO

Arquitetura estrutural relaciona-se aos elementos básicos que sustentam uma edificação, como fundações, pilares, vigas e lajes, em um conjunto organizado e que se apoia entre si, dando equilíbrio e sustentação a uma edificação. Ao aplicar esse conceito como uma analogia para descrever a comunicação profissional, entendemos que existe um arcabouço de sustentação nesse tipo especial de comunicação, sobre o qual serão acrescidos elementos pessoais que reflitam os gostos, traços de personalidade, preferências, experiência de vida, grupo social, formação acadêmica e aspectos culturais de quem fala. Tais elementos, embora sejam um atrativo extremamente valioso para quem ouve, podem ser modificados, substituídos ou eliminados, do mesmo modo que, ao mudarmos uma parede, janela ou porta, dificilmente comprometemos a arquitetura estrutural de um edifício.

Aperfeiçoar a comunicação profissional vai muito além de se trabalhar com a habilidade de se transmitir informações a uma pessoa ou a um grupo, pois envolve decisões estratégicas sobre a forma que o comunicador e a empresa gostariam de definir as suas relações com os diversos públicos de interesse, os *stakeholders*. A compreensão dessas estratégias e a identificação de quais elementos são estruturais na comunicação vão ajudar os profissionais a enfrentar ambientes imprevisíveis, complexos e altamente dinâmicos. Vale a pena destacar que nesse capítulo sobre a arquitetura estrutural da comunicação não incluímos a escuta, porém ela tem valor inestimável e corresponde ao terreno sobre o qual construímos a nossa comunicação. Diálogo não é sobre falar e sim, sobre escutar. A arquitetura estrutural não se sustenta se houver um terreno instável, inadequado ou mesmo inexistente de escuta. A escuta será tratada com detalhamento nos Capítulos 4 e 5 sobre competência na comunicação e tipos de escuta.

Os elementos estruturais da comunicação profissional constituem a essência da comunicação. Eles são três: 1. Objetivo e eixo condutor do discurso; 2. Destinatário da mensagem e contexto de sua transmissão; e 3. Mensagens verbal e não verbal. Problemas estruturais na comunicação profissional são sintomas de necessidade de um trabalho nessas bases, pois embora um comunicador possa até ter sucesso casual em algumas circunstâncias, ele não tem a consistência necessária para validar sua *performance* em longo prazo. Veja a seguir os três elementos estruturais da comunicação profissional.

1. **Objetivo e eixo condutor do discurso**: toda a comunicação possui um objetivo e defini-lo é lançar a pedra fundamental da comunicação profissional. A definição passa pelas seguintes questões: o que eu quero com o que vou dizer? Como vou começar e concluir? Há coerência e coesão entre as partes? Elas se ligam de modo harmônico e previsível? Os ingredientes para esse primeiro elemento da arquitetura estrutural da comunicação são: o alvo a ser atingido, com um roteiro de sequência lógica, e a escolha de informações relevantes, para que o ouvinte não se perca. Respeitar esse primeiro elemento exige preparação e quanto menor o tempo concedido de fala, mais difícil é decidir as informações para o roteiro e selecionar realmente o que mais interessa. Muitas vezes as pessoas nos perguntam o que fazer quando não se teve tempo de preparar uma comunicação empresarial. A resposta, infelizmente, é "Conte com

a sorte ou reze!". No entanto, a preparação não precisa ser longa e penosa e, muitas vezes, pode ser feita em minutos, considerando-se três ações rápidas: focar a mente na situação de comunicação que se vai enfrentar; identificar o que não pode deixar de ser dito; e pensar em como finalizar a interação com algo de valor para o ouvinte. Evite afirmações vagas, sempre que possível, pois quanto mais aberta uma informação, mais exposta ela está a críticas. Especifique! Você pode ainda utilizar estruturas de apoio (Veja Capítulo 12), para ajudá-lo a se sentir mais seguro e confortável em situações nas quais sua intenção é: compreender a lógica, destacar vantagens relativas, construir história e alavancar o futuro, efeito do trio, discordância gentil, resolução de problemas, liderança para a ação, falar de improviso e controlar emoções negativas.

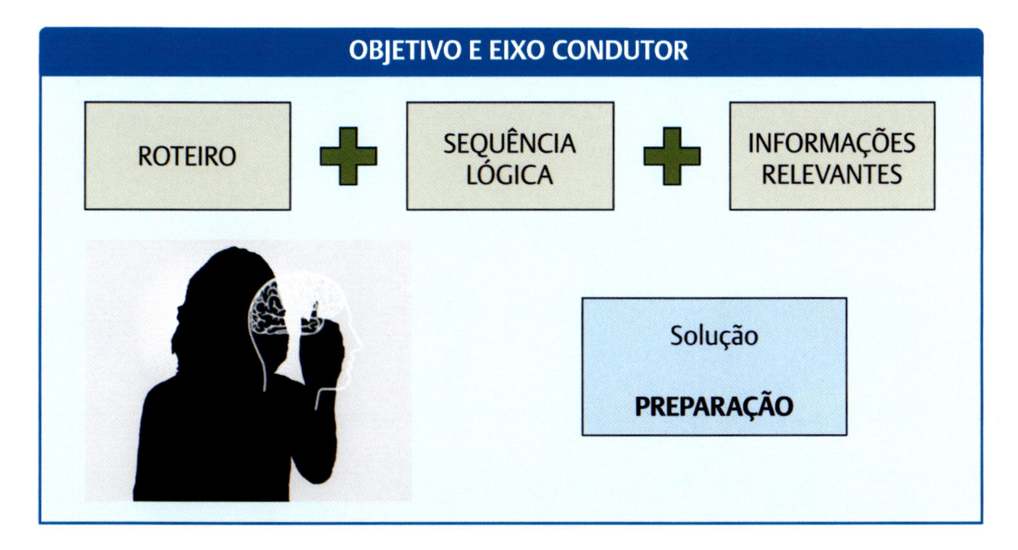

Quando fazemos apresentações que têm objetivo e eixo condutor bem definidos, semelhantes a uma história, o cérebro vai montando a compreensão do que está sendo dito, como um encaixe de peças de um quebra-cabeças harmonioso. Esse mosaico será composto pelas informações recebidas acrescidas de suas próprias experiências de vida e de outras histórias, o que facilita compreender e memorizar o que está sendo relatado. O cérebro dificilmente guarda números, mas ele memoriza histórias tocantes e que façam sentido. Esse é o poder de respeitar esse elemento da arquitetura estrutural da comunicação. Contudo, vale o alerta que a compreensão sempre será individual, acrescida de elementos pessoais dos ouvintes.

2. **Destinatário da mensagem e contexto de sua transmissão**: nossa comunicação se dirige a alguém, e as características do contexto, seja uma reunião, aula, apresentação de resultados, palestra motivacional, negociação entre outras, têm enorme importância nesse segundo elemento da arquitetura estrutural da comunicação. Algumas das perguntas essenciais a serem pensadas sobre esse tema são: para quem eu vou falar? O que o outro deseja? O que ele gostaria de ouvir? Qual é a situação ou o evento? O que devo reforçar ou evitar? Os ingredientes para esse elemento da arquitetura estrutural da comunicação são três, usados isoladamente ou em várias combinações: identificação do público envolvido; finalidade da transmissão – informar, persuadir

e/ou engajar os presentes (conexão); e reconhecimento dos valores das pessoas/empresa e pontos sensíveis. Busque sempre oferecer algo que o outro queira ouvir e, nas situações em que não puder fazê-lo, deixe claro que sabe o que era desejado. Por exemplo, você vai comunicar ao time que não haverá contratações nesse semestre, que era a informação esperada, por contenção de despesas determinadas pela crise na pandemia da Covid-19; comece seu discurso dizendo que sabe que a expectativa era de aumento do time com novas contratações e que era isso o que você gostaria de dizer, porém, todos juntos teremos que enfrentar a realidade de que isso não será possível agora.

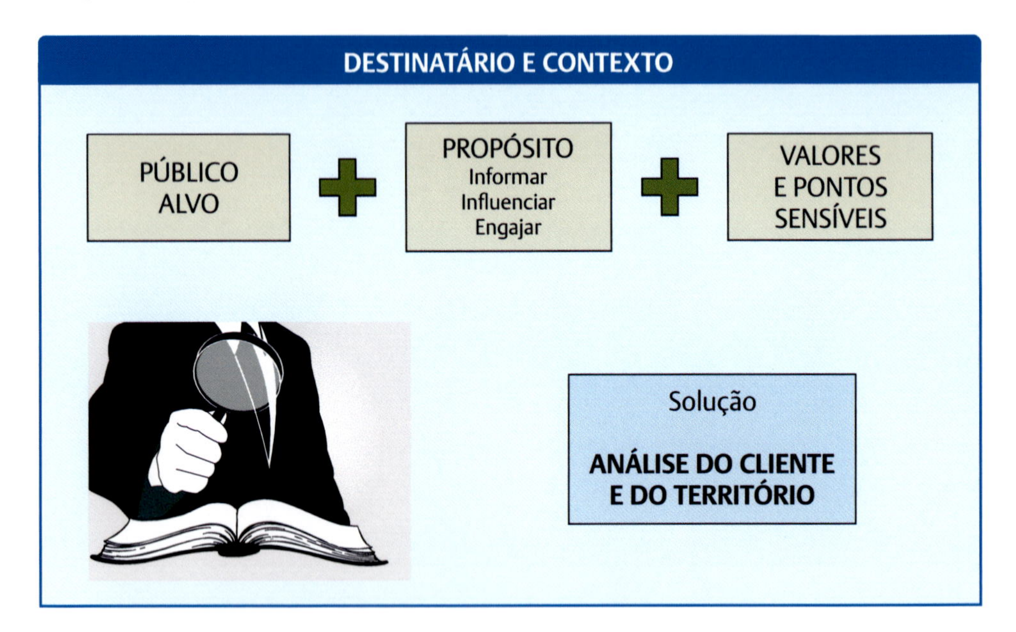

Contemplar adequadamente esse segundo elemento estrutural pode exigir um trabalho de pesquisa sobre o cliente e seu território, compreender como ele vê seu mercado de atuação e que valores são mais facilmente percebidos. Reuniões de alinhamento, consulta à página da empresa na internet e notícias de jornais são boas fontes para se situar e preparar sua apresentação. Tenha em mente que, na comunicação, você deve buscar contemplar pelo menos algo que o outro deseja.

3. **Mensagens verbal e não verbal**: finalmente, o terceiro elemento estrutural é a mensagem propriamente dita, em sua dimensão de expressões verbal e não verbal. Geralmente as pessoas ficam mais atentas à mensagem verbal, refletindo sobre a escolha do conteúdo, uso de argumentação e persuasão e menos na mensagem não verbal, como características de voz, fala, expressão facial e gestos. Um mito amplamente divulgado sobre o peso dos componentes na comunicação é o da "Regra 7-38-55",[16] que atribui uma porcentagem de 7% à mensagem verbal, 38% à vocal e 55% à expressão facial. Esses valores são o resultado de um único estudo com três mulheres falantes, que gravaram duas vezes uma única palavra, "*maybe*" (talvez, em inglês), com três interpretações: gostar, não gostar e indiferente. Esses 18 trechos de fala foram

apresentados a 17 ouvintes mulheres que deveriam identificar a intenção da palavra dita. Em seguida, as mesmas 18 gravações foram ouvidas junto com fotos representativas das três interpretações, nem sempre de modo correspondente, solicitando um novo julgamento. Desta forma chegou-se à "Regra 7-38-55", com base, portanto, em um estudo com muitas limitações metodológicas e uma conclusão exagerada a respeito do componente não verbal, que é seguramente muito importante, mas não responde por 93% da comunicação.

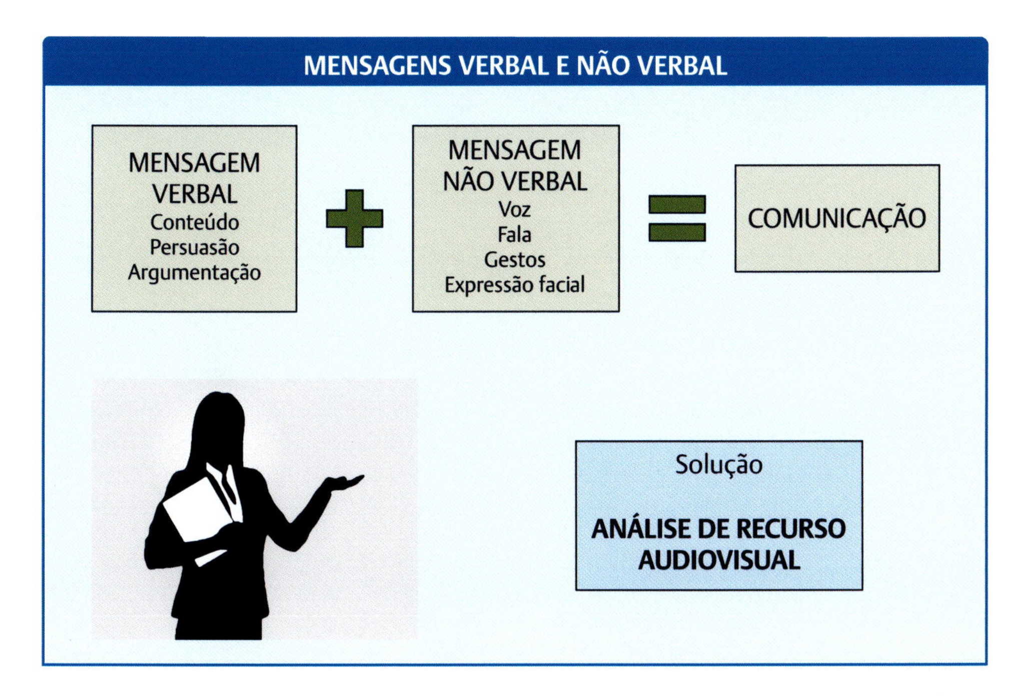

O ideal é respeitar tanto as regras da mensagem verbal como as da mensagem não verbal, para mostrar preparo, educação, respeito a si mesmo e aos outros, completando o mosaico da comunicação ao trazer o principal recurso audiovisual que você tem disponível, que é a fala do seu próprio corpo. Quando a mensagem verbal e a não verbal estão alinhadas, há uma sinergia entre três ritmos: pensamento, palavras e gestos, o que confere credibilidade a quem fala, aproximação de quem escuta e coerência no discurso.

Diariamente vivenciamos situações em que não temos controle, seja sobre coisas ou pessoas, mas somos programados para fazer conexões, e estas se estabelecem e se reforçam pela comunicação. Termos consciência sobre a possibilidade de falhas na arquitetura estrutural da comunicação vai nos ajudar a melhorar a qualidade das interações, como veremos adiante.

FALHAS NA ARQUITETURA ESTRUTURAL DA COMUNICAÇÃO

Alguns erros de comunicação são passíveis de correção e não ameaçam a sua arquitetura estrutural, como um comentário desnecessário, uma palavra mal empregada ou um deslize em relação ao público-alvo ou ao contexto de comunicação. Porém, devem-se evitar situações com risco grande.

Quanto ao objetivo, a principal falha estrutural é não deixar claro para o ouvinte, logo no início, o motivo da comunicação e o que é exatamente o foco de interesse de quem fala, que deve ser identificado por quem escuta. Quando isso não acontece, o ouvinte fica perdido na narrativa do outro, a mente divaga e corre-se o risco de a atenção ser deslocada do conteúdo para a busca de algo na forma da comunicação, voz e gestos, que dê uma pista sobre a intenção do falante. O resultado é sempre ruim, porque a razão da conversa não é compreendida ou descarta-se o que é falado, além de desqualificar o falante.

O eixo condutor tem a função específica de direcionar o ouvinte para uma análise, conclusão ou solicitação. Pode revelar características de personalidade e experiência na comunicação, pois indica o cuidado do falante em conduzir seu discurso. Falhas nesse aspecto levam o ouvinte a fazer questionamentos sobre determinadas afirmações do discurso, como: "O que isso tem a ver com o que estamos conversando?" "Estou perdido, aonde você quer chegar?" ou ainda o comentário popular "Acho que você está viajando na maionese." Essa situação indica que algo errado aconteceu com o eixo condutor do discurso, provocando confusão na transmissão da mensagem.

Outro aspecto essencial é ter informações sobre o destinatário. Se você não sabe quem é seu interlocutor, corre o risco de desqualificá-lo, ameaçar os valores pessoais ou empresariais dele e não respeitar o nível de informação que ele possui, o que pode comprometer a transmissão da mensagem e a avaliação que o interlocutor fará de você e/ou da sua empresa. Principalmente quando o objetivo da comunicação é informar o outro ou promover aprendizado, ter dados sobre o que o indivíduo já sabe deve ser o ponto de partida para pensar como a nova informação vai-se relacionar com o conhecimento já existente.[17]

Erros de contexto podem envolver um nível inadequado de linguagem, como o uso de um registro coloquial em situações que exigiriam a norma culta. Usar um vocabulário pobre, expressões populares, gírias, palavras não dicionarizadas, frases espontâneas e com liberdade de expressão são formas de comunicação bem-vindas em conversas com amigos ou familiares, em situações descontraídas. Porém, o registro ou norma coloquial em situações que exigem a norma culta pode comprometer a arquitetura estrutural da comunicação. Em situações empresariais, quando não há familiaridade entre os interlocutores ou quando o evento em questão se reveste de seriedade, como um tribunal ou uma reunião de diretoria, a norma culta é esperada. A norma coloquial pode ser observada em falantes de todos os grupos sociais, de diferentes formações acadêmicas. Ela não é necessariamente incorreta e não deve ser chamada de norma inculta. Usar "Deu ruim!" quando uma viagem saiu ao contrário do planejado pode inclusive arrancar risos ou apoio emocional, mas a mesma expressão em uma reunião que não atingiu o resultado esperado vai reduzir ainda mais as chances de uma conclusão positiva.

Ainda quanto ao contexto, temos a questão da administração do tempo, fator central, porém pouco valorizado na cultura brasileira, o que pode causar desconforto nas relações com outras culturas (Veja Capítulo 10). Chegar atrasado a uma reunião ou ultrapassar o tempo que o interlocutor lhe concedeu em um evento é malvisto no ambiente profissional. Quem chega atrasado ou não respeita o tempo de fala pode ser visto como desorganizado, com dificuldades de planejamento, que gosta da adrenalina de deixar tudo para a última hora ou como alguém egocentrado, arrogante, que quer ser o centro das atenções, acreditando que seu tempo é mais importante que o dos outros. Vale ressaltar que podem ser pessoas mais otimistas e criativas. Já pessoas que chegam muito antes da hora marcada são vistas como tendo preocupações excessivas ou necessidade de agradar o outro. Finalmente, pessoas pontuais são vistas como organizadas, cautelosas e com tendência a não procrastinar.[18] Em caso de dúvidas sobre o tempo disponível para sua fala, é melhor perguntar diretamente ao interlocutor ou organizador do evento e respeitar os limites oferecidos, deixando aberta a oportunidade de apresentar mais detalhes, se assim for solicitado. Tempo é algo que não temos de sobra no mundo das organizações e deve ser bem aproveitado. Por isso, a arquitetura estrutural da comunicação é tão importante para nos ajudar a organizar e transmitir a mesma mensagem, de acordo com o tempo disponível, em três diferentes níveis: apenas o fundamental, quando o tempo é muito curto; incluir outras informações importantes, se houver mais tempo; e oferecer detalhes, quando forem solicitados pelo ouvinte.

A mensagem em si pode sofrer consequência negativa dos erros cometidos nos ingredientes anteriores: objetivo e eixo condutor; e destinatário e contexto. Por exemplo, em determinados contextos de comunicação, o uso de uma norma de linguagem inadequada pode bloquear a recepção da mensagem. Especificamente quanto à mensagem verbal, ter palavras selecionadas e inseridas em uma estrutura adequada, usar bons argumentos e analisar quais os princípios da persuasão mais indicados na situação previnem os erros de uma fala inapropriada e de baixo impacto sobre o outro. Quanto à mensagem não verbal, o capital visual projetado, ou seja, a imagem gerada pela escolha de vestuário, cabelo, maquiagem, acessórios e pela forma de movimentar-se no espaço, tem muito valor, apesar de o mundo estar hoje menos formal e mais tolerante. Além disso, gestos e, sobretudo, o uso da voz e pausas no discurso mostram profissionalismo e devem levar em consideração o objetivo e o contexto da comunicação. Pessoas com mensagem não verbal agradável capturam melhor os ouvintes, que mostram mais abertura e atenção para o que está sendo transmitido.

Você deve ter como meta manter a integridade da arquitetura estrutural na comunicação: sempre que possível anuncie o que vai falar e o que pretende nessa situação; mantenha o eixo condutor para ajudar o ouvinte a acompanhá-lo; pesquise quem vai ouvi-lo e o que ele deseja; e comunique-se buscando o melhor alinhamento entre as informações verbais e não verbais. Esses são os ingredientes que fazem com que você conquiste, ao longo de sua carreira, a marca de um comunicador profissional, que apresenta uma boa estratégica em sua comunicação. Ao arriscar a arquitetura estrutural, você corre o risco de sua mensagem não se sustentar e de você ser visto como alguém despreparado. A habilidade de se comunicar depende de compartilharmos diversos aspectos, como: código, gestos, similaridades e propósitos, ou seja, comunicar depende de termos uma base em comum.[19]

Informações valiosas sobre o contexto específico de falar em público e fazer apresentações profissionais, assim como estratégias para persuasão, serão apresentadas posteriormente (Veja Capítulos 9 e 10).

Entendemos que seja necessário, para fechar esse capítulo, apresentar algumas considerações sobre gênero e linguagem, tema bastante comum em todas as mídias e em discussões científicas e leigas, até mesmo porque entendemos que temos que nos posicionar em relação a nossa escolha para esse livro.

CONSIDERAÇÕES SOBRE GÊNERO E LINGUAGEM

Gênero, de modo abrangente, é uma categoria relacional, em que os componentes, sejam pessoas, objetos ou animais, compartilham características comuns. Do ponto de vista humano, refere-se a um conjunto de aspectos psicológicos, sociais e culturais de certa forma ligados ao sexo, envolvendo tradições e convenções, sendo um tema complexo e importante nas ciências comportamentais e sociais. Não há consenso sobre a definição de gênero, mas ele não deve ser confundido com genitália ou sexualidade. Compreende-se que sexo é uma atribuição física e gênero, sendo relacional, pode ser variado e não somente binário. Mais recentemente, há um grupo que rejeita a categorização estanque do gênero binário e identifica-se como não binário ou gênero fluido, rejeitando compartimentalização de gêneros. A discussão é complexa, e várias disciplinas estão envolvidas para o avanço no conhecimento; nosso foco, nesse tópico, é abordar a questão específica do gênero na linguagem e na comunicação.

A linguagem oral, como forma que usamos para nos comunicar, inclui a língua, que é um sistema convencionado por um grupo, como já vimos. Ela é um importante marcador do próprio grupo, define muito de uma determinada cultura e faz com que indivíduos a ela pertencentes vejam o mundo de uma forma relativamente semelhante. Isso vale tanto para as palavras disponíveis para identificar algum referente, como para o significado que damos a algo, em virtude de como nossa língua o identifica. Por exemplo, os inuítes (esquimós) usam dezenas de vocábulos para a cor branca e para neve, o que não teria utilidade para nós, no Brasil. Nós até reconhecemos diferentes brancos e alguns tipos de neve, mas não temos palavras específicas para cada um deles.

Um exemplo relativo ao significado que damos às palavras é que as descrevemos de acordo com o gênero implícito atribuído a elas; por exemplo, "mar" é masculino em português, "O mar", e feminino em francês, "*La mer.*" Quando solicitamos que as pessoas descrevam o que é o mar, falantes do português atribuem características mais masculinas como "força da natureza, deve ser respeitado e imensidão desconhecida", enquanto os franceses usam descrições mais femininas, como "acolhedor, envolvente e relaxante". O caso do espanhol é ainda mais interessante porque se aceitam os dois gêneros, usando-se o masculino, "*El mar*", para uso em geral, e o feminino, "*La mar*", para uso poético. Há ainda curiosidades específicas de algumas línguas, podendo-se ter inclusive mudança de gênero, em uma mesma palavra, ao se passar do singular para o plural; por exemplo, no italiano, joelho e orelha são masculinos no singular, "'*L'orecchio.*" e "*Il ginocchio.*" e feminino no plural, "*Le orecchie.*" e "*Le ginocchia.*".

A discussão do gênero na linguagem recebeu grande atenção do movimento feminista da década de 1960, particularmente no que diz respeito à linguagem da mulher.[20] O sexismo, termo atribuído a Pauline M. Leet,[21] é uma manifestação de preconceito relacionado ao sexo, geralmente contra meninas e mulheres. Embora possa ser identificado desde a Antiguidade, o movimento feminista trouxe a intensificação dessa discussão e, sem dúvidas, houve avanços. Diferenças no uso da linguagem identificam facilmente quem fala, pois a linguagem é um marcador de grupo: "Que ideia divina." e "Que garoto adorável." são frases consideradas tipicamente femininas, enquanto "Que grande ideia!" e "Que ótimo garoto" são consideradas neutras ou masculinas. Uma simples solicitação, como "Feche a porta", é mais comum na boca de homens, enquanto "Você poderia fechar a porta?", questionando e não afirmando (o que dá ao ouvinte a possibilidade de responder "Não") é mais comum na boca de mulheres, o que nesse caso é considerado uma fraqueza no pedido; por outro lado, um homem usando essa mesma frase seria visto como educado e sofisticado.

Compreendemos que uma linguagem mais neutra possa ajudar no acolhimento da diversidade e possa diminuir a assimetria em favor do masculino. Contudo, compreender palavras com o sufixo "e", como, por exemplo, "Todes", "Querides colegues" e reformatar palavras que indicam masculino, buscando-se soluções, como "Elu" ou "Ile" em vez de "Ele" é mais difícil, como em "Elu é seu amigue e o convite é delu", o cérebro tem que fazer mais esforço e gastar mais energia. Além disso, mudanças de grafia com "x", como "Meninx" em vez de "Menino" ou "Menina" ou o símbolo de arroba "@", usado como neutralizador de gênero (mais difundido em espanhol), como, por exemplo, "@s colaborador@s" em vez de "Os colaboradores" ou "As colaboradoras" dificultam os programas computadorizados de leitura de texto, prejudicando os deficientes visuais. Há propostas para se resolver isso, lendo-se o símbolo arroba como um "ó" aberto (como na palavra "pó") e, desta forma, "Garotos e garotas trouxeram as doações" seria dito "Garotós trouxeram as doações."

São várias as alternativas possíveis e, embora nenhuma delas seja de fácil implementação, merecem reflexão, apesar de reconhecermos que todas prejudicam a fluência do discurso.[22] Vale comentar que nem todas as línguas têm gênero gramatical, e as mais antigas tinham gênero neutro, que acabou se fundindo com o gênero masculino.

Algumas situações podem ser contornadas com o uso de palavras que não identificam o gênero, por exemplo, "Bom dia a todas as pessoas", em vez de "Bom dia a todos", "A humanidade é responsável por isso", em vez de "Os homens são responsáveis por isso", "Nosso corpo docente é excelente", em vez de "Os professores são excelentes."

A língua é viva, e ela se modifica, portanto, pode ser que no futuro a linguagem gênero-neutra seja adotada, mas isso depende de as pessoas aderirem a esse uso, ou seja, se a sociedade como um todo não considerar essa prática essencial e benéfica, ela não será a norma. Quem define o que a sociedade usa em uma língua são seus usuários. É possível que consigamos evoluir muito mais rapidamente com ações inclusivas e que favoreçam a diversidade, pois os benefícios são claros e evidentes, sem que a língua se ajuste com a mesma rapidez, com soluções que carecem de praticidade. Portanto, trata-se de desenvolvermos novos comportamentos com uma comunicação e atitudes mais inclusivas, do que mudar uma língua (Veja Capítulo 7). Uma atitude prática no presente momento é pesquisar quem é o público que vai ouvi-lo e se perceber questões sensíveis, ajustar seu discurso.

O grande desafio não se restringe aos artigos e seleções de palavras, mas a aprender a escutar e combater o machismo, o sexismo ou qualquer tipo de discriminação. O sexismo indica quais usos, comportamentos e costumes devem ser empregados de acordo com o sexo ou gênero, em descrições estereotipadas, que revelam preconceitos ou discriminação. Já o machismo refere-se a enaltecer o masculino sobre o feminino, destacando a pretensa superioridade masculina.

As discussões sobre o sexismo na comunicação produziram a criação de várias palavras, em inglês, para identificar certas atitudes, como: *mansplaining*, comentar ou explicar algo óbvio para uma mulher, como se ela não entendesse; *manterrupting*, interromper constantemente a fala de uma mulher; *bropriating*, apropriação da ideia de uma mulher; e *gaslighting*, que significa distorcer a realidade para fazer a mulher duvidar de sua memória e sanidade. Identificar essas situações e corrigi-las é responsabilidade de todos e não somente das mulheres, pois se criam situações ofensivas, desqualificadoras e de grande injustiça, o que faz com o que cérebro entre em modo de ameaça e reduza as chances de uma boa comunicação.

Vamos aproveitar para compreender melhor o *gaslighting*, pois ele pode ser mais difícil de se identificar. Essa atitude está sempre associada a uma tentativa de controlar o interlocutor, que é colocado em uma posição de vítima do ataque. Percebe-se uma manipulação para dar a entender que a mulher tem distúrbios psicológicos, induzindo-as a duvidar de sua saúde mental. Veja alguns exemplos: "Você está exagerando.", "Muito drama para pouco.", "Tudo mimimi.", "Você distorce tudo, não falei nada disso.", "Isso nunca aconteceu.", "Sua memória é muito ruim.", "Você é bipolar.", "Você não está bem e outras pessoas também acham isso.", "Deve estar naqueles dias.", "Eu nunca disse isso.",

"É brincadeira... não se pode nem brincar.", "Está nervosa por nada, precisa se acalmar.", 'Isso não é um problema, você só está estressada.", "Mas do que é que você está falando?", "Não tenho tempo para os seus joguinhos." entre tantas outros.

Como o objetivo desse livro é contribuir para que o leitor tenha uma comunicação mais fluente possível, decidimos usar o emprego tradicional do gênero em português, com o genérico masculino, que tem a função de plural, por incluir todos os gêneros. Estamos cientes que o genérico masculino tem limitações e mostra uma assimetria que favorece o masculino, mas é a prática tradicional e corrente em nosso país. Até o presente momento, o gênero masculino é visto como neutro por órgãos que regulam os idiomas, como a Academia Brasileira de Letras e a Real Academia Espanhola. Esperamos que nossa opção em usarmos o genérico masculino seja compreendida por todas as pessoas que lerem este livro.

VÍDEOS RECOMENDADOS

How language shapes the way you think.
TEDWomen de Lera Boroditsky sobre como a nossa linguagem molda a forma com que pensamos.
https://www.ted.com/talks/lera_boroditsky_how_language_shapes_the_way_we_think

How language is humanity greatest invention
TEDxBerkely de David Peterson, sobre a linguagem como a maior invenção da humanidade, um legado, a forma de transmitir o que significa ser humano.
https://www.ted.com/talks/david_peterson_why_language_is_humanity_s_greatest_invention

How miscommunication happens (and how to avoid it)
TED-Ed de Katherine Hampsten sobre a base e as falhas no processo de comunicação, do emissor ao receptor.
https://www.ted.com/talks/katherine_hampsten_how_miscommunication happens_and_how_to_avoid_it

Your body language shape who you are
TED Talk de Amy Cuddy sobre linguagem corporal, como ela impacta a identidade e a forma com que se é percebido.
https://www.youtube.com/watch?v=Ks-_Mh1QhMc

REFERÊNCIAS BIBLIOGRÁFICAS

1. Kaplan G. Animal communication. Wiley Interdisciplinary Reviews: Cognitive Science. 2014;5(6): 661-667. https://doi.org/10.1002/wcs.1321
2. Witzany G. Why biocommunication of animals? In: Witzany G. (Ed.). Biocommunication of Animals. Dordrecht: Springer. 2014. p. 1-6.
3. Chomsky N. Rules and representations. Behavioral and brain sciences. 1980;3(1):1-15. https://doi.org/10.1017/S0140525X00001515.
4. Bylsma LM, Gračanin A, Vingerhoets AJJM. The neurobiology of human crying. Clinical Autonomic Research. 2019; 29:63-73. https://doi.org/10.1007/s10286-018-0526-y.

5. ASHA. Typical Speech and Language Development (asha.org). Recuperado em 1 de fevereiro, 2022, de https://www.asha.org/public/speech/development.
6. Fenson L, Marchman VA, Thal DJ, Dale PS, Reznick JS, Bates E. MacArthur-Bates communicative development inventories. Baltimore, MD: Paul H. Brookes Publishing Company. 2007.
7. Templin MC. Certain language skills in children: Their development and interrelationships. Minneapolis: University of Minnesota Press. Vol. 10. 1957.
8. Bambini V, Tonini E, Ceccato I, Lecce S, Marocchini E, Cavallini E. How to improve social communication in aging: Pragmatic and cognitive interventions. Brain and Language. 2020; 211. https://doi.org/10.1016/j.bandl.2020.104864.
9. Jakobson R. Linguistics and Poetics. In: Sebeok T. (Ed.). Style in Language. Cambridge: Massachusetts Institute of Technology Press. 1960. p. 350-77.
10. Argenti PA. Comunicação empresarial: a construção da identidade, imagem e reputação. (Caps. 4, 5 Ed., A. C. Rieche, Trad.). Rio de Janeiro: Elsevier. 2011.
11. Katz RL. Skills of an effective administrator. Harvard Business Review 1974;52(5):90-102.
12. Oppenheimer DM. The secret life of fluency. Trends in cognitive sciences. 2008;12(6):237-241.
13. Alter AL, Oppenheimer DM. Uniting the tribes of fluency to form a metacognitive nation. Personality and social psychology review: an official journal of the Society for Personality and Social Psychology, Inc. 2009; 13(3):219-35. https://doi.org/10.1177/1088868309341564.
14. Foucart A, Brouwer S. Is There a Foreign Accent Effect on Moral Judgment? Brain Sciences. 2021; 11(12): 1631. https://doi.org/10.3390/brainsci11121631.
15. Watzlawick P, Beavin JH, Jackson DD. Pragmática da comunicação. São Paulo: Cultrix. 1967.
16. Mehrabian A, Wiener M. Decodificação de comunicações inconsistentes. Jornal de personalidade e psicologia social. 1967;6(1):109.
17. Ausubel DP, Novak JD, Hanesian H. Psicologia educacional. 2. ed. Rio de Janeiro: Interamericana. 1980.
18. Burkeman O. Four Thousand Weeks: Time Management for Mortals. New York: Farrar, Straus and Giroux. 2021.
19. Suzuki WA, Feliú-Mójer MI, Hasson U, Yehuda R, Zarate JM. Dialogues: The science and power of storytelling. Journal of Neuroscience. 2018;38(44):9468-70. https://doi.org/10.1523/JNEUROSCI.1942-18.2018.
20. Lakoff R, Lakoff RT. Language and woman's place: Text and commentaries. New York: Oxford University Press. Vol. 3. 2004.
21. Stevenson A, Lindberg CA. (Eds.). New Oxford American Dictionary. 3. ed. New York: Oxford University Press. 2010.
22. Schwindt LC. Sobre gênero neutro em português brasileiro e os limites do sistema linguístico. Revista da ABRALIN. 2020;19(1):1-23.

FATORES DE SUCESSO NA COMUNICAÇÃO

A comunicação faz-se na interação, e não é possível controlar todos os fatores que nela interferem para que seja bem-sucedida. Contudo, podemos trabalhar alguns aspectos da comunicação para influenciar positivamente a percepção que o outro tem de nós, mostrando a nossa melhor versão.

O objetivo deste capítulo é apresentar cinco fatores de sucesso na comunicação, provocar reflexões sobre a sua carreira e ajudar seu autoconhecimento, por meio da verificação de seu estilo de comunicação e do quanto você investe no objetivo, na mensagem e no interlocutor, por meio de dois testes específicos. Conhecendo a importância desses fatores e compreendendo como o outro o vê, você certamente irá aperfeiçoar sua competência na comunicação profissional.

OS CINCO FATORES DE SUCESSO NA COMUNICAÇÃO

A complexidade da comunicação é grande e depende de características do emissor, do receptor e da mensagem em si. Podemos listar vários fatores relacionados com o emissor, desde clareza no objetivo do discurso, organização das ideias e características de sua voz e fala, assim como fatores relacionados ao receptor e à sua conexão com o emissor, como escuta consciente, repertório comum e sinergia com o falante, apenas para citar alguns deles. Quanto à mensagem em si, o uso de filtros para selecionar o que é realmente importante, a estrutura empregada e o nível linguístico têm tanta importância quanto os aspectos não verbais que a acompanham. No presente capítulo, selecionamos cinco fatores que nem sempre fazem parte dessa lista quando refletimos sobre o sucesso na comunicação, mas que são facilmente identificados quando avaliamos alguém como sendo um ótimo comunicador. São eles: 1. Autenticidade, para favorecer aproximação; 2. Foco duplo na comunicação, para valorizar a interação como um todo; 3. Respeito às regras, para transmitir credibilidade; 4. Expressão de autoestima, para promover aproximação; e 5. Atitude de resolução de problemas, para mostrar proatividade. Vejamos.

Fator 1. Autenticidade

Ser considerado autêntico pelo seu interlocutor valida o que você fala e abre os canais de comunicação. Ser autêntico não é dizer o que vem à cabeça (isso é falta de filtro social), mas sim conhecer quem você é e transmitir informações com segurança. A autenticidade de documentos atesta que eles são legítimos. De forma similar, no sentido comportamental, uma pessoa autêntica é vista como confiável, sincera e verdadeira. Autenticidade na comunicação espelha autoconhecimento, revela maturidade e indica que a pessoa investiu em si mesma: raramente se chega a isso sem esforço.

As teorias mais recentes consideram a autenticidade um conceito multidimensional que envolve a expressão do *self* do indivíduo, sem obstruções, em suas vivências diárias.[1] Três componentes podem ser identificados na autenticidade: consciência de si mesmo e de suas experiências externas, agir de modo autêntico e abertura para influências externas.[2]

Pessoas autênticas são vistas como transparentes e honestas consigo mesmas e com as outras. Fazem escolhas de modo consciente e apresentam sincronia entre seus pensamentos, palavras e gestos, projetando consistência em seus atos e falas. Pessoas autênticas têm que enfrentar o medo de se expor e de serem julgadas, podendo se sentir vulneráveis. Como é extremamente difícil alcançarmos nossos objetivos sem aceitarmos nossas dúvidas, erros e inseguranças, ser vulnerável não é demérito. O conceito de vulnerabilidade vem sendo ressignificado em diversos estudos, pois não indica fraqueza e sim reconhecimento de que precisamos dos outros por sermos seres sociais e podemos melhorar com o uso de uma mentalidade de crescimento.[3] Muitas vezes, quando mostramos vulnerabilidade, em vez de sermos julgados, recebemos apoio, admiração e somos vistos como corajosos.[4] No mundo das organizações, vulnerabilidade tem sido tópico de discussão e em geral é vista de forma positiva, pois um líder que se mostra vulnerável envia a mensagem de que precisa do time para alcançar os objetivos e propósitos comuns, promovendo engajamento e confiança.[5,6]

Todos nos esforçamos para causar uma boa impressão e investimos energia para monitorar nossos comportamentos e adaptá-los a certo ambiente, o que é benéfico. Contudo, há um limite entre adaptação para certo tipo de interlocutor ou contexto e falsidade. Adaptar-se é avaliar o que é esperado pelo outro e considerar seus pensamentos, sentimentos e crenças, ajustando a forma de nos apresentarmos para favorecer a interação social. Isso não tem nada de falsidade. Nossas tentativas de nos encaixarmos em padrões sociais não podem corroer nossa autenticidade, mas ao mesmo tempo devemos aceitar a existência de padrões sociais (passíveis de mudança), pois representam uma norma que facilita compreender o comportamento esperado em um determinado tempo, momento de vida, sociedade ou cultura. Além disso, nosso cérebro gosta e busca padrões em quase todas as informações que recebe, o que é feito de modo automático e com grande economia de energia.[7,8]

A base da autenticidade é saber quem somos, e isso nos permite ver melhor os outros e o ambiente em que vivemos. Como consequência, a prática da empatia e uma liderança mais humana são favorecidas. Pessoas autênticas são mais felizes, experimentam mais emoções positivas, têm elevada autoestima e bem-estar, menores escores de estresse, ansiedade e depressão, relacionamentos melhores e maior desenvolvimento pessoal, independentemente de fatores, como etnia e gênero.[2]

As pessoas se veem como mais autênticas com o passar do tempo, ou seja, o senso de autenticidade muda ao longo da vida, por provável motivação de atingir a meta de expressar sua verdadeira identidade; elas também estimam que serão ainda mais autênticas no futuro, o que indica uma progressão constante dessa percepção, provavelmente universal.[9] Assim, espera-se que pessoas mais maduras sejam mais autênticas, apesar de esse ser um julgamento subjetivo sobre o quanto a comunicação e as ações do outro refletem sua verdadeira identidade. Dessa forma, ao ser autêntico em sua comunicação, respeitando a si e ao outro, com coerência, empatia e inclusão, você irá construir confiança para que o outro se sinta seguro em ser quem ele é também.

Convidamos você a fazer uma autoavaliação da forma com que se comunica, identificando a frequência de vários comportamentos na interação social. Esse teste vai ajudá-lo a aprimorar a projeção de sua autenticidade por meio da compreensão dos estilos de comunicação.

AUTOAVALIAÇÃO: TESTE DE ESTILOS DE COMUNICAÇÃO

Com o objetivo de categorizar modos de nos relacionarmos, tendo como base aspectos variados da comunicação, foi criado o Teste de Estilos de Comunicação (TEC),[10] atualmente em fase de validação. Esse questionário teve três fontes de inspiração: a proposta de estilos sociais e de liderança de Bolton & Bolton;[11] o conceito de estilos de negociação, de Kilmann & Thomas;[12] e os aspectos das funções mentais e atitude dos indicadores de personalidade, como o MBTI.[13] Ao longo dos últimos 25 anos, diversas versões foram utilizadas em empresas e universidades.

O teste tem 48 afirmações para serem respondidas em uma escala de concordância com quatro possibilidades. Leia as afirmações, reflita sobre seu comportamento e responda o quanto você concorda com o que é afirmado. Não existe certo e nem errado, suas respostas apenas indicam tendências de comportamento nas interações. Assinale cada afirmativa de acordo com o seu grau de concordância, segundo o quadro a seguir.

0 = Não concordo 1 = Concordo um pouco 2 = Concordo bastante 3 = Concordo totalmente

Teste de Estilos de Comunicação (TEC)[10]

	A	B	C	D
1. Amigos são amigos, colegas são apenas colegas				
2. Eficiência é minha característica				
3. Prefiro trabalhar em equipe que sozinho				
4. Baseio-me nos fatos e dados comprovados				
5. Brincadeiras têm seu lugar certo				
6. Compreendo a realidade e aceito suas limitações				
7. Confio nos outros				
8. Quando delego tarefas, exijo-as cumpridas com eficiência				
9. Tomo decisões consultando aliados				
10. As pessoas são fundamentais em minha atuação				
11. Comento com prazer minhas vivências e experiências				
12. Não confio nos outros, analiso os fatos				
13. Vejo facetas divertidas mesmo em situações sérias				
14. Gosto de objetividade e me irrito com detalhes desnecessários				
15. Sou um comunicador simpático e agradável				
16. Gosto de falar, sou aberto, mas mantenho os limites				
17. Sou disponível aos que solicitam minha ajuda				
18. Evito confrontos				
19. Perco a paciência com discursos pouco objetivos				

(Continua.)

	A	B	C	D
20. Não gosto de agir sob pressão				
21. Cativo os outros com meu modo de falar				
22. Sou prático e eficiente, não me incomodando em liderar				
23. Valorizo toda a informação: palavras, olhar, corpo e voz				
24. Não tenho tempo a perder				
25. Organizo meu discurso com lógica e coerência				
26. Prezo o presente, mas avalio as consequências futuras				
27. Dou opiniões e gosto de tê-las valorizadas				
28. Preciso de tempo para tomar decisões				
29. Resumo pontos positivos e negativos				
30. Não gosto de pessoas duras e enfáticas				
31. Reajo bem às situações de pressão				
32. O presente é prioritário e o futuro secundário				
33. Desafios são o meu oxigênio				
34. Sinto-me seguro em meu trabalho				
35. Sou motivado por situações de pressão e estresse				
36. Minha voz é controlada, procuro não revelar emoções				
37. Tomo decisões com base em minhas concepções				
38. Valorizo detalhes e opiniões dos outros				
39. Gosto de ter minhas opiniões valorizadas e reconhecidas				
40. Compreendo a realidade como ela é, não sou pego de surpresa				
41. Organizo meu discurso com emoção e apelo				
42. Vejo o indivíduo como um ser humano completo				
43. Gosto de detalhes para tomar decisões				
44. Falo de forma clara, com boa dicção				
45. Vou direto ao ponto, evito rodeios				
46. O futuro está sempre presente em minhas decisões				
47. Analiso profundamente a realidade e não evito questionamentos				
48. Interpreto a realidade considerando sentimentos e emoções				
TOTAL				
	A	B	C	D

No quadro a seguir, anote os seus totais em ordem decrescente.

A) Estilo Controlador

B) Estilo Amigável

C) Estilo Reflexivo

D) Estilo Expressivo

COMO COMPREENDER SEUS RESULTADOS

O TEC oferece como resultado uma pontuação de quatro estilos, nomeados como controlador, amigável, reflexivo e expressivo, definidos a partir das preferências de uma pessoa ser mais ou menos diretiva ou receptiva nas interações.

Todos temos pontuações nos quatro estilos do teste, mas geralmente há uma tendência natural ou reforçada por fatores familiares, ambientais e profissionais de se usar mais frequentemente um ou dois deles. O maior valor obtido indica seu estilo preferido de comunicação, o que aparece de modo mais automático, como tendência de comportamento: se ele for elevado e muito distante dos outros três, pode indicar um hábito na interação, nem sempre conveniente e adequado.

Nossa experiência na aplicação desse teste, com uma população bastante variada em termos de ocupação profissional e nível hierárquico empresarial, mostrou que resultados acima de 22 pontos indicam estilos marcantes na interação. Pontuações abaixo deste valor indicam uso pouco evidente do estilo em questão, ou seja, as características desse tipo de comunicação aparecem de modo muito discreto e ocasional, podendo não serem percebidas na comunicação.

Por exemplo, se uma pessoa tiver um escore no estilo controlador de 28 pontos, e os outros, três abaixo de 15, seguramente é vista como alguém que só vê suas necessidades. Contudo, se os outros estilos estiverem próximos de 28, ela provavelmente vai ser vista como alguém que se comunica muito bem e que entende o que é necessário em uma determinada interação. Por outro lado, se três estilos estiverem acima de 22 pontos, e o quarto, por exemplo, o reflexivo estiver abaixo de 15, essa pessoa pode ser vista como alguém que vai atrás do que quer, atende o desejo dos outros, mas que nem sempre mostra uma análise criteriosa quando se expõe. Nesse caso, a estratégia de desenvolvimento é exatamente a de descrever os prós e contras, vantagens e desvantagens, ao se se posicionar.

Há pessoas bem-sucedidas nos quatro estilos, e alguns indivíduos, considerados excelentes comunicadores, conseguem transitar com certo conforto entre os estilos, embora sempre se sintam mais confortáveis em um deles, mostrando uma atitude de comunicação *flex*, adaptando-se às necessidades da situação, contexto e característica dos interlocutores. Valores iguais entre os estilos e acima de 22 pontos são resultados encontrados em algumas lideranças vistas como positivas e altamente inspiradoras. Esses executivos afirmam que percebem quando mudam seu estilo de interação com certo objetivo e que foram aprendendo a transitar com conforto entre eles ao longo de suas carreiras.

Por outro lado, pontuações elevadas em certo estilo podem ser muito úteis em uma atividade profissional específica; por exemplo, o estilo reflexivo é muito visto nas atividades de consultoria, o estilo expressivo na política, o controlador nas áreas do Direito e o amigável na prestação de serviços. Apesar de isso ser desejável nessas atividades, saber usar os quatro estilos traz benefícios na interação, principalmente em situações desafiadoras.

Veja no *box* a seguir as características dos estilos de comunicação e como eles se apresentam com ajuda de um gráfico.

AUTENTICIDADE E ESTILOS DE COMUNICAÇÃO

Muito do que projetamos ao outro sobre nossa autenticidade é feito pelo modo como nos comunicamos. As pessoas têm estilos diferentes de se comunicarem, mas existe um padrão que emerge mais automaticamente e que nos identifica, independentemente de fatores circunstanciais, como diferenças entre interlocutores e contextos variados. Nisso reside nossa autenticidade na comunicação: mostramos quem somos, em nossa melhor versão, por meio de um, **Estilo de Comunicação**, adaptando-o aos diferentes interlocutores e contextos.

Assim, de modo didático e com o objetivo de gerar autoconhecimento, apresentaremos o conceito de Estilo de Comunicação, com quatro possibilidades de manifestação. O que define um Estilo de Comunicação é uma combinação de dois comportamentos na comunicação: assertividade e receptividade. O grau de assertividade é o reflexo do uso de comportamentos vistos como diretivos e que buscam a satisfação das necessidades de quem fala, podendo também ser chamado de grau de diretividade na comunicação; um indivíduo com elevada manifestação nessa escala investe grande quantidade de energia em obter o que precisa na interação. Já o grau de receptividade refere-se aos comportamentos vistos como sensíveis e que têm como foco a necessidade dos interlocutores, podendo também ser chamado de grau de abertura ao outro; um indivíduo com elevada receptividade investe grande quantidade de energia em corresponder à demanda do outro, na interação social.

Indivíduos com alta assertividade na comunicação vão atrás do que querem e são categorizados como controladores, enquanto aqueles que são abertos às demandas dos outros são chamados de amigáveis. As outras duas possibilidades descrevem indivíduos que, ao mesmo tempo, buscam atender as suas demandas e as dos outros, chamados de expressivos e aqueles que, como tendência natural, analisam a situação antes de serem diretivos ou receptivos, nomeados de reflexivos.

Os quatro estilos de comunicação têm características que ajudam na sua identificação. Evidentemente, o grau de expressão nos estilos varia e nem todas as características estão presentes em uma pessoa. Veja os comportamentos presentes nos quatro estilos.

- **Estilo de comunicação controlador:** também chamado de autoritário, o controlador típico é caracterizado como sendo uma pessoa assertiva e mais reservada. Sua comunicação é direcionada ao que deve ser feito. Pessoas desse estilo preferem ter domínio da situação, em maior ou menor grau, dependendo do resultado do teste. Tendem a se preparar e a obter recursos para exercer controle na interação social. São pessoas que atuam bem sob pressão, lidam com estresse de modo estruturado, baseiam-se no presente e veem o futuro como consequência do hoje, sobre o qual têm controle. Dirigem-se ativamente aos outros e buscam conhecer opiniões, probabilidades e resultados previstos. Gostam de brevidade e de ir direto ao assunto, com pouca paciência para rodeios e devaneios. Preferem dominar as situações e definir os próximos passos. Enfrentam e buscam desafios e não se intimidam com circunstâncias adversas. Geralmente preferem não deixar transparecer seus sentimentos e emoções, pois acreditam que podem comprometer seu controle, sendo essencialmente racional. Também preferem que os outros não usem muitas manifestações emocionais na interação. A voz do controlador pode ser tensa, com variação restrita de modulação e volume.

AUTENTICIDADE E ESTILOS DE COMUNICAÇÃO

A comunicação do controlador tem foco em si mesmo, com clara apresentação de suas visões e opiniões, sem hesitações. Sua porta de entrada na comunicação é o poder que demonstra, e o principal custo envolvido nesse estilo ocorre quando o falante é percebido como sendo regulador ou supervisor. Na interação com uma pessoa controladora, deixe claro que reconhece seu conhecimento e ascendência, antes de expressar a sua própria opinião; ao dar o controle, geralmente a retribuição é rápida. Se você apresenta poucas características do estilo controlador, veja em que situações não está deixando claro o que precisa e corrija essa tendência de comportamento.

- **Estilo de comunicação amigável:** também chamado de agradável, o amigável típico é caracterizado como uma pessoa extrovertida, receptiva, afetiva e com necessidade de se sentir aceita pelo outro, em maior ou menor grau, dependendo do resultado do teste. Sua comunicação é direcionada às pessoas. Mostra-se amiga na interação, mesmo com quem pouco conhece e busca evitar situações de rejeição. É de natureza conservadora e com boa escuta. Prefere não se arriscar e nem confrontar diretamente o opositor, adiando discussões e aceitando as limitações e dificuldades como parte inerente da vida. Funciona melhor em grupo do que individualmente. O amigável gosta de conversar e sua imagem típica é de alguém que está sempre sorrindo. Pede conselhos e opiniões constantemente e pode ter dificuldades para tomar decisões rápidas, mesmo quando o assunto já está aparentemente resolvido, para não magoar ninguém. Confia nos outros e pode desiludir-se com facilidade, pois tende a avaliar os fatos, quase sempre, de forma positiva. Embora simpático para muitos, pode ser julgado como superficial ou dissimulado. Amigáveis podem apresentar uma voz mais aguda, modulada, com reduzida tensão, podendo soar infantilizada, em algumas situações.

  A comunicação do amigável tem foco para evitar a reação negativa do outro. Sua porta de entrada na comunicação é a simpatia que demonstra, e o principal custo envolvido nesse estilo é poder ser percebido como ingênuo, bom demais ou até mesmo permissivo. Na interação com uma pessoa amigável, mostre proximidade, use dados pessoais e qualifique seu discurso com emoção. Se você apresenta poucas características do estilo amigável, veja em quais situações você não está valorizando a necessidade do outro e deixe claro quanto você está aberto para o que o outro precisa.

- **Estilo de comunicação reflexivo:** também chamado de analítico, o reflexivo típico é caracterizado como sendo uma pessoa mais reservada, que tem a necessidade de obter dados exatos sobre pessoas, fatos e situações da vida ou do trabalho. Sua comunicação é direcionada à situação. O reflexivo busca informações, gosta de detalhes, é crítico, trabalha com exatidão e considera aspectos positivos e negativos, vantagens e desvantagens, prós e contras, para se sentir seguro antes de decidir. Embora suas decisões não sejam imediatas, são geralmente definitivas. Não gosta de trabalhar sob pressão, pois quer ter tempo para planejar e decidir. É geralmente organizado, coerente, lógico e não evita questionamentos ou explicações de qualquer natureza, mesmo que seja necessário confronto pessoal. Prefere dialogar com pessoas competentes e objetivas, evitando excessos. Procura associar observações e julgamentos, fatos e sentimentos, estatísticas e explicações, realidade e desejo.

AUTENTICIDADE E ESTILOS DE COMUNICAÇÃO

A voz típica do analítico apresenta expressividade controlada e pode ser baixa, pausada, lenta, com articulação precisa e tendência a uso de palavras incomuns, para caracterizar com exatidão o que quer descrever. A comunicação do reflexivo tem foco na situação e não nas pessoas em si, podendo tratá-las como dados para ser mais imparcial em suas decisões. Sua porta de entrada na comunicação é o conhecimento que ele demonstra, e o principal custo envolvido nesse estilo é poder ser percebido como "sabe tudo", detalhista ou até mesmo inflexível. Ao conversar com uma pessoa reflexiva, deixe claro que reconhece seu conhecimento e prepare-se com informações, fatos, números, dados; modere manifestações emocionais. Se você apresenta poucas características do estilo reflexivo, antes de se posicionar ou de atender o outro, explique como chegou a uma conclusão, o que considerou e pesou para certa decisão.

- **Estilo de comunicação expressivo:** também chamado de entusiasmado, o expressivo típico é caracterizado como uma pessoa extrovertida, com elevada energia, que gosta de estar com os outros e tem necessidade de ser reconhecida e valorizada por colegas, amigos e familiares. Sua comunicação é direcionada ao impacto sobre as pessoas. São vistos como indivíduos imaginativos, falantes, criativos e inovadores. Assumem riscos, principalmente quando sua autoestima e reconhecimento estão em jogo. O expressivo leva em conta quem é o interlocutor, quem ele conhece, quais são suas possibilidades, parcerias, contatos e os grupos a que pertence, para ir atrás do que precisa. A comunicação típica do expressivo é cativante e ele faz contatos fáceis em ambientes novos, com postura forte e contundente, gostando de dar opiniões. Contudo, pode perder a paciência com pessoas pouco objetivas e confusas. Geralmente usa de apelo e emoção para atingir seus objetivos, sem conflitos, sendo geralmente reconhecido como alguém de "personalidade".

  Geralmente age bem sob pressão e preocupa-se com o futuro. A voz do expressivo típico é rica, com muita variação de tons, podendo abusar das modulações e do volume. Em algumas situações, pode ser até mesmo teatral em sua comunicação. Constrói suas frases com muitos adjetivos e advérbios, qualificando o que diz. A comunicação do expressivo tem foco no impacto sobre o outro, que ele considera de grande valor e usa para ajustar sua comunicação, ao longo da interação.

  Sua porta de entrada na comunicação é a autoestima que demonstra, e o principal custo envolvido nesse estilo é poder ser percebido como vaidoso e superior. Ao conversar com uma pessoa expressiva, deixe claro seu prazer na interação, use elementos pessoais que conhece sobre a história ou personalidade do interlocutor e mantenha certa proximidade. Se você apresentar poucas características do estilo expressivo, busque na comunicação deixar claro as duas posições, suas necessidades e o que pode atender do que o outro solicita.

Todos usamos esses quatro estilos de comunicação, mas temos sempre um preferencial, o que se comprova pelo fato de existirem líderes reconhecidamente inspiradores e com uma longa história de superação e conquistas em todos os estilos. Selecionamos quatro exemplos que caracterizam cada um desses perfis, mas evidentemente, eles usam todos os estilos de comunicação, transitando com propriedade entre eles. Abílio Diniz, cofundador do Grupo Pão de Açúcar e atual presidente do Conselho de Administração da Península Participações, é um bom exemplo de estilo controlador: deixa claro em seu discurso o que deseja e foca em sua demanda, não se poupando e dando direcionamento claro a quem o ouve. Luiza

AUTENTICIDADE E ESTILOS DE COMUNICAÇÃO

Trajano, ex-Diretora Superintendente e atual presidente do Conselho de Administração do Magazine Luiza e Líder do Grupo Mulheres do Brasil, apresenta predominância do estilo amigável em sua comunicação: sempre traz o outro e suas necessidades em seu discurso, atendendo não somente as demandas de consumo, mas também as necessidades humanas de seus clientes. Luiz Seabra, sócio-fundador da Natura e hoje em seu Conselho de Administração, é um exemplo de líder expressivo, que mostra ser apaixonado tanto pelo negócio, como pelos clientes. Finalmente, um exemplo clássico de líder reflexivo é Márcio Utsch, ex-CEO da Alpargatas e atual presidente do Conselho de Administração da Cemig, que apresenta perspectivas locais e internacionais, com seleção preciosa de informações, fazendo-nos refletir, antes de compartilhar sua opinião. Bons comunicadores aprendem a transitar entre os estilos e a usar uma atitude *flex*, adaptando-se ao tipo de interlocutor e ao contexto. Um bom exemplo de comunicador que usa os quatro estilos, de modo evidente, é o Papa Francisco, reconhecido por sua preocupação com a comunicação e pela habilidade com que responde perguntas difíceis.

RECEPTIVIDADE E ASSERTIVIDADE NOS ESTILOS DE COMUNICAÇÃO

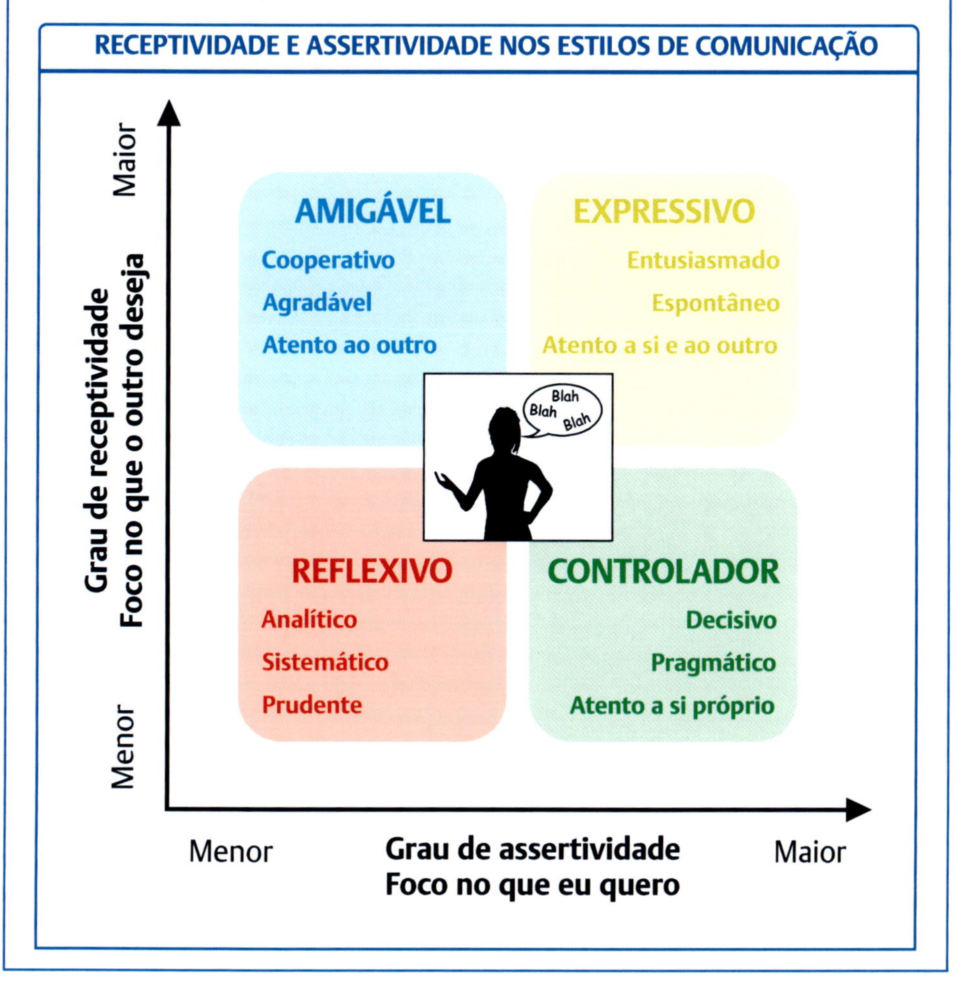

AUTENTICIDADE E ESTILOS DE COMUNICAÇÃO

Veja a seguir um quadro com as principais características, vantagens e ônus dos quatro estilos de comunicação.

Síntese dos Estilos de Comunicação			
Estilo predominante	**Características**	**Vantagens**	**Ônus**
Controlador	Considera suas necessidades Demonstra poder	É pragmático Direciona com clareza Obtém o que quer	Ser visto como supervisor Adepto do microgerenciamento Tolhe a autonomia dos outros
Amigável	Considera a demanda do outro Demonstra simpatia	É agradável e cooperativo Faz contato rápido Cria vínculos duradouros	Ser visto como tolerante e ingênuo Empático demais
Reflexivo	Considera a situação Demonstra conhecimento	É fonte de informação É sistemático Faz os outros refletirem	Ser visto como acadêmico e detalhista, com atitude professoral
Expressivo	Considera todos os envolvidos Demonstra autoestima	É cativante e persuasivo Engaja fortemente as pessoas	Ser visto como vaidoso ou superior Autoestima exagerada

Fator 2. Foco Duplo na Comunicação

Quando nos comunicamos, podemos focar mais nas características da mensagem que queremos transmitir ou nas pessoas que irão recebê-la. Comunicadores de sucesso apresentam foco duplo, ou seja, mesmo quando sua comunicação é nitidamente informativa, mandam sinais por palavras, gestos, olhares e expressão facial de que sabem para quem estão falando e valorizam a presença do interlocutor, esperando *feedback*. Nas situações em que o impacto sobre o outro é a principal preocupação de quem fala, esses mesmos comunicadores de sucesso posicionam seu foco no interlocutor, ou seja, direcionam sua atenção em quem os ouve, garantindo que compreendam a mensagem que está transmitindo, não eliminando nenhuma informação importante. Assim, concluímos que manter um foco duplo, ou seja, na mensagem e no interlocutor, é o que mais pode contribuir para seu sucesso na comunicação profissional.

Convidamos você a fazer uma autoavaliação do seu foco na comunicação, para evidenciar o quanto você tem privilegiado a mensagem ou o interlocutor.

AUTOAVALIAÇÃO: FOCO NA COMUNICAÇÃO

Leia as afirmações a seguir e assinale a resposta que melhor representa suas escolhas e comportamentos na comunicação. Não há certo nem errado, apenas diferentes formas de foco na comunicação. Assinale cada afirmativa de acordo com a frequência de ocorrência indicada no quadro a seguir.

0 = Nunca 1 = Às vezes 2 = Muitas vezes 3 = Sempre

Foco na Comunicação (FoCom)[14]				
1. Gosto de falar forte	0	1	2	3
2. Meu discurso é simples e informal	0	1	2	3
3. Demonstro poder no meu modo de falar	0	1	2	3
4. Uso diminutivos quando eu falo (trabalhinho, pequenininho, papelzinho)	0	1	2	3
5. Convenço os outros com meu modo de falar	0	1	2	3
6. Uso formas polidas de linguagem (obrigado, bom dia, por favor)	0	1	2	3
7. Deixo transparecer as emoções na fala	0	1	2	3
8. Falo sorrindo	0	1	2	3
9. Uso gírias e palavras vulgares na conversação usual	0	1	2	3
10. Prefiro responder diretamente às questões em vez de usar evasivas	0	1	2	3
11. Minha voz parece infantil	0	1	2	3
12. Peço objetivamente o que preciso	0	1	2	3
13. Falo de assuntos de trabalho em ambientes sociais	0	1	2	3
14. Uso gestos quando falo	0	1	2	3
15. Defendo com "unhas e dentes" minhas ideias e posições	0	1	2	3
16. Faço rodeios antes de chegar ao ponto crucial do discurso	0	1	2	3
17. Falo somente o necessário	0	1	2	3
18. Ao assistir filmes, aulas e palestras faço comentários paralelos	0	1	2	3
19. Modifico a voz de acordo com os meus objetivos e com os interlocutores	0	1	2	3
20. Sou melhor falante que ouvinte	0	1	2	3
21. Tenho o hábito de mudar de assunto em uma conversa	0	1	2	3
22. Prefiro manter distância do interlocutor	0	1	2	3
23. Uso expressões para indicar que estou prestando atenção ("hum", "sim", "tá")	0	1	2	3
24. Mantenho contato de olhar no ouvinte	0	1	2	3
25. Quando confrontado na comunicação, tendo a recuar da minha posição	0	1	2	3
26. Falo sem perder o fio do discurso	0	1	2	3

Transfira seus resultados para os quadros a seguir, faça a soma e obtenha o total de cada foco.													
FOCO NA MENSAGEM													
1	3	5	9	10	12	13	15	17	20	22	24	26	**Total**
FOCO NO INTERLOCUTOR													
2	4	6	7	8	11	14	16	18	19	21	23	25	**Total**

COMO COMPREENDER SEUS RESULTADOS

O FoCom é um questionário que identifica como você se apresenta na comunicação, privilegiando mais a mensagem que deve ser transmitida ou o interlocutor que vai recebê-la. Assim, o FoCom apresenta dois escores, um de foco na mensagem, e outro no interlocutor. Aquele em que você obteve um resultado maior corresponde ao seu perfil básico de comunicação, que é provavelmente um misto de suas experiências pessoais, influências da família e do grupo social, além do que foi desenvolvido em sua vida profissional. Esse teste foi desenvolvido há 20 anos e inicialmente chamado de Apresentação de Gênero na Comunicação (AGECO).[14] Com a evolução no conceito de gênero e a busca de equidade nas empresas, o nome foi modificado para FoCom.

O foco na mensagem é mais comum em homens, e o foco no interlocutor, em mulheres, por uma expectativa social genérica de comunicação e não por expressão de masculinidade ou feminilidade. Foco na mensagem mais desenvolvido favorece a assertividade, enquanto no interlocutor beneficia a manifestação de empatia. Ao ser excessivamente focado na mensagem, corre-se o risco de ser visto como agressivo; ao contrário, ao ser excessivamente focado no interlocutor, o risco é ser visto como passivo, submisso ou querer agradar demais. Desta forma, é fácil concluir que os valores devem ser equilibrados e, por isso, o fator de sucesso é denominado foco duplo na comunicação.

O ideal é ter escores maiores de 22 pontos e com uma diferença de até 10% entre eles, pois isso indica uma comunicação equilibrada quanto ao foco na mensagem e no interlocutor. Se, no entanto, seus escores forem iguais ou muito próximos entre si, mas menores que 22, provavelmente você está subutilizando a comunicação como instrumento de sucesso pessoal e profissional. Se seu escore na mensagem for muito maior que no interlocutor, ou vice-versa, vale a pena refletir os motivos dessa preferência. Contudo, tentar mudar sua comunicação imitando o modo dos outros falarem pode soar forçado e falso e, portanto, você deve inicialmente identificar o que precisa ser modificado e procurar naturalmente moldar o aspecto em questão. Lembre-se que há vantagens em se usar o foco duplo: mais condições de se ter sucesso na transmissão da mensagem, maior engajamento de quem o ouve e imagem de alguém maduro, que compreende suas responsabilidades e que se preocupa com interações de qualidade.

Saber qual o estilo predominante em sua comunicação e aquele que você menos usa, assim como o quanto seu foco está ou não equilibrado em seu discurso, vai ajudá-lo a compreender o que é necessário fazer para contribuir com seu sucesso na comunicação.

Para ficar mais claro o que os dois focos privilegiam e quais são as características de seu uso, veja a seguir como a comunicação é usada nessas duas formas de privilegiar tanto a mensagem, quanto o interlocutor.

- **Foco predominante na mensagem:** o perfil de comunicação das pessoas que preferem centrar sua comunicação na mensagem é geralmente caracterizado por uma fala direta, objetiva, sem rodeios e focalizada na informação que deve ser transmitida. O aspecto positivo deste padrão é que você não perde tempo e deixa claro o que quer; o aspecto negativo é que você também pode ser interpretado como alguém autoritário, seco e que não valoriza o lado humano das relações. Nas organizações modernas as habilidades de relacionamento são tão importantes quanto as competências técnicas. Portanto, em sua comunicação, considere também o outro e, além da mensagem, inclua aspectos humanos relacionados. Para buscar o equilíbrio, desenvolva a consciência comunicativa e manifeste explicitamente que valoriza os envolvidos na comunicação. Se seu escore for baixo nesse foco, treine deixar claro a mensagem central de sua comunicação, fale de modo conciso, não sorria quando não for o caso (apenas para agradar) e apresente suas ideias sem hesitar.
- **Foco predominante no interlocutor:** o perfil de comunicação das pessoas que preferem centrar sua comunicação no interlocutor é caracterizado por uma fala menos direta, menos objetiva, mais cautelosa, podendo haver rodeios, até mesmo como preparação do terreno para a comunicação. O aspecto positivo deste padrão é que o ouvinte percebe que você valoriza o lado humano das relações; o aspecto negativo é que isso pode ser interpretado como falta de poder, baixo profissionalismo e prolixidade, correndo o risco de se perder em suas exposições e não comunicar o que é preciso, gerando ambiguidade. Lembre-se que, apesar de as organizações modernas valorizarem o lado humano das relações, as metas do grupo dependem de objetivos e ações claras, precisas e verbalizadas de modo definido. Para buscar o equilíbrio, desenvolva a consciência comunicativa e valorize a mensagem e os fatos, eliminando o ruído em sua comunicação. Se você geralmente não focar no interlocutor, algumas estratégias simples podem ajudá-lo: chame o outro pelo nome, mantenha uma expressão facial aberta, destaque o que considera os fatos e as pessoas envolvidas na questão, explore o contexto antes de apresentar algo mais duro ao interlocutor.

As pessoas que focam prioritariamente na mensagem tendem a controlar melhor a precisão das informações que querem passar e são mais assertivas (Veja Capítulo 8), enquanto as pessoas com maior foco no interlocutor tendem a controlar melhor a reação de quem ouve e são mais empáticas. Assertividade é de grande valor no mundo das corporações onde pressão para resultados e falta de tempo é a norma. Já a empatia (Veja Capítulo 7) é a atitude mais desejada na realidade complexa, diversa e instável em que vivemos hoje. O exercício equilibrado dessas duas habilidades permite que os indivíduos se destaquem no mundo das organizações. Focar na mensagem implica escolher bem as palavras, organizá-las em frases curtas, usar voz firme e forte e agregar fatos a suas informações; focar no interlocutor implica considerar quem o ouve, quais são seus valores e pontos sensíveis, como modular melhor a voz e suavizar as palavras para que o impacto seja controlável. Um foco excessivo na mensagem pode ser agressivo, já um foco excessivo no interlocutor pode ser visto como fraco e sem força de posicionamento. Ambos os casos indicam que o foco duplo é a melhor estratégia da comunicação profissional.

Sempre que possível, insira elementos das duas possibilidades, privilegiando um ou outro foco, se a situação assim o exigir. Por exemplo, quando a mensagem a ser transferida impactar a vida das pessoas, inclua elementos que destaquem valores dos envolvidos, não se esquecendo de considerar possíveis pontos sensíveis; quando a mensagem a ser transferida impactar resultados ou operações empresariais, use frases curtas e sem ambiguidade, mas lembre-se de oferecer apoio, caso as pessoas tenham que mudar sua rotina, comportamentos ou adquirir novas habilidades.

Veja no quadro a seguir as principais características dos focos na comunicação, com cuidados a serem tomados.

Síntese dos Focos de Comunicação		
Foco da comunicação	**Características**	**Cuidados**
Foco na mensagem	Controle de informações Assertividade Valoriza as palavras que usa Voz firme, podendo ser forte	Não desvalorizar quem escuta por entender que a mensagem é o mais importante, minimizando a importância do ouvinte
Foco no interlocutor	Controle da reação dos outros Empatia Valoriza quem ouve a mensagem Voz modulada e relaxada	Não desvalorizar a mensagem por cuidado excessivo com o interlocutor, deixando de destacar o que é importante
Foco duplo	Seleciona e controla informações, considerando valores e pontos sensíveis de quem vai ouvi-las Mescla assertividade e empatia Adapta sua voz à situação	Na tentativa de oferecer os principais dados e considerar os outros, você pode ficar prolixo, dando a impressão de indecisão ou agenda oculta

Fator 3. Respeito às Regras

Ser percebido como alguém que respeita as regras é um elemento importante para que você seja visto como alguém educado, preparado e, de certa forma, com atitudes previsíveis, o que facilita a aproximação com os outros. Evidentemente há situações em que desrespeitar certas regras pode ser positivo, mostrando inovação e criatividade; porém, mesmo nesses momentos, deve-se deixar claro que se sabe qual é a regra envolvida e que há razões para não a usar. Violação das regras é um grande risco, pois pode comprometer a imagem de quem fala e introduzir barreiras à comunicação, uma vez que o cérebro pode ficar em estado de ameaça. Regras familiares, sociais, culturais e empresariais devem ser observadas, contudo, nem sempre elas são verbalizadas ou escritas para serem compartilhadas. Bom senso é um ótimo condutor em suas decisões; na dúvida, pergunte quais as preferências na situação em questão.

Especificamente quanto à comunicação profissional, podemos explorar as principais regras verbais e corporais que interferem em sua imagem. Muitas dessas regras são básicas e até mesmo de senso comum, porém, o mundo ficou menos rígido, mais tolerante com relação a certas tradições e pode haver certa confusão entre aceitar o outro como ele é ou não entender os protocolos no mundo das organizações, que podem variar de acordo com o segmento. Fica mais fácil compreender quais são as regras, deixando claro quais são as barreiras que se erguem, quando elas não são respeitadas. Portanto, vamos descrever as barreiras verbais e corporais mais comuns, que podem interferir negativamente em sua avaliação e atrasar seu sucesso profissional.

Barreiras verbais são obstáculos à efetividade da comunicação humana, provocados por palavras e expressões capazes de despertar antagonismo.[15] Exemplos comuns de barreiras verbais são apresentados no quadro a seguir e vão desde erros de português a expressões que colocam em dúvida a inteligência do interlocutor.

Síntese das Barreiras Verbais		
Barreiras verbais	**Caracterização**	**Exemplos e observação**
Uso inadequado da língua	Erros de português Pronúncia incorreta Vícios de linguagem	"Não pude vim." em vez de "Não pude vir." – no infinitivo "Para maiores informações." em vez de "Para mais informações." – maior é comparativo e não se aplica aqui "A nível de diretoria." em vez de "Pela diretoria.". "A nível de..." – somente para o mar "A cerca do financiamento." em vez de "Acerca do financiamento." "Nossa reunião termina ao meio-dia e meio." em vez de "meio-dia e meia." – no feminino, porque se refere à hora "Escuta só." para chamar a atenção "ReZistro." em vez de "ReGistro." "INdentidade." em vez de "Identidade." "Ela pediu para mim fazer." em vez de "Ela pediu para eu fazer." **Observação:** aprimore seu português, pois há uma correlação positiva entre cargos superiores e uso correto da língua
Palavras repetidas muitas vezes	Interjeições, sílabas ou mesmo palavras que não contribuem com o significado do discurso, geralmente faladas com voz baixa e rapidamente	"Né.", "Tá.", "OK.", "OKÁ.", "Tipo assim." "Eu gostaria de ler a agenda da reunião para vocês, né? Todos concordam, né, com a agenda, né?" "Não consegui terminar o relatório... tipo assim, é preciso de... tipo assim dois dias" **Observação:** elimine esses "cacoetes" verbais, peça para alguém ajudá-lo, sinalizando quando você usa tais palavras para amplificá-las e, então, inibi-las
Ameaças ao outro	Intimidação franca ou disfarçada de advertência	"Nem tente perder esse cliente!" "Que parte do NÃO você não entendeu?" "Quero só ver se você é capaz disso!" "Ah... me engana que eu gosto!" **Observação:** qualquer ameaça, mesmo disfarçada, é vista como ataque e pode provocar uma de três respostas do nosso sistema de defesa cerebral: atacar, fugir ou congelar

(Continua.)

Barreiras verbais	Caracterização	Exemplos e observação
Nível linguístico inadequado ao contexto	Informalidade demais Palavras muito familiares ou íntimas Gírias e palavrões em uma situação profissional	"Querido, deixe-me apresentar esse novo produto." – em um encontro inicial "Meu anjo.", "Meu bem.", "Fofa.", "Meu querido.", "Fala, primo." "Tenho tempo, estou sussa..." "Tá osso! Que reunião..." "A reunião foi uma m****!" **Observação:** é melhor ser mais formal, pois o outro pode dizer que não é necessário, do que ser informal e ser avaliado como sem educação
Palavras sobre orientação sexual, etnia, religião, tipos regionais	Expressões de desrespeito de diversidade Palavras mal colocadas em um discurso Comentários estereotipados, depreciativos ou preconceituosos	"Vamos comer um japonês?" – para comer comida japonesa "Que baianada..." ou "É tudo paraíba" "Muito mimimi dessa mulherada..." "Chegaram as nazifeministas, querem tudo para as mulheres!" "Tudo terrorista árabe, não tem condição!" "Reunião desorganizada, tipo feira nordestina" "A coisa está preta!" **Observação:** tome muito cuidado e elimine de seu vocabulário expressões que possam constranger, ofender ou causar dor social; cuidado com manifestação de preconceito, não é uma questão de tolerância, mas sim de respeito às diferenças
Manifestação de dúvidas sobre a inteligência do outro	Perguntas ou exclamações que indiquem duvidar que o outro esteja entendendo o que você fala	"Como eu posso simplificar para você..." "Tá me compreendendo?" "Tá acompanhando meu raciocínio?" "Entendeu?" "Entendeu mesmo?" "Vou repetir, presta atenção!" "Quer que eu desenhe?" **Observação:** quando perceber que o outro está tendo dificuldades de acompanhá-lo, volte o problema para si mesmo, usando frases como: "Não me expliquei bem, vou retomar." ou "Os pontos importantes aqui são X, Y e Z."

Barreiras corporais são gestos, posturas ou movimentos que destoam da apresentação do indivíduo ou chamam particular atenção do ouvinte, desviando o foco do discurso. As principais barreiras corporais estão caracterizadas no quadro a seguir, com alguns comentários para esclarecer as razões pelas quais são consideradas uma não observância a regras de convivência, com foco principal no ambiente profissional.

Síntese das Barreiras Corporais		
Barreiras corporais	**Caracterização**	**Comentários**
Não respeitar o espaço do interlocutor	Chegar perto demais, a menos de um metro do interlocutor	Há pessoas que se aproximam tanto de nós, que ficamos desconfortáveis. A distância social de um metro permite que os gestos sejam feitos normalmente
Movimentos repetitivos ou tensos	Movimentos bruscos, sem conexão com o discurso ou tensos e em bloco	Há pessoas que chacoalham uma das mãos verticalmente, para controlar a ansiedade, mas isso faz com que fiquem ainda mais agitadas; deixe as mãos soltas e à frente do tronco, sem cruzá-las para que os gestos surjam naturalmente
Gestos inadequados ou exagerados	Nenhum gesto, gestos com conotação sexual ou gestos teatrais	Algumas vezes as pessoas cruzam os braços para controlar o nervosismo, mas com isso a tensão aumenta mais; outras vezes apoiam as mãos à frente da genitália, como se fossem jogadores defendendo uma cobrança de falta; outras vezes exageram na amplitude dos movimentos, derrubando objetos e batendo nos outros; deixe as mãos soltas e à frente do tronco, sem cruzá-las para que os gestos surjam naturalmente
Toques e empurrões no outro	Cutucar o braço, tocar repetidamente o tronco do outro	Algumas pessoas tocam constantemente em seus interlocutores, para garantir sua atenção; outras vezes até as empurram ou as puxam em sua direção, o que é uma invasão do espaço social do outro; pior ainda é arrumar a roupa do outro, gola, gravata ou algum acessório; evite todos esses gestos e, caso perceba algo que quebre a estética do vestuário do outro, sinalize falando ou no máximo apontando, para que o próprio sujeito possa corrigir
Autotoques ou toques em objetos	Mexer em partes do corpo, como esfregar as mãos, estalar dedos, alisar ou enrolar os cabelos, brincar com anéis, colares ou canetas	Todos os autotoques repetidos indicam timidez, desconforto na situação; já tocar nos cabelos ou jogá-los para trás com uma das mãos são gestos femininos comuns em situações de interesse e sedução e devem ser evitados no ambiente profissional, principalmente em encontros virtuais, quando nos sentimos mais propensos a corrigir nossa imagem porque nos vemos o tempo todo na tela

(Continua.)

Barreiras corporais	Caracterização	Comentários
Aperto de mão inadequado	Aperto quebra mão, mão mole ou aperto interminável	Apertar as mãos é sinal de cortesia e nasceu na Idade Média para demonstrar que as pessoas não estavam armadas; hoje o aperto deve ser firme e breve, com apenas uma das mãos; aperto forte demais ou até puxando o outro para si podem mostrar agressão e necessidade de controlar o ambiente; por outro lado, um aperto mole, com apenas as pontas dos dedos, mostra falta de energia e motivação; finalmente, apertos longos demais ou fazendo um sanduíche com a mão do outro são desconfortáveis e são vistos como necessidade de controle ou demonstração de superioridade
Corpo desviado durante a fala	Curvado, estendido ou lateralizado	Mantenha o corpo reto, com os pés bem apoiados, até mesmo para facilitar o equilíbrio e deixar os gestos livres e mais harmônicos; evite cruzar os pés em "X", o que além de aumentar sua própria tensão, projeta uma imagem não balanceada e pode permitir a leitura de urgência urinária
Olhar desviado do interlocutor	Olhar para o texto, chão ou para partes do corpo	Mantenha um contato visual relaxado com seu interlocutor; em grupo, alterne a direção de seu olhar, mas sempre mantenha o olhar em quem está falando com você; teto e chão não são interlocutores e se você insistir em manter seu olhar nessa direção, quem o ouve também irá fazê-lo; evite ficar analisando partes de seu corpo, como as mãos e as unhas
Vestuário sujo ou inadequado ao contexto	Roupas de festa ou de lazer em locais de trabalho; marcas de suor ou manchas de comida	Somos constantemente avaliados pelo modo como nos apresentamos ao outro; nosso vestuário representa nossas escolhas e faz parte de nosso capital visual; adapte-se ao perfil da empresa: escritórios de advocacia são mais formais, enquanto agência de publicidade tem menor exigência de uma roupa dita profissional; roupas boas, sem exageros e de tamanho correto fazem a diferença em sua aceitação; limpeza no que você veste é considerada condição básica em qualquer empresa

Fator 4. Expressão de Autoestima

Autoestima refere-se à valoração geral que fazemos de nós mesmos, de tudo que é motivo de orgulho para nós, considerando nossas competências, habilidades e limitações. Essa palavra vem do grego *auto* e significa a si mesmo e do verbo em latim *aestimare*, que significa valorizar, ou seja, autoestima é como você se valoriza.

A autoestima é uma atitude interna que compõe a base de nossa personalidade, estudada por diversas disciplinas e sem um consenso sobre sua definição, componentes e formação. Autoestima mostra respeito pelos esforços empregados, aceitação de sua história e confiança de que está contribuindo com o seu melhor. Várias teorias procuram explicar como ela se desenvolve, havendo concordância de que existem interferências genéticas, educacionais, sociais, psicológicas, étnicas e de gênero.[16,17] Nesse capítulo, vamo-nos ater à expressão da autoestima como um dos cinco fatores de sucesso na comunicação profissional, que é o foco desse livro.

Quando nossa autoestima é elevada de modo saudável, vemo-nos como merecedores do reconhecimento dos outros. Não somente valorizamos nossas ideias e opiniões, mas percebemos que os outros também as valorizam. Uma boa autoestima impacta positivamente nossas vidas pessoal e profissional, impelindo-nos a conquistar sonhos, com metas definidas. Todos gostamos de conversar com pessoas de elevada autoestima: é prazeroso, inspira, motiva e libera dopamina, que é o hormônio do prazer. Pessoas com elevada autoestima são atraentes para os ouvintes, geralmente falantes interessantes, confiantes em suas afirmações (inclusive deixam claro quando não sabem algo, sem tentar "enrolar" o outro), fazem autocrítica e dão *feedback* adequado, usam a mentalidade de crescimento, ou seja, sabem que podem melhorar, quando ainda não dominam algum tema ou atividade, são mais realistas quanto a si mesmo e aos outros, têm relacionamentos mais estáveis e recuperam-se com mais facilidade das adversidades da vida, ou seja, são mais resilientes. A comunicação de quem tem autoestima elevada e saudável tende a ser assertiva, com uma voz mais alegre, expressão facial aberta e discurso atraente.

Por sua vez, pessoas com baixa autoestima nem sempre são agradáveis nas conversas, o que pode causar problemas sociais; focam em suas falhas e limitações, usam a mentalidade fixa, ou seja, não acreditam que podem melhorar, cometem erros, desvalorizando suas próprias capacidades, ideias e opiniões. Pessoas com baixa autoestima sentem-se mais vulneráveis e acreditam que podem sofrer muitos problemas. Eventos estressantes e estigmatização estão muitas vezes na base de uma autoestima rebaixada. Essas pessoas podem ter depressão (uma associação reconhecida há décadas), ideação suicida, estratégias ineficazes de enfrentamento de problemas, sentimentos de solidão e desesperança.[18] A comunicação de indivíduo com baixa autoestima tende a ser limitada, com voz baixa e pouco apelo emocional, caracterizada por linearidade na fala e expressividade facial restrita; pode ainda haver frases longas, cheias de pausas, discurso de vítima e expressão facial triste.

Finalmente, também encontramos pessoas com autoestima exagerada, superinflada e, embora isso dê ao indivíduo autoconfiança, ele dificilmente se enxerga de modo real, apresentando uma noção distorcida da realidade. Esses indivíduos sentem-se superiores aos outros, veem-se como privilegiados e superpoderosos, não escutam os outros, não aceitam críticas, sugestões ou *feedbacks*, acham que estão sempre certos, o que não contribui para que corrijam seus erros, podendo demonstrar uma atitude egoísta e de desrespeito aos outros. São motivo de imitação pelos outros, que fazem caricatura de sua comunicação, com uma fala exagerada, expressões faciais teatrais e uso excessivo de recursos de retórica. Como os indivíduos com autoestima baixa, pessoas com autoestima superinflada também podem ter problemas sociais.

Um trabalho de autoconhecimento contribui para ajustar a autoestima, que é uma das colunas mestres da inteligência emocional, contudo, situações de baixa ou exagerada autoavaliação exigem tratamento psicológico e são comumente relacionadas a outros quadros, como depressão e ansiedade.[19] Um exercício para monitorar sua autoestima é escrever, ao final do dia, por um período mínimo de um mês, três coisas que você fez e se destacaram naquele dia, refletindo se elas espelham o seu melhor e se estão alinhadas com seus valores. Podem ser coisas simples, como telefonar a um amigo doente, dar atenção a um novo estagiário e concluir um relatório de andamento de um projeto antes do tempo. Se esses três destaques não forem considerados positivos, reveja suas ações, os motivos relacionados a elas e tome uma atitude.

Fator 5. Atitude de Resolução de Problemas

Demonstrar atitude de resolução de problemas é diferente de querer resolver tudo o que lhe aparece ou é colocado a sua frente. Posições operacionais, como de supervisão, geralmente envolvem o fazer de uma organização, seja relacionado a um produto ou a um serviço, o que varia de acordo com a empresa ou unidade de negócio. Geralmente é o setor que mais diretamente se comunica com o cliente, que atende as demandas do dia a dia, ou de curtos períodos e garante que os esforços investidos pelos outros setores são vistos como valor para quem compra o produto ou serviço, utilizando métodos, processos e sistemas. Posições táticas, de gerência, ou estratégicas, de alta gestão, pesam mais no médio e longo prazos, respectivamente, com a diferença que as posições táticas se direcionam, mais especificamente, às unidades de negócios e às estratégicas à empresa como um todo, considerando-se uma visão holística que também inclui o que acontece no mundo.

Independentemente de você ocupar uma posição operacional, tática ou estratégica, a atitude de resolução de problemas vai fazer com que você se destaque em seu grupo. Atitude de resolução de problemas é a responsabilidade diária de sua função na empresa. Responsabilidade vem do latim *respondere* e reflete a condição ou qualidade de ser responsável e de dar ao outro uma resposta à sua questão ou problema. Responsabilidade implica ter consciência do que se faz e responder moralmente por seus compromissos. Pessoas sem atitude de responsabilidade podem ser vistas como tendo baixa motivação e com a tendência de atribuir aos outros ou a situações fora de seu controle os motivos de não serem bem-sucedidas.

Frases como: "Ah... isso não é comigo.", "Não tenho nada a ver com isso.", "Não é meu problema." ou "Isso sempre foi feito assim." são frases incompatíveis com uma postura profissional e revelam falta de engajamento, de espírito de equipe, de desinteresse ou de falta de vontade de progredir. Quando algo lhe for solicitado ou um problema apresentado, se não estiver em seu escopo e não puder ajudar quem lhe pede, avise que vai direcionar a demanda para uma pessoa que possa melhor atendê-la e, quando possível, verifique se o assunto foi resolvido.

O uso de habilidades proativas e reativas é essencial para a atitude de resolução de problemas. Isso implica analisar elementos factuais que possam exigir atenção, reunir dados, gerar alternativas, tomar decisões conscientemente, usando a intuição e avaliando o impacto sobre as pessoas. A intuição é um aspecto importante, pois define pessoas que fazem predições; não é uma habilidade de sexto sentido, a respeito de qualquer tema, concedida por um poder superior, um dom especial presenteado a algumas pessoas, mas o resultado de anos de análise continuada sobre um tema específico. Desta forma, intuição é habilidade de gente madura e em geral é produto de uma resposta rápida, feita pelo sistema cerebral 1, automático, econômico e quase sem consciência, como acontece com engenheiros quando olham tabelas de dados, médicos radiologistas, quando analisam imagem de ressonância magnética, e enxadristas, quando anteveem quais as possibilidades de jogo do opositor antes de fazer uma movimentação. Em outras situações, avaliações intuitivas envolvem uma combinação de intuição e análise, o que requer a ativação do sistema 2, cérebro executivo, laborioso, com alto dispêndio energético, pois envolve funções cognitivas como priorizar o que é mais importante, analisar possibilidades e fazer predições com base na realidade, buscando reduzir a possibilidade de interferência de vieses de julgamento. O sistema 1 é responsável pela maior parte do que fazemos, certo ou errado, enquanto o sistema 2 é responsável por quem nós pensamos que somos.[20] Comunicadores com atitude de resolução de problemas usam o sistema 1 com propriedade e sabem que quando a situação é mais delicada, desconhecida ou complexa, devem ativar o sistema 2.

Portanto, a atitude de resolução de problemas envolve a forma como buscamos informações e tomamos decisões. Quando as decisões são pouco complexas, rotineiras e sem ambiguidade, o sistema 1 vai dar conta, a resolução é rápida, e isso ativa as áreas de recompensa do cérebro, uma vez que nos sentimos eficientes e satisfeitos com os resultados. Quando as decisões são complexas, ambíguas e visivelmente sujeitas a erros, as pessoas com atitude de resolução de problemas sabem que devem engatar o uso do sistema 2 para avaliar melhor a situação, usando análises lineares ou não, e não se intimidam em pedir ajuda ou até endereçar a questão para outra pessoa encontrar a melhor solução.

Os cinco fatores de sucesso na comunicação foram aqui apresentados em itens por uma simplificação didática, mas eles operam em conjunto na apresentação do indivíduo. Percebemos esses fatores como uma impressão global que se forma sobre quem fala, essa percepção transforma-se em avaliação em menos de 3 minutos de interação. Investir para equilibrar esses fatores deve ser feito quando eles não se manifestam naturalmente com sua maturidade.

VÍDEOS RECOMENDADOS

10 ways to have a better conversation
TEDxCreativeCoast de Celeste Headle com dicas sobre desenvolver uma boa conversação, por uma escritora e radialista.
https://www.youtube.com/watch?v=H6n3iNh4XLI

How to speak so that people want to listen
TED Talk de Julian Treasure sobre como falar para ser ouvido, do ponto de vista de conteúdo e forma.
https://www.youtube.com/watch?v=eIho2S0ZahI

Talk nerdy to me
TED Talk de Melissa Marshall com dicas sobre como apresentar ideias complexas para o público em geral.
https://www.youtube.com/watch?v=y66YKWz_sf0

REFERÊNCIAS BIBLIOGRÁFICAS

1. Goldman BM, Kernis MH. The role of authenticity in healthy psychological functioning and subjective well-being. Annals of the American Psychotherapy Association. 2002; 5(6):18-20.
2. Wood AM, Linley PA, Maltby J, Baliousis M, Joseph S. The authentic personality: A theoretical and empirical conceptualization and the development of the Authenticity Scale. Journal of Counseling Psychology. 2008; 55(3): 385. https://doi.org/10.1037/0022-0167.55.3.385.
3. Dweck C. Mindset: a nova psicologia do sucesso. Rio de Janeiro: Objetiva. 2017.
4. Brown, B. A coragem de ser imperfeito. Rio de Janeiro: Sextante. 2016.
5. Zak PJ, Winn B. The neuroscience of trust. People and Strategy, 2014;37(2):14-17.
6. Zak PJ. The neuroscience of trust. Harvard business review. 2017; 95(1):84-90.
7. Gordon E. Integrative neuroscience: Bringing together biological, psychological and clinical models of the human brain. Flórida: CRC Press. 2000.
8. Barrett LF. Seven and a Half Lessons about the Brain. Boston: Houghton Mifflin Harcourt. 2020.

9. Seto E, Schlegel RJ. Becoming your true self: Perceptions of authenticity across the lifespan. Self and Identity. 2018; *17*(3):310-26. https://doi.org/10.1080/15298868.2017.1322530.
10. Behlau MS. Teste de Estilos de Comunicação.1997. Recuperado em março, 2022, de www.cevbr.com.
11. Bolton R, Bolton DG. Social style/management style: Developing productive work relationships. Rio de Janeiro: Amacom. 1984.
12. Kilmann RH, Thomas KW. Developing a forced-choice measure of conflict-handling behavior: The" MODE" instrument. Educational and psychological measuremen. 1977; *37(2)*:309-25. https://doi.org/10.1177/001316447703700204.
13. Myers IB, Myers PB. Ser humano é ser diferente: valorizando as pessoas por seus dons especiais. São Paulo: Editora Gente. 1997.
14. Behlau MS. Teste de Apresentação de Gênero na Comunicação - AGECO. 2002. Recuperado em março, 2022, de www.cevbr.com.
15. Penteado JRW. A técnica da comunicação humana. 6. ed. São Paulo: Pioneira. 1977.
16. Owens TJ, Stryker S, Goodman N. Estending self-esteem theory and research: Sociological and psychological currents. New York: Cambridge University Press. 2006.
17. Mruk CJ. Self-esteem research, theory, and practice: Toward a positive psychology of self-esteem. 3. ed. New York: Springer Publishing Company. 2006.
18. Castro NBL, Lopes MVO, Monteiro ARM. Low Chronic Self-Esteem and Low Situational Self-Esteem: a literature review. Revista Brasileira de Enfermagem. 2020; *73*(1). https://doi.org/10.1590/0034-7167-2018-0004.
19. Sowislo JF, Orth U. Does low self-esteem predict depression and anxiety? A meta-analysis of longitudinal studies. Psychological bulletin. 2013; 139(1):213-40. https://doi.org/10.1037/a0028931.
20. Kahneman D. Rápido e Devagar – duas formas de pensar. Rio de Janeiro: Objetiva. 2011. p. 607.

COMPETÊNCIA NA COMUNICAÇÃO: FALA E ESCUTA

A palavra competência vem do latim *competere* e quer dizer aptidão para executar alguma tarefa ou função. Portanto, competência na comunicação refere-se ao domínio das habilidades necessárias para garantir a transmissão e a recepção do fluxo de mensagens, com o controle de dois processos, falar e escutar.

O ato da comunicação envolve uma enorme quantidade de situações, dentre as quais destacamos: trocar informações, apresentar ideias, expressar sentimentos, dar instruções, compreender e trabalhar com colegas de profissão, motivar um time, confortar pessoas, inspirar colegas e comunicar decisões.

Os seres humanos nascem com o cérebro formatado para se comunicar, e essa habilidade se desenvolve ao longo de toda a vida. Contudo, como foi explorado anteriormente, competência na comunicação, principalmente no mundo das organizações, é uma habilidade que exige atenção, treino e constante aprimoramento, pelos diversos desafios apresentados no mundo moderno, como o uso de meios eletrônicos. Ter atitude comunicativa é a base dessa competência, em que a fala e a escuta são dois grandes aspectos complementares e interdependentes, duas faces de uma mesma moeda, que não devem ser vistas de forma separada, mas integradas com o propósito de desenvolver pessoas.

Convidamos você a fazer uma autoavaliação de diversos aspectos envolvidos na competência na comunicação, que serão explorados com detalhes nesse capítulo.

AUTOAVALIAÇÃO: COMPETÊNCIA NA COMUNICAÇÃO

As seguintes questões relacionam-se com vários aspectos de fala e escuta. Leia atentamente cada uma delas e indique se você apresenta ou não esses comportamentos de comunicação.

Teste de Autoavaliação da Competência na Comunicação (TACCom)[1]		
1. Você consegue captar e manter a atenção do ouvinte?	Sim	Não
2. Sua voz é boa e expressiva?	Sim	Não
3. Você fala claro, com boa dicção?	Sim	Não
4. Você acha fácil influenciar os outros com sua comunicação?	Sim	Não
5. As pessoas lembram o que você disse?	Sim	Não
6. Os outros deixam você falar, sem interrompê-lo?	Sim	Não
7. Você aproveita as oportunidades de comunicação?	Sim	Não
8. Os outros aceitam suas sugestões, críticas ou *feedbacks* (opinião sua sobre os outros)?	Sim	Não
9. Você usa a comunicação como parte do seu *marketing* pessoal?	Sim	Não
10. Você deixa o outro falar sem interrompê-lo?	Sim	Não
11. Você presta atenção nas mensagens verbal e não verbal do que é dito (voz, linguagem corporal e gestos)?	Sim	Não
12. Você assume o que diz?	Sim	Não
13. Você focaliza a atenção no interlocutor, evitando ouvir conversas paralelas?	Sim	Não
14. Você mantém a atenção no discurso do outro, evitando distrair-se com seus próprios pensamentos?	Sim	Não
15. Você responde diretamente ao que é perguntado, sem rodeios?	Sim	Não
16. Você mostra interesse no que está sendo dito, por meio do olhar, postura ou sinais de apoio e aprovação?	Sim	Não
17. Você repete os pontos importantes do que foi dito para se certificar que compreendeu bem?	Sim	Não
18. Você procura memorizar fatos importantes e características do interlocutor?	Sim	Não
19. Você recebe bem críticas, sugestões ou *feedbacks* (opinião dos outros sobre você)?	Sim	Não

COMO COMPREENDER SEUS RESULTADOS

As questões exploram aspectos de fala e escuta, sendo as nove primeiras relacionadas com componentes da transmissão da mensagem (fala), e as dez seguintes à sua recepção (escuta). As questões de fala envolvem aspectos formais, como voz e dicção, mas também comportamentais, como saber influenciar os outros e aproveitar as oportunidades de comunicação. Por sua vez, as questões de escuta envolvem a atenção e interesse em todos os dados oferecidos pelo falante, além de aspectos comportamentais, como usar respostas diretas e assumir o que disse. Embora essas duas dimensões não sejam fatores independentes na comunicação, é útil compreender em qual delas você deve direcionar mais esforços para melhoria. Pela importância da escuta como terreno sobre o qual a arquitetura estrutural da comunicação se constrói, os diferentes tipos de escuta e um teste de autoavaliação de seu rendimento neles serão posteriormente explorados (Veja Capítulo 5).

Profissionais em posição de destaque e já com a carreira desenvolvida apresentam um escore de 15 ou mais respostas "sim", podendo-se usar esse valor como referência para a análise do seu desempenho. Ao responder o questionário, se o seu escore foi menor do que 15 pontos, vale a pena refletir sobre os itens assinalados com "não", para verificar o impacto que eles possam estar tendo na sua carreira. Valores baixos podem também indicar que o respondente está começando sua carreira ou ocupa posições operacionais em que a comunicação não é o foco do trabalho. Além disso, tais valores podem ainda indicar elevada autocrítica.

Suas respostas ao TACCom, uma ferramenta simples de autoavaliação da comunicação, permitem que você identifique oportunidades de melhoria para seu desenvolvimento pessoal e profissional.[1] Esse instrumento foi desenvolvido a partir de entrevistas simuladas de recontratação de executivos em posições hierárquicas superiores e tinham por função identificar os principais fatores contribuintes para o sucesso da comunicação.

Embora comunicação não seja uma habilidade requerida nas posições iniciais da maioria das carreiras, que exigem domínio técnico e operacional, ela passa a ser crucial na progressão das carreiras e se torna essencial nos cargos de gestão. Ela é frequentemente incluída nas chamadas *"soft skills"*, junto a outras habilidades comportamentais, porém, ela merece ser apresentada como uma *"essential skill"*, já que sua falta ou inadequação são frequentemente apontadas como motivos de demissão ou estagnação no desenvolvimento profissional. A aplicação do teste, criado em 2002, indicou que os profissionais em altos cargos têm consciência sobre como usam sua comunicação. Eles responderam afirmativamente à maioria das questões do TACCom e referiram ter desenvolvido essa competência de forma intuitiva, por treinamento formal, ajuda especializada ou por aprendizado implícito ao longo de suas carreiras. Eles têm a consciência do que comunicam, quando se comunicam.

Como o TACCom é um instrumento de autopercepção, suas respostas podem não ser validadas pelos outros. Assim, é importante que você compare sua autoavaliação com a opinião de uma ou mais pessoas criteriosas, que possam fazer uma avaliação sincera sobre seus aspectos de fala e escuta. Desta forma você poderá ter um conhecimento mais claro de qual é a percepção que os outros têm sobre sua comunicação e ajustar o que for preciso.

A seguir apresentamos comentários sobre cada uma das 19 questões para você analisar quais aspectos precisa priorizar em seu desenvolvimento. Tenha suas respostas em mãos para explorar melhor o significado de cada questão e entender as estratégias para melhorar suas habilidades de comunicação.

QUESTÕES SOBRE FALA

1. **Captar e manter a atenção do ouvinte:** conseguir ser o foco de atenção do outro é essencial para ter sucesso na transmissão da mensagem. Inicialmente, podemos captar a atenção do outro por algo positivo ou negativo em nossa comunicação, mas evidentemente, queremos que bons motivos sejam a razão do outro prestar atenção em nós. Cuidar da imagem comunicativa, deixar claro que se preparou para a situação, valorizar a atenção de quem o escuta e oferecer uma mensagem clara e interessante são condições importantes para que o outro processe o que você está dizendo, rebaixando o interesse em todos os outros estímulos do ambiente. Empregar técnicas para que os ouvintes se concentrem em você, quando fala, é um grande desafio no mundo de hoje, saturado de informações e estímulos.[2] Bons líderes têm facilidade de captar e manter a atenção sobre si, fazendo valer o tempo e a atenção que damos ao ouvi-los.
   - **Motivos para ter respondido "não" a essa questão:** dentre os principais, destacamos não se preparar, falar baixo e com problemas de dicção, não valorizar o outro, ter uma comunicação monótona, prolixa ou sem expressividade, não olhar para seu interlocutor ou ainda passar a impressão de que decorou o que está falando e está em automatismo verbal. Mude seus hábitos de comunicação, prepare-se antecipadamente, busque conhecer seu interlocutor, identifique os principais elementos que podem engajar a atenção do ouvinte, faça pausas estratégicas para permitir que o outro capte sua mensagem e, principalmente, entenda que a comunicação profissional depende de treinamento.

2. **Ter voz boa e expressiva:** uma qualidade vocal agradável, uma modulação expressiva da voz e destacar os principais elementos do discurso são fatores de engajamento na comunicação. Vozes mais graves, tanto para homens, como para mulheres, passam mais maturidade, confiança, controle e autoridade, sendo preferidas para cargos de liderança, pois as pessoas são percebidas como sendo mais dominantes, portadoras de melhores atributos físicos e com maior poder social.[3] O som da voz carrega e envolve as palavras, dando a elas um significado emocional adicional. Nossa voz transmite dados de saúde física, traços de personalidade e situação emocional no presente, além de aspectos sociais e educacionais. Usando uma analogia, a voz é um sumário que apresenta os capítulos sobre quem somos. A voz é móvel, responde automaticamente aos estímulos do ambiente e da nossa mente, sendo difícil disfarçar com ela uma sensação ou sentimento forte que aflore durante uma fala. Porém, se a voz chama a atenção por ser constantemente desagradável, rouca, muito aguda (fina) ou grave (grossa), fraca ou forte demais, apertada na garganta, com excesso de ressonância nasal (*anasalada* na linguagem popular), monótona ou irregular, o ouvinte pode focar sua atenção no som da voz e não no que você diz, o que compromete a transmissão da mensagem.
   - **Motivos para ter respondido "não" a essa questão:** algumas vezes as pessoas não gostam de suas vozes, sem um motivo em especial; outras vezes pode existir algum problema físico na laringe (tubo no pescoço que contém as pregas vocais, geralmente chamadas de cordas vocais); pode ser que a técnica vocal seja limitada e falha para o uso profissional da voz; ou o falante procura imitar uma voz que não é a sua, o que

passa a impressão de falta de autenticidade. Nossa voz desenvolve-se ao longo da vida, acompanha todas as nossas fases, ela amadurece e envelhece. Ela é o resultado do "equipamento" anatômico que herdamos; da forma, do tempo e da intensidade do uso da voz; e dos modelos que absorvemos do ambiente em que vivemos. Problemas vocais podem ser tratados com diversos recursos, como tratamento fonoaudiológico (orientação e exercícios), medicamentos ou cirurgias. Se você acha que há algo de errado com sua voz, consulte um especialista para ter um diagnóstico e a indicação de qual é a conduta ideal para seu caso. Uma voz agradável, que representa quem fala quanto ao sexo, gênero, idade, saúde e profissão é um elemento de aceitação muito importante na interação social e facilita a transmissão da mensagem.

3. **Falar claro, com boa dicção:** uma articulação correta dos sons da fala auxilia a compreensão da mensagem e passa a impressão de um pensamento claro, além da preocupação do falante em ser entendido por quem o ouve. A dicção reflete como é feito o complexo processo de articulação dos sons da fala, que emprega quase uma centena de músculos em uma coordenação impressionante. Uma boa dicção transmite a impressão de clareza de ideias, mesmo que as ideias não sejam tão claras para quem fala. Uma dicção relaxada e pobremente realizada, com sons parcialmente produzidos, passa desleixo ou falta de preparo, mesmo que você tenha um título de doutor em seu currículo. Portanto, capriche na pronúncia correta dos sons das palavras.
   - **Motivos para ter respondido "não" a essa questão:** vícios de fala, modelo inadequado de comunicação, problemas nos dentes e na oclusão dentária, além de desequilíbrio na chamada musculatura fonoarticulatória (músculos dos lábios, boca, língua e garganta) são algumas das razões para dificuldades de dicção. Se você avalia que sua dicção não é boa, procure um fonoaudiólogo para um diagnóstico especializado. A dicção pode ser melhorada com exercícios e, em alguns casos, com tratamentos combinados de fonoterapia e ortodontia. O importante é que, de modo geral, é sempre possível obter melhoras significativas que o ajudem a manter a integridade da mensagem que você quer passar, o que aumenta sua credibilidade no discurso. Os regionalismos, que correspondem aos modos de falar de diversas regiões de um país, popularmente chamados de sotaque, não devem ser eliminados, a menos que você seja um ator ou uma atriz e precise controlá-los. Porém, dependendo dos públicos de interesse, sua fala pode chamar a atenção desnecessariamente e precisar de um treinamento fonoaudiológico ou de um professor de oratória para suavizar essa marca de expressão verbal.

4. **Influenciar os outros com sua comunicação:** comunicar é tornar comum ideias, pensamentos e sentimentos e envolve fazer com que os outros reflitam e revejam suas posições; ser agradável, mostrar conhecimento, trazer fatos, como argumentos, esclarecer o impacto de suas afirmações e, sempre que possível, envolver o outro no discurso faz com que as interações que exigem convencimento sejam facilitadas.[4] Um dos principais objetivos da comunicação é exatamente influenciar os outros. Todos influenciamos e somos influenciados, em maior ou menor grau pelas pessoas com quem nos relacionamos (conscientes ou não deste fato). Para os bons falantes, influenciar com a comunicação é quase uma habilidade natural, desenvolvida de forma intuitiva, mas que pode ser exercitada conscientemente. Influenciar não é difícil, embora requeira preparo, podendo ser trabalhoso.

- **Motivos para ter respondido "não" a essa questão:** dentre os muitos motivos destacam-se o medo de se expor e dar opiniões, preferir não se posicionar para não criar inimizades, ter receio da avaliação do outro, ser inexperiente na comunicação, não saber quem são seus interlocutores, ser inseguro quanto aos seus conhecimentos. Persuasão pode ser desenvolvida pela aplicação dos princípios para influenciar os outros (Veja Capítulo 9),[4] pelo hábito de fazer leituras sobre temas diversos, pela troca de ideias com diferentes pessoas e pela busca de diferentes perspectivas sobre uma mesma informação. Pode ser necessário, ainda, refletir sobre possíveis inseguranças ou gatilhos emocionais que fazem com que você não se posicione para evitar confrontos. Arrisque-se de forma controlada e elegante, dê opiniões e pergunte as dos outros, reavaliando suas posições. Bons comunicadores e líderes em topo de carreira não hesitam para responder "sim" nessa questão, pois têm certeza do poder de influenciar os outros com o que dizem e sabem que a persuasão é empregada em mais de 50% de suas conversas no dia a dia.

5. **Ter o que disse lembrado pelos outros**: ter presença e impacto suficiente para que a essência do que você disse seja lembrada pelo outro é uma mescla de construção habilidosa da fala com uma boa seleção de vocabulário, além de expressividade vocal para destacar o que é realmente importante de ser lembrado. Alguns indivíduos sabem o que dizer, da forma certa, na hora certa e no contexto adequado para que a comunicação se transforme em memória positiva. Todos lembramos de frases, comentários, dicas ou observações que ouvimos e que nos fizeram refletir, mudar comportamentos ou tomar outra direção em nossas vidas. Pessoas que são lembradas positivamente pelo que disseram preocupam-se com a forma e com o conteúdo da comunicação e esperam o momento certo para fazer comentários poderosos. Isso também requer o desenvolvimento de regulação emocional.
   - **Motivos para ter respondido "não" a essa questão**: falar baixo e com um tom monótono, sem modular a voz, pode ser insuficiente para destacar suas ideias. Ser prolixo também é uma razão para que sua comunicação seja descartada e você seja lembrado apenas por falar demais. Não se preparar antecipadamente, principalmente quando a situação é mais desafiadora. Exponha-se de modo estratégico, reflita sobre qual é o objetivo de sua comunicação, qual a ideia central que quer destacar e aproveite os momentos que beneficiam suas ideias, repetindo o que é importante. Faça pequenas pausas entre as frases mais importantes, repita palavras-chave de sua apresentação e use metáforas (o cérebro adora!). Não abra diversas linhas de raciocínio, para não perder a atenção do outro (prolixidade "árvore"). Treine para desenvolver sua assertividade (Veja Capítulo 8).

6. **Falar sem ser interrompido:** uma coisa é a mudança de turno numa conversa entre duas ou mais pessoas, que ora se colocam na posição de ouvinte, ora na de falante, fazendo perguntas, pedindo confirmação de entendimento e mostrando apoio a quem fala. Outra coisa é não conseguir terminar suas frases e nem concluir o fluxo das ideias, por ser frequentemente cortado enquanto fala. A interrupção dos outros durante a comunicação tem recebido muita atenção nos círculos científicos, profissionais e sociais, incluindo a criação de um neologismo, "*manterrupting*" (unindo "*man*" - "homem" com "*interrupting*" - "interrupção"), que indica o hábito de muitos homens de interromper, desnecessariamente, a fala das mulheres.[5] Entretanto, vale notar que as mulheres são interrompidas tanto por homens, quanto por outras mulheres, e este

aspecto da comunicação profissional serve como informação indireta sobre o quanto o orador é respeitado e se sente ouvido.[6] Analise como você lida com o tempo de fala nas conversas e com as mudanças de turno de falantes. Reflita sobre o quanto seria conveniente falar, principalmente em situações mais formais; filtre o que é fundamental e dose o impacto de suas afirmações, sobretudo a respeito de temas controversos, como, por exemplo, política, religião, aborto e eutanásia. Aprenda que quem define a quantidade de detalhes em uma fala é o ouvinte e não o falante.

- **Motivos para ter respondido "não" a essa questão:** são inúmeros os fatores que levam os outros a interromper quem fala, como, por exemplo: prolixidade; frases confusas, com várias linhas de raciocínio abertas; opiniões fortes apresentadas como verdades absolutas; hábito de polemizar; informações vagas; e uso de pausas preenchidas (com "Ahn" ou variantes). Algumas vezes a verborragia é usada como forma de controle em uma situação, mantendo-se a palavra por muito tempo e evitando que o outro entre no discurso, falando quase sem respirar. Se essa for a razão pela qual você é frequentemente interrompido, busque estratégias mais eficientes para evitar esse desconforto. Desenvolver a assertividade é fundamental para garantir a transmissão completa de sua mensagem (Veja Capítulo 8). Se você sofrer de "*manterrupting*" ou viver em um ambiente onde isso é um hábito, sinalize o ocorrido de modo direto para coibir essa prática inapropriada.

7. **Aproveitar as oportunidades de comunicação**: bons comunicadores têm a percepção de que as oportunidades de comunicação são situações valiosas de visibilidade e de se fazer presente na memória dos outros. Desta forma, participam ativamente de discussões, oferecem-se para tarefas voluntárias e pedem *feedback* aos outros, a fim de avaliarem como estão indo na interação. Além disso, não deixam de reconhecer o interlocutor quando aconteceu algo positivo, uma conquista foi obtida ou ocorreu um evento marcante, como casamento, nascimento de filho, premiação ou promoção de carreira. Com isso, conseguem se destacar em um grupo, alavancar sua imagem e aumentar sua zona de influência. Ao aproveitar as oportunidades de comunicação, você mostra disponibilidade e colaboração, enriquecendo a rede de relacionamentos por situações compartilhadas.
   - **Motivos para ter respondido "não" a essa questão:** as principais razões para perder as oportunidades de comunicação são: timidez, insegurança, medo ou preguiça de se expor, sobrecarga de trabalho, estresse, não querer se envolver em novos projetos e não perceber o que essas oportunidades podem fazer por você, pela sua imagem e pela sua carreira. Busque ativamente participar de grupos relacionados com seu trabalho ou com temas de seu interesse, ofereça-se como voluntário para tarefas extras e pense estrategicamente nas possibilidades de ser mais visível e, portanto, mais lembrado. Grupos com propósitos específicos, como de diversidade na empresa, liderança feminina e representatividade LGBTQIAP+, são ótimas opções, mas também valem as simples oportunidades oferecidas nas situações de ajudar a preparar uma confraternização, escolher um presente para uma colega que vai ter um filho ou que será expatriada. Identifique os motivos que impedem você de se expor e trabalhe sobre eles, se necessário.

8. **Ter suas sugestões, críticas ou *feedbacks* aceitos**: qualquer tipo de opinião sobre o outro é potencialmente uma situação de julgamento, que pode disparar sensações de estar sendo desqualificado. Contudo, dar sugestões, opiniões e *feedbacks* faz parte do

mundo corporativo, e esses contextos de comunicação devem ser considerados tão importantes como dar instruções para o desenvolvimento de um projeto ou oferecer dados para uma tomada de decisão. De modo simplificado, nosso cérebro é formatado para criticar e, com raras exceções, críticas saem como um movimento natural de nossas bocas em continuidade ao que percebemos e julgamos. Quando criticamos o outro, destacamos algo que vemos como ruim, negativo ou depreciativo e, com isso, nos colocamos em uma posição superior e nos sentimos mais seguros. Dificilmente as pessoas reagem bem às críticas, pois na maioria das vezes as recebem como algo pessoal, com grande chance de quem ouve retrucar em uma "fala bumerangue". Saber dar *feedbacks*, sugestões e fazer críticas requer ajustes na linguagem, coerência, fundamentação e elegância ao falar. A seleção das palavras é essencial e exige avaliar um aspecto e considerar alternativas, que muitas vezes não são vistas como viáveis pelo outro. Deixe claro logo de cara que seu objetivo é explorar a qualidade do pensamento de quem o ouve. Para tanto, faça perguntas, busque compreender a situação e ofereça sugestões específicas para melhorar o rendimento do outro ou solucionar problemas, de modo generoso. Por sua vez, o *feedback* é uma comunicação específica, em que informamos, descritivamente, como as atitudes de uma pessoa nos afetam ou afetam um grupo. *Feedback* é falar sobre fatos, eventos, situações reais e concretas e não sobre pessoas. Assim, dar *feedback* é uma arte, um diferencial de comunicação, que deve ser desenvolvido e valorizado, pois enriquece as relações e caracteriza os ótimos falantes, líderes reconhecidos e pessoas inspiradoras.

- **Motivos para ter respondido "não" a essa questão:** algumas das principais causas de não ter suas críticas, sugestões e *feedbacks* aceitos são: uso de uma linguagem muito dura, escolha de palavras fortes e até agressivas, ter dificuldades para separar pessoas de problemas, falar sem autorregulação emocional apenas para se ver livre da ansiedade da situação, fazer julgamentos precipitados e/ou inferências sem confirmações, constranger o outro em público e não identificar a hora certa de fazer um comentário. Bons falantes respondem "sim" nessa questão, sem hesitar, pois, sabem as diferenças entre sugestões, críticas e *feedbacks* e escolhem, conscientemente, a forma de comunicação mais adequada. Para tanto, organizam seu discurso com cuidado para dar uma devolutiva sobre atitudes ou fatos, principalmente se for algo negativo; algumas pessoas escrevem os principais elementos da conversa, em um roteiro lógico, buscando fatos para ilustrar e facilitar a compreensão do outro e, assim, valorizar seus comentários. Qualquer afirmação desprovida de fatos é apenas uma impressão, e seu valor fica reduzido. Por exemplo, dizer a um colaborador: "Eu acho que você está desinteressado de seu trabalho" é apenas uma impressão vaga que inclui um julgamento sem base. Uma alternativa seria dizer: "Você faltou à última reunião, atrasou a entrega do relatório e não participou da comemoração do retorno ao trabalho no escritório. Você poderia me dizer algo sobre isso?" Com essa alternativa, você abre os canais de comunicação e imediatamente coloca-se no lugar de ouvinte, com uma escuta consciente provavelmente de natureza avaliadora (Veja Capítulo 5). Você poderá obter informações importantes, evitando suposições errôneas e conflitos futuros. Isso lhe dará mais suporte às suas próximas ações que podem ser desde esclarecer suas expectativas sobre o comportamento do outro, alinhar objetivos ou necessidades e corrigir possíveis desvios de percurso entre outras possibilidades. Aprenda ainda a dar *feedbacks* positivos, ressaltando o que foi feito bem, no dia a dia da empresa, pois isso engaja as pessoas. Especifique o que está reconhecendo como positivo, em vez de dizer apenas "Bom trabalho." ou "Está ótimo." e "Gostei", qualifique com o que merece ser destacado e, quando possível, qual o resultado alcançado: "Que boa essa nova forma de apresentar os dados, facilita a compreensão", "Gostei de ter recebido o projeto antes do prazo acordado", "Que ótima estratégia ter chamado os *trainees* para darem sua opinião sobre essa nova campanha." Ao qualificar o ocorrido, o outro recebe a informação do que foi positivo e deve continuar a fazer e do que foi negativo e deve evitar.

9. **Usar a comunicação como parte do seu *marketing* pessoal:** a comunicação está diretamente relacionada a como os outros percebem sua presença. A marca pessoal vai se formando ao longo da vida e é facilmente identificável em pessoas maduras, sendo reconhecida independentemente de um cargo, função ou da divulgação de conquistas obtidas. Já ações de *marketing* pessoal são movimentos na comunicação, com os quais os indivíduos destacam suas principais características pessoais e profissionais, que assim podem ser mais bem percebidas e valorizadas pelo outro. Dosar o que dizer sobre si mesmo, expondo o contexto, a situação e valorizando os envolvidos é uma alavanca poderosa para se destacar da massa de pessoas. A comunicação é tradicionalmente reconhecida como um dos ingredientes mais fortes do *marketing* pessoal.[7] *Marketing* pessoal não é propaganda enganosa e nem exagerada, é uma estratégia para produzir uma boa percepção sobre si mesmo, a partir de seus pontos positivos. Gostamos de conhecer e falar com indivíduos que têm autoestima elevada e se apresentam como a solução dos problemas. A comunicação oral é uma das estratégias mais importantes para fazer *marketing* saudável, elegante e propulsor da carreira. Fale sobre suas conquistas, sobre os cursos que fez, as empresas em que trabalhou, sobre as pessoas que conhece. Além de o *marketing* pessoal ter o poder de ser um diferencial competitivo, ele influencia positivamente a força dos argumentos e a eficácia da comunicação pessoal.[8] Há, porém, um limite tênue entre *marketing* pessoal e autoelogio, sendo este último malrecebido, aumentando a rejeição do falante por ser sinal de vaidade em excesso, prepotência e superioridade. No Capítulo 12 você terá a oportunidade de avaliar sua habilidade de formar uma boa imagem e refletir sobre o que pode contribuir para melhorar seu *marketing* pessoal.
   - **Motivos para ter respondido "não" a essa questão:** as razões para não se fazer *marketing* pessoal são de diversas naturezas, dentre as quais se destacam as características de personalidade, como timidez, vergonha, humildade em excesso; os valores recebidos da família como parte de sua educação, como evitar se exibir, não chamar a atenção para si e ficar em seu lugar; a falta de aprendizado, ou seja, não saber como fazê-lo; ter ideias preconcebidas e errôneas sobre o que é *marketing* pessoal; e não valorizar a comunicação como ferramenta de promoção pessoal genuína. Uma boa sugestão para melhorar esse aspecto é aprender a falar sobre o que faz, tirando o foco de si mesmo (para evitar o julgamento de vaidade), valorizando a importância dos projetos em que está envolvido e das pessoas com quem trabalha. Ao comentar e qualificar o projeto e o grupo de colegas com quem trabalha, ressaltando as pessoas, as conquistas e o desenvolvimento obtido, você deixa claro, de modo indireto, ser bom no que faz (caso contrário não estaria nesse grupo, projeto ou empresa). É importante refletir sobre suas próprias habilidades e conquistas, e reconhecê-las como elementos de valor necessários para projetos, situações desafiadoras ou novas oportunidades. Ao enxergar como você pode contribuir e destacar isso no momento

adequado, você pode mudar a forma de pensar sobre o que é *marketing* pessoal e começar a fazê-lo com mais frequência.

QUESTÕES SOBRE A ESCUTA

10. **Deixar o outro falar sem interrompê-lo:** essa questão é o reverso de falar sem ser interrompido (Questão 6). O hábito de interromper o outro revela falta de paciência, ansiedade ou sobrecarga e necessidade de terminar a conversa rapidamente, podendo passar a mensagem que se tem algo mais importante a fazer. Interrupções constantes podem fazer com que o outro perca seu raciocínio, fique frustrado na conversa, irrite-se ou seja malsucedido em uma apresentação profissional. Embora interromper os outros seja um hábito muito comum (e negativo) no Brasil, ele é inaceitável em outros países, como Estados Unidos e Japão. As pessoas têm estilos de comunicação diferentes (Veja Capítulo 3) e algumas gostam de ser mais objetivas e diretas, enquanto outras preferem apresentar em seu discurso uma análise com prós e contras antes de dar uma opinião. Saber respeitar os estilos e deixar o outro falar, sem interrompê-lo, é sinal de educação e de respeito às regras da comunicação. Mesmo em situações em que o outro polemiza ou parece estar perdido no discurso, deixe que ele complete sua exposição, a não ser que ele lhe peça ajuda para concluir uma ideia, o que o autoriza a interrompê-lo. Uma exceção em que a interrupção é necessária e bem-vinda ocorre quando o interlocutor é prolixo, inclui elementos desnecessários e não deixa claro o objetivo da comunicação; nessa situação, use a escuta organizativa (Veja Capítulo 5), interrompa gentilmente e peça ao falante para destacar o essencial e ajudá-lo a valorizar o foco da conversa.
    - **Motivos para ter respondido "não" a essa questão:** as pessoas interrompem o outro por ansiedade, falta de paciência, impulsividade, temperamento belicoso ou ainda por não respeitarem as regras básicas da comunicação. Ambientes em que as pessoas se interrompem constantemente tendem a servir de modelo para que se mantenha esse hábito, criando uma cultura negativa na organização. Aprenda a se controlar e a escutar o outro, dê chance para que o falante conclua seu discurso, principalmente nas discordâncias. Mande sinais de que está prestando atenção, com movimentos de cabeça e contato visual. Quando for absolutamente necessário interromper quem fala, avise que vai fazê-lo e seja o mais cordato possível.

11. **Prestar atenção nas mensagens verbal e não verbal:** a comunicação é uma mescla de linguagens verbal e não verbal, com grande peso desta última, pelas ricas informações passadas pela voz, linguagem corporal e gestos. Nem sempre se tem a consciência do quanto a imagem não verbal tem influência no impacto da comunicação sobre o outro, mas um simples exercício de forçar uma análise compartimentalizada apenas das palavras, depois da voz, expressão facial e gestos pode ajudar a confirmar que a comunicação das pessoas se constitui em uma média de 30% de componentes verbais e 70% de componentes não verbais. Um exemplo do mundo real é o impacto das primeiras apresentações da ativista sobre o clima, a jovem Greta Thunberg,[9] na plenária na ONU, de 2018. Sua mensagem para líderes mundiais tinha dados reais, reunidos e apresentados com propriedade, porém, com expressões faciais muito exageradas e modulação vocal considerada teatral. Greta tem os diagnósticos de síndrome de Asperger, TDAH, transtorno obsessivo-compulsivo e mutismo seletivo, o que explica muitas de suas características de comunicação. Como muitas pessoas desconheciam essa condição, o discurso conhecido como "*How dare you!*" (Como você se atreve!) foi

uma grande provocação mundial, com inúmeras críticas, a maioria a respeito de ela parecer "*falsa, exagerada e teatral, mal treinada para falar em público*", pelos descompassos entre as mensagens verbal e não verbal. A dificuldade de lidar, de modo adequado, com os aspectos emocionais da comunicação, pelos diagnósticos que ela tem, comprometeu sua apresentação e provocou as avaliações negativas. Assim, verifique se há um alinhamento entre o que o outro está dizendo e a forma com a qual ele se comunica. A escolha das palavras é um ingrediente de grande valor na comunicação, contudo, qualquer frase pode ser modificada em seu sentido, apenas alterando o tom da voz utilizado e/ou os gestos associados à emissão. Por exemplo: frente à solicitação de fazer algo complexo, em curto prazo, falar "É claro que eu vou conseguir...", mas com entonação exagerada, usando uma reticência vocal e não uma exclamação, ou ainda movendo a cabeça para as laterais, equivale ao "Só que não!" das redes sociais, vai deixar claro que o sentido da sua frase não é o que você disse. Se valorizarmos apenas alguns aspectos, não teremos o cenário completo para avaliar corretamente a comunicação, com grande chance de fazermos uma interpretação equivocada da situação, como comentado sobre o discurso de Greta Thunberg. Devemos prestar atenção em todas as informações do falante e somente após essa avaliação inicial observar se há alguma coisa que destoa do quadro geral, em uma análise precisa. Portanto, embora as mensagens verbal e não verbal tenham pesos diferentes no impacto da comunicação, quando escutamos uma pessoa, devemos valorizar as duas dimensões e, principalmente, reconhecer a existência ou não de coerência, sincronia e alinhamento entre ambas. Os bons comunicadores não hesitam em responder "sim" nesse item, pois criaram o hábito de considerar todas as vias de informação possíveis em uma situação de comunicação, pois sabem que há muito mais, além das palavras.

- **Motivos para ter respondido "não" a essa questão:** você pode ter desenvolvido um canal preferencial de comunicação (visual, auditivo ou cinestésico) por facilidade ou gosto, valorizar mais um tipo de informação, achar difícil observar detalhes, acreditar que o que se diz é mais importante do que como se diz ou nunca ter parado para pensar na importância de todos os componentes da comunicação. Um exercício simples e útil para desenvolver a habilidade de perceber e avaliar todos os componentes da comunicação é ver televisão sem som, testando que tipo de informação você depreende. Em seguida, faça o contrário, feche os olhos e concentre-se apenas no que ouve, sem o apoio da imagem. Você pode ainda assistir a um trecho de um filme em uma língua que desconhece, sem legenda, procurando conscientemente buscar informações sobre o que está acontecendo, procurando identificar incoerências entre gestos e voz, analisando assim o valor das mensagens verbal e não verbal.

12. **Assumir o que diz:** assumir o que se disse é um dos aspectos éticos mais importantes da vida em sociedade, seja do ponto de vista pessoal ou profissional, sendo amplamente considerado uma questão de caráter. Atualmente, a facilidade de registro de áudio e vídeo, sem que se perceba a gravação, faz com que esse aspecto seja ainda mais delicado, já que uma mentira ou calúnia passaram a ser de fácil comprovação. Contudo, algumas vezes, quando estamos relaxados ou em ambientes descontraídos, dizemos coisas sem a devida consideração e podemos deixar alguém desconfortável ou constrangido. Pedir desculpas é sempre bem-vindo, principalmente quando a ideia que havíamos comunicado é ou pode ser vista como sendo preconceituosa, inadequada ou sinal de indiferença. Os movimentos mundiais a favor da diversidade são cada vez mais presentes e necessários e a representatividade, seja étnica, de gênero, de orientação

sexual ou religião entre outras, é imprescindível para reduzir nossas reações automáticas de medo e insegurança frente ao desconhecido. O novo não se encaixa em nossos padrões, e isso aciona mecanismos límbicos de defesa de nosso cérebro automático.[10] Contudo, o novo e o diferente são essenciais para o cérebro, pois ativam mecanismos diversos, favorecem a aprendizagem, além de ampliarem a base de compreensão de pessoas e situações que não fazem parte do mundo em que habitualmente vivemos. Portanto, um bom comunicador também escuta o que fala, quando fala e para quem fala. É importante estarmos conscientes de nosso pensamento, estado emocional e quais palavras usamos, principalmente sobre temas delicados e complexos, tanto no ambiente pessoal, quanto no profissional.

- **Motivos para ter respondido "não" a essa questão:** a razão mais comum para não se assumir o que se disse é a falta de maturidade e de responsabilidade frente aos fatos consumados, o que pode ser um hábito ruim de falar sem checar ou filtrar informações. Também, é muito fácil entrar em modo automático e perder a percepção do impacto do que se comunica, principalmente quando estamos cansados, estressados, sobrecarregados, relaxados demais ou até sob efeito de medicamentos ou álcool. Porém, isso não diminui a responsabilidade de estar consciente do que foi dito, assumir suas consequências e corrigir-se, quando necessário. Outras razões envolvem o fato de sentir-se exposto por ter falado algo sem pensar e não ter avaliado a consequência de suas afirmações, dentre as quais se destacam: perceber-se com um conhecimento limitado sobre novas perspectivas de uma mesma situação; medo da reação do outro e não saber lidar com rejeição; ter uma argumentação pobre ou fraca; perceber que estava errado e ter dificuldades para admiti-lo; e ter o hábito de falar sem filtrar informações. A comunicação é viva, flexível e permite corrigir o que dissemos; contudo, não assumir o que se diz coloca em dúvida o caráter de quem fala. Saber se posicionar é essencial, mas, se por um lado corremos o risco de não agradar a todos, por outro teremos o ganho de sermos verdadeiros e não condescendentes demais.

13. **Focalizar a atenção no interlocutor:** atenção e escuta podem ser consideradas *commodities* não sustentáveis e não renováveis. A menos que haja uma razão importante para dividir a atenção e ouvir conversas paralelas, o interlocutor merece receber o foco do ouvinte, pois isso facilita a transmissão da mensagem, revela empatia e reforça laços interpessoais. Ao mantermos a atenção em quem fala, estamos mostrando respeito e valorizando a interação social. Em uma comunicação devemos nos concentrar e valorizar quem fala conosco, a menos que o objetivo seja o de ouvir tudo o que acontece ao redor e manter, ao mesmo tempo, o foco no interlocutor mais próximo.
    - **Motivos para ter respondido "não" a essa questão:** dentre os diversos motivos destacamos a desatenção por cansaço ou déficit de atenção, a ansiedade, o hábito de querer controlar tudo ou considerar o interlocutor como alguém de pouca importância e a falta de interesse no assunto. Para desenvolver sua competência na comunicação, mostre atenção no outro para indicar a aceitação do que é dito, mesmo em situações difíceis de negociação, mantenha contato visual, use gestos de cabeça para assinalar que está acompanhando o discurso, parafraseei o que o outro fala e elimine os focos de distração.

14. **Manter a atenção no discurso do outro:** de modo semelhante ao que foi comentado no item anterior, distrair-se com os próprios pensamentos prejudica a conexão com

o interlocutor e passa a impressão de não se valorizar a interação com o outro. Além disso, a falta de atenção em uma situação de comunicação é facilmente percebida pelo outro, que pode se sentir desvalorizado. Manter o foco no que o outro está dizendo é um aspecto-chave para engajar falante e ouvinte na comunicação; muitos interlocutores sentem-se frustrados quando são solicitados a repetir o que acabaram de dizer, pois percebem que outro não estava prestando atenção, provavelmente absorto em sua mente narrativa.

- **Motivos para ter respondido "não" a essa questão:** em algumas situações, por sobrecarga, estamos apenas de corpo presente, e nossa mente viaja, perdida em nossas preocupações; em outros momentos, por cansaço nos desligamos do outro, para economizar a energia que seria gasta para prestar atenção. Outros motivos também são comuns, como considerar o tema ou o interlocutor chato e desinteressante, considerar o falante como uma pessoa difícil de lidar ou com posições opostas às suas. Apesar disso tudo, procure manter a atenção no discurso do outro, traga sua mente para a situação presente e, se estiver muito difícil concentrar-se, explique ao outro que não está na melhor condição para escutá-lo e que talvez seja melhor reagendar a conversa ou que vai procurar se concentrar, pedindo para repetir, se necessário. Atenção é um elemento primordial para a escuta e requer muita energia do cérebro. Deve-se considerar a necessidade de uma reflexão mais profunda sobre eventuais situações desafiadoras que provocam pensamentos internos e emoções que possam estar atrapalhando sua escuta com seus interlocutores. A partir dessa compreensão, é importante o desenvolvimento de estratégias que promovam equilíbrios mental e emocional, principalmente ao lidar com situações, ambientes ou interlocutores mais difíceis.

15. **Responder diretamente ao que é perguntado:** responder diretamente ao que é perguntado é visto como uma prova de conhecimento, clareza de pensamento e respeito pelo tempo do interlocutor. Por isso, devem-se apresentar boas razões quando não se tem uma resposta direta a dar. Ser assertivo é uma habilidade que requer treinamento, mostra uma comunicação bem desenvolvida e é essencial nas organizações com pressão de tempo, o que é o habitual atualmente. Ser assertivo na comunicação raramente é uma atitude natural e, quase sempre, deve ser treinada para a maioria dos indivíduos. Os profissionais que praticam a assertividade possuem escuta bem desenvolvida, escolhem os principais elementos do que foi perguntado e os alinham com seus pensamentos, sentimentos e crenças para oferecer a resposta. Responder diretamente, sem rodeios, é exigido em muitas posições profissionais de destaque, na coordenação de projetos complexos e na liderança de times de alta *performance*. A assertividade na comunicação é um comportamento que valoriza o que deve ser dito e, ao mesmo tempo, considera a posição e os direitos do outro. Assertividade e agressividade são comportamentos de comunicação que podem estar aparentemente próximos, porém, uma comunicação assertiva geralmente inspira o outro a falar autenticamente, enquanto uma comunicação agressiva pode ativar o mecanismo de sobrevivência (atacar, fugir ou congelar) do interlocutor. Finalmente, quando se responde a alguém de modo prolixo, com rodeios, corre-se o risco de ter sua comunicação considerada "descartável" por quem fez a pergunta (Veja Capítulo 8).
    - **Motivos para ter respondido "não" a essa questão:** razões para não responder diretamente podem envolver falta de conhecimento suficiente sobre o assunto, não ter clareza mental, ganhar tempo para observar a reação do outro ou simplesmente

falar muito para deter a palavra, o que dá uma sensação (falsa) de controle e poder. Identifique claramente o que está sendo perguntado, e o que o outro precisa. Compreenda o que está sendo pedido e pense em formas resumidas de apresentar ideias, faça afirmações diretas e deixe o interlocutor indicar se precisa de mais detalhes. Se o interlocutor quiser mais informações, ele seguramente irá lhe perguntar, mas se você estiver falando demais, com rodeios e sem relação com o que é perguntado, talvez ele o interrompa, você se perca ou ele faça uma avaliação negativa sobre você.

16. **Mostrar interesse no que está sendo dito:** contato visual amigável, postura aberta e sinais de que se está acompanhando o que está sendo dito são elementos essenciais e que funcionam como um *feedback* positivo imediato, em tempo real, sinalizando que a conexão está sendo eficiente, o que deixa o interlocutor mais confortável. Demonstrar interesse genuíno no que está sendo dito pode ser feito de muitas formas, com elementos verbais (com palavras e interjeições, como "Nossa!", "Puxa vida." e "Uhm-hum.") e não verbais, por meio do olhar, postura ou sinais de apoio e aprovação. Ser desatento e não demonstrar interesse no outro indica necessidade de desenvolver esse aspecto para melhorar a sua competência na comunicação.
    - **Motivos para ter respondido "não" a essa questão:** não mostrar interesse pode ser uma questão de timidez, falta de prática ou por acreditar que não é necessário empenhar-se para tanto. Contudo, todos precisamos de reconhecimento e aprovação, pois isso ativa os circuitos de recompensa do cérebro, reforçando o vínculo na comunicação. Assim, conecte-se com seus interlocutores de forma deliberada, deixe seu corpo livre para reagir e responder ao outro, de modo cordial. Além de mostrar respeito às regras da comunicação, quando estamos nos comunicando em grupo, tendemos a selecionar positivamente as pessoas que nos olham e sinalizam aprovação enquanto ouvem. Por isso, quando falamos para muitas pessoas, corremos o risco de nos prendermos às mais próximas, que reagem mais intensamente ao nosso discurso, dedicando a maior parte de nossos olhares e atenção a elas, o que pode incomodar as demais. Isso é comum em professores iniciantes ou palestrantes com pouca experiência.

17. **Repetir os pontos importantes do que foi dito:** repetir pontos importantes e parafrasear o interlocutor, além de mostrar interesse e conexão, permite confirmar a compreensão do que está sendo dito. Em situações complexas ou ambíguas, repetir favorece com que o outro se explique melhor ou esclareça possíveis inferências errôneas que você como ouvinte possa estar fazendo. Mesmo em uma comunicação bem formulada, com boa voz e dicção clara, corremos o risco de não entendermos exatamente o que foi falado. Um estudo controlando todas as condições de fala e escuta, com 90 falantes e 90 ouvintes, mostrou uma chance de 6% de erro na identificação de sílabas simples, como "pa", "ta" e "ca", de conteúdo semântico neutro, o que pode ser considerado um erro inerente de comunicação.[11] Além disso, nosso cérebro sofre efeito de vieses inconscientes e busca constantemente atalhos para economizar energia e sentir-se em segurança. Por isso é tão comum tirarmos conclusões precipitadas e fazermos inferências errôneas, principalmente quando queremos mostrar eficiência, estamos com pressa, cansados ou estressados. Assumimos rapidamente que as outras pessoas estão operando seus pensamentos com a mesma compreensão e informações que nós. Profissionais que respondem "sim" sabem escutar e extrair os pontos mais importantes para confirmar sua compreensão, pois entendem a importância do

alinhamento de informações para promover agilidade em suas atividades, evitar erros e retrabalhos por mal-entendidos e valorizar o seu tempo e o do outro.

- **Motivos para ter respondido "não" a essa questão:** timidez, falta de experiência na comunicação e acreditar que interromper o outro pode ser falta de educação são as principais razões para ter respondido não. Outro motivo para não repetir os principais pontos do discurso do outro é assumir que compreendeu o que foi dito, sem questionar ou confirmar o entendimento. Desta forma, uma estratégia de segurança é destacar elementos do que foi falado, com outras palavras, para ter certeza de estar acompanhando corretamente o interlocutor. Aguarde uma pausa do discurso e diga algo como "Você está me dizendo que...", "Deixa eu ver se compreendi bem...", "O que não posso esquecer é que...". Ao concluir a conversa uma boa estrutura é: "Portanto, o mais importante do que você me disse é...". Com isso, você valoriza a situação de comunicação, e o falante se sente prestigiado com a sua atitude.

18. **Memorizar fatos importantes e características do interlocutor:** características pessoais, eventos importantes e preferências do interlocutor podem ser usados em situações posteriores de comunicação; isso mostra cortesia, empatia e revela que o interlocutor também tem valor, além da mensagem passada. Todos queremos ser especiais para o outro, porém, isso é muito difícil em um mundo em que somos bombardeados por milhares de informação ao longo do dia. Na atualidade é comum sermos submetidos diariamente a centenas de comunicações, muitas vezes com múltiplos interlocutores. Dessa forma, é difícil fazer com que o outro perceba que o consideramos especial ou essencial, quando nos comunicamos com ele. Uma das formas mais efetivas de uma boa comunicação é memorizar o nome do interlocutor (e chamá-lo pelo nome, sempre que possível). Isso, aliado a alguma característica que ele tem em comum com você, ou ainda alguma informação que ele compartilhou são ferramentas úteis para criar ou aprofundar vínculos.
    - **Motivos para ter respondido "não" a essa questão:** algumas das razões para não memorizar fatos importantes sobre nossos interlocutores podem envolver o desconhecimento do poder que isso tem, não saber como fazê-lo, subvalorizar o poder de uma boa rede de relacionamentos, falta de habilidades sociais, acreditar que não se podem usar elementos pessoais em comunicações de natureza profissional ou características de personalidade, como timidez ou introversão. Se você tiver dificuldades nesse aspecto, um bom início é esforçar-se para guardar o nome de com quem você fala (usando qualquer mecanismo que para você surta efeito, como associar alguma particularidade do interlocutor ao de uma pessoa que você conhece e que tenha o mesmo nome). Você pode ainda identificar características em comum que compartilha com seu interlocutor, como terem estudado na mesma faculdade, morarem próximos, terem filhos pequenos, gostarem de certo tipo de livros, torcerem pelo mesmo time ou compartilharem de um mesmo *hobbie*. Além de buscar essas informações, você deve usá-las de modo consciente em uma comunicação posterior, quando houver oportunidade. Todos gostamos de ser lembrados pelos outros, e os bons comunicadores, ao responder "sim" a esse item, não hesitam em dizer que se preocupam em memorizar dados do outro que possam ser utilizados em momentos oportunos.

19. **Receber bem críticas, sugestões ou *feedbacks*:** esse item é o reverso da questão 8 e se refere à atitude do falante quando recebe algum tipo de comentário sobre si ou

sobre algo que fez. Escutar a opinião do outro é uma fonte rica para compreender como estamos sendo percebidos, nas diversas interações, além de também permitir esclarecer interpretações incorretas sobre o que falamos ou fizemos. Escutar críticas com elegância é sinal de maturidade por se saber que há diversos ângulos de um mesmo fato e que a sua visão dele é apenas uma das possíveis análises da situação. Receber sugestões diferentes das soluções que você apresentou para um problema deve ser encarado como um presente, pois permite testar se sua proposta é realmente a melhor. Finalmente, receber *feedback* é uma forma de melhorar seu desempenho em algum aspecto, segundo a percepção do outro. A busca ativa de *feedback*, sugestões e críticas deve ser vista como de sua própria responsabilidade, essenciais para seu desenvolvimento profissional e pessoal.

- **Motivos para ter respondido "não" a essa questão:** o principal problema para não receber bem críticas, sugestões ou *feedbacks* é acreditar que os comentários são pessoais e têm como objetivo prejudicá-lo. Outras possibilidades podem ser imaturidade profissional, falta de hábito em receber avaliações por ter sido muito protegido na infância, não saber lidar bem com frustrações, sentir-se ameaçado por sugestões sobre seu trabalho e pensar que *feedback* sempre indica que algo está errado. Uma estratégia para vencer essa crença é receber todo e qualquer comentário sobre você como informação a respeito de como o outro o percebe. Se o comentário proceder, faça os ajustes necessários; se duvidar de sua veracidade, peça exemplos que ilustrem as situações a que se referem; e, se não concordar, pelo menos analise a possibilidade de alguma coisa em sua comunicação ou comportamento, poder ter gerado essa percepção equivocada. Uma boa prática é você mesmo buscar *feedback* de várias pessoas, de preferência com perfis diferentes, para você obter uma visão diversa sobre o que elas veem, obtêm e percebem de seu trabalho. Obter visões variadas sobre um mesmo tema pode ampliar sua autopercepção de forma mais justa e tornar mais fácil a identificação do que deve continuar a ser feito e o que precisa ser melhorado. Bons comunicadores, sem hesitação, oferecem críticas, sugestões e *feedbacks* (Questão 8) e igualmente valorizam recebê-los.

CONCLUSÃO

Como pode ser compreendido do que foi apresentado nesse capítulo, há inúmeras estratégias para se melhorar a competência na comunicação, uma das habilidades mais importantes para o seu desenvolvimento dentro das organizações.[12] A maioria das sugestões requer apenas atenção para o aspecto em questão, mudanças de comportamento e implementação de novos hábitos. Analise suas prioridades e o que pode ter mais valor nesse momento, para você investir seus esforços de forma mais produtiva.

Como já destacado, comunicação é um *work in progress*, um trabalho em andamento, que nunca estará concluído: portanto, crie o hábito de melhorar a cada dia, todos os dias. A sensação de insegurança nas relações interpessoais por falta de confiança e de competência na comunicação ativa mecanismos de defesa do cérebro, o que limita a possibilidade de uma comunicação consciente e bem-sucedida. Embora as habilidades de comunicação possam não ser um pré-requisito nos estágios iniciais de desenvolvimento de carreira, em que o domínio das exigências técnicas é o principal critério nas contratações e promoções, a comunicação torna-se uma ferramenta indispensável na transição de uma função operacional para cargos de gestão, nos quais há uma crescente valorização dos recursos de comunicação.[13] Precisamos ainda considerar que as organizações têm valorizado cada vez mais o trabalho de equipes formadas por profissionais de áreas diferentes para promover diversidade e multidisciplinaridade, além de muitas estarem em movimentos de ampliação da diversidade de seus times, já que esses fatores promovem criatividade, inovação e melhores resultados. Assim, torna-se ainda mais relevante o desenvolvimento da competência na comunicação entre pessoas com perspectivas diversas, a fim de promover agilidade, decisões de qualidade e saúde mental e emocional para os indivíduos, no ambiente de trabalho.

VÍDEOS RECOMENDADOS

Five ways to listen better
Dicas de Julian Treasure sobre como desenvolver a escuta consciente e sua importância na comunicação.
https://www.youtube.com/watch?v=cSohjlYQI2A

This is your brain on communication
TED Talk de Uri Hasson sobre processos de fala e escuta no cérebro, com foco em aspectos da percepção e compreensão.
https://www.ted.com/talks/uri_hasson_this_is_your_brain_on_communication

How language transformed humanity
TED Talk de Mark Pagel sobre a linguagem como uma peça de "tecnologia social", que permitiu a cooperação.
https://www.ted.com/talks/mark_pagel_how_language_transformed_humanity

Discurso na íntegra de Greta Thunberg nas Nações Unidas
Discurso sobre o clima, em 2019, selecionado para que se observem as dificuldades de sincronia entre a linguagem verbal e não verbal.
https://www.youtube.com/watch?v=mbnRv81s_9Q

REFERÊNCIAS BIBLIOGRÁFICAS

1. Ribeiro VV, Santos MAC, Almeida AA, Behlau M. Validation of the Self-Assessment of Communication Competence (SACCom) in Brazilian Portuguese through Item Response Theory. Journal of Voice 2022 /in press/.
2. Davenport TH, Beck JC. The Attention Economy: Understanding the New Currency of Business. Boston: Harvard Business School Press. 2001.
3. Aung T, Puts D. Voice pitch: A window into the communication of social power. Current Opinion in Psychology. 2020; 33:154–61. https://doi.org/10.1016/j.copsyc.2019.07.028.
4. Cialdini RB. As armas da persuasão 2.0 (Rev. Amp. Ed.). Rio de Janeiro: HarperCollins. 2021.
5. Bennett J. How not to be'manterrupted'in meetings. Time. Published online January 20, 2015. Recuperado em 28 de fevereiro, 2022, de https://time.com/3666135/sheryl-sandberg-talking-while-female-manterruptions/
6. Hancock AB, Rubin BA. Influence of Communication Partner's Gender on Language. Journal of Language and Social Psychology. 2015; 34(1):46–64. https://doi.org/10.1177/0261927X14533197.

7. Peters T. The Brand You 50 (Reinventing Work): Fifty Ways to Transform Yourself from an'Employee'into a Brand That Shouts Distinction, Commitment, and Passion! New York: Knopf Doubleday Publishing Group. 1999. p. 224.
8. Wiener JL, LaForge RW, Goolsby JR. Personal communication in marketing: An examination of self-interest contingency relationships. Journal of Marketing Research. 1990; 27(2):227–31. https://doi.org/10.2307/3172849.
9. Agência France-Presse. Conheça a história da jovem ativista Greta Thunberg. Recuperado em 26 de fevereiro, 2022, de https://www.correiobraziliense.com.br/app/noticia/mundo/2019/09/25/interna_mundo,790240/conheca-a-historia-da-jovem-ativista-greta-thunberg.shtml
10. Hsu M, Bhatt M, Adolphs R, Tranel D, Camerer CF. Neural systems responding to degrees of uncertainty in human decision-making. Science. 2005; 310(5754):1680–3. https://doi.org/10.1126/science.1115327.
11. Behlau MS, Pontes PADL, Tosi O, Ganança MM. Análise do tempo de início de sonorização dos sons plosivos do português. Acta Awho. 1988; 7(2): 86–97.
12. Bunch GC. Immigrant students, English language proficiency, and transitions from high school to community college. In: Wiley TG, Lee JS, Rumberger RW. The education of language minority immigrants in the United States. Bristol: Multilingual Matters. 2009. p. 263-94.
13. Pedrotti CA, Behlau M. Recursos comunicativos de executivos e profissionais em função operacional. Codas. 2017; 29(3): e20150217.

O DESAFIO DA ESCUTA NA COMUNICAÇÃO

O processo de escuta é altamente complexo e envolve desde captar o som do ambiente até a interpretação cerebral do que foi ouvido. Assim, temos que deixar claro a diferença entre ouvir e escutar, termos parecidos, que estão como sinônimos em alguns dicionários, mas que refletem fenômenos diferentes na comunicação.

Ouvir é um processo automático, mais mecânico, que depende apenas da integridade do aparelho auditivo, ou seja, do funcionamento das estruturas de nossa orelha. Ouvimos sons, vozes e falas em diversas línguas se nosso aparelho auditivo (orelhas externa, média e interna) estiver íntegro. Contudo, ouvir não é entender! Se ouvir alguém falando uma língua desconhecida, posso até pensar que seja russo, por exemplo, mas não entendo o que está sendo falado. Escutar é mais complexo, pois envolve processar e compreender o que é falado. Neste exemplo, para escutar o que foi falado, precisamos em primeiro lugar ter boa familiaridade com a língua russa, colocar foco em quem fala, procurar entender o que foi dito e confirmar nossas percepções. Assim, escutar é muito mais do que ouvir, exige atenção e depende da vontade de entender o outro. Isso requer esforço e gasto de energia cerebral, mas é provavelmente a atitude mais barata e que gera mais dividendos para a melhoria das relações interpessoais, o que é de enorme valor para o mundo organizacional.

Embora as pessoas geralmente se preocupem mais com os aspectos de como falar, deve-se dar prioridade a como escutar, porque é a partir da escuta que o turno de falantes muda e podemos expressar nossa opinião, fazer mais perguntas, concordar ou não com o que foi dito e dar seguimento à troca de informações. Portanto, um bom comunicador é, acima de tudo, alguém com ótima escuta.

Uma boa escuta envolve, em um primeiro momento, parar de falar! Prepare-se para ouvir, seja paciente, ouça as palavras, mas também o tom de voz, as pausas e a respiração do falante. Deixe o outro confortável na situação, para que a troca de informações seja privilegiada. Procure ouvir pelo menos duas vezes mais do que você fala,[1] escute o que está aparente e o que está por detrás das palavras, entre as palavras e além das palavras. Deve-se escutar para compreender e não para responder, o que muitas vezes acontece como hábito, nas situações em que nem deixamos o outro terminar seu raciocínio e já estamos preocupados com o que vamos dizer em seguida.

O objetivo desse capítulo é destacar alguns aspectos importantes da escuta, apresentar seus diversos tipos, identificando as situações e os contextos em que são mais úteis, com foco particular no mundo organizacional. Para auxiliá-lo a compreender como está usando os diversos comportamentos dos tipos de escuta, oferecemos a você a oportunidade de fazer uma autoavaliação dos processos envolvidos.

ESCUTA E CÉREBRO

O processo de escuta começa com ouvir sons. Detectar sons e mandar essas informações para o cérebro é a função de nossas orelhas. Contudo, a informação auditiva tem que ser processada e analisada, o que é feito nos lobos temporais, regiões do cérebro logo acima das orelhas. O caminho do som é longo e altamente sofisticado: nosso ouvido externo capta e canaliza o som (pavilhão auditivo), que é direcionado ao ouvido médio, com ondas de compressão e rarefação que pressionam e vibram o tímpano, transferindo essa vibração para os três menores ossículos de nosso corpo: martelo, bigorna e estribo. Essa vibração passa então para o ouvido interno, na cóclea, onde esse som é convertido em impulsos elétricos, que viajam pelo nervo auditivo e atingem nosso cérebro em uma área muito especial, o córtex temporal, nos dois hemisférios, que vai interpretar os impulsos. Os lobos temporais, direito e esquerdo, são exclusivos dos primatas, sendo maiores no ser humano, ocupando cerca de 17% do córtex cerebral, com interações dinâmicas e complexas com os outros órgãos dos sentidos e com o ambiente. O lobo temporal está envolvido em diversos processos de emoções e memórias, sendo uma área crucial para a comunicação humana, e tem muitas conexões com o sistema límbico, responsável por escanear as emoções no ambiente e identificar situações de ameaça.

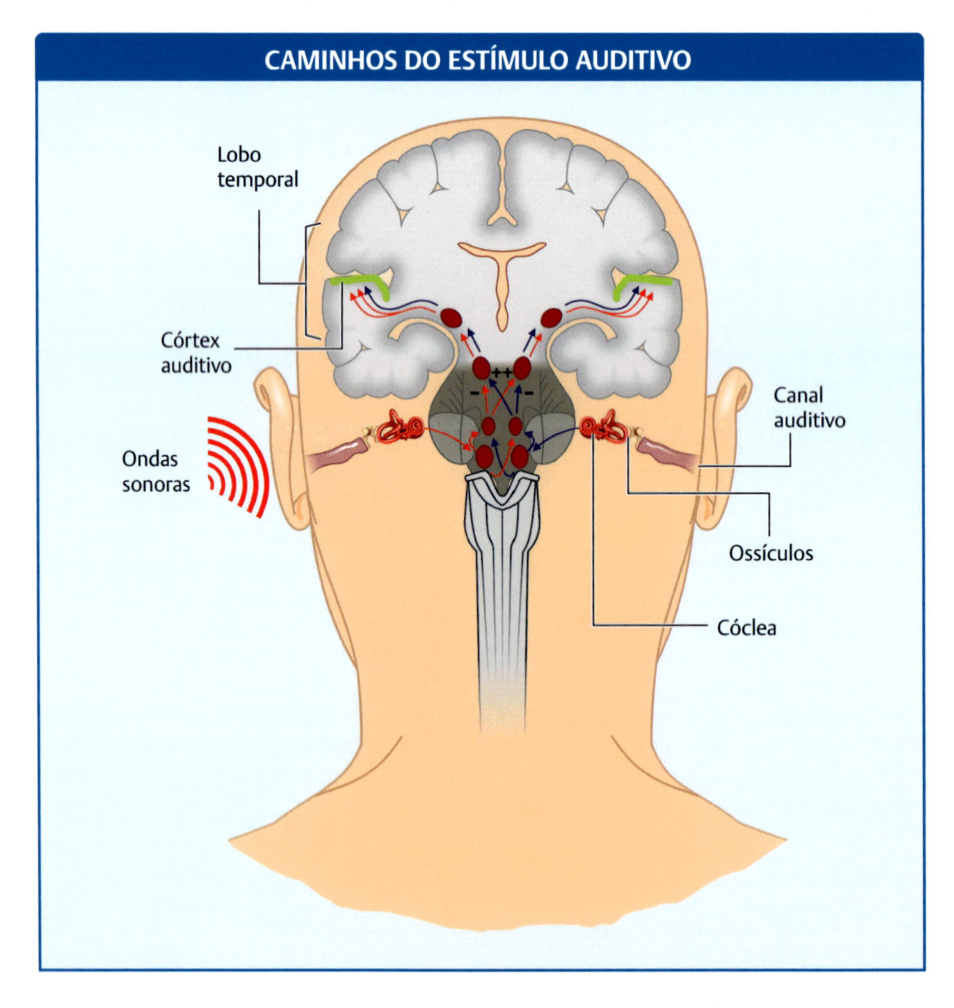

Recentemente foi descoberto que escutar verdadeiramente afeta as respostas sociais dos outros, pois ativa o sistema de recompensas do cérebro, o que foi verificado por imagens de ressonância magnética funcional, revelando uma ativação neural do estriado ventral, área relacionada ao prazer e à felicidade, e também da ínsula anterior direita, mostrando uma avaliação emocional positiva na situação.[2] Assim, reconhecer que o outro está nos escutando verdadeiramente é recompensador!

AUTOAVALIAÇÃO: TIPOS DE ESCUTA

As 25 afirmações do teste mostram diversos comportamentos que as pessoas apresentam em conversas, para mostrar apreciação pela interação, dar apoio ao outro, ajudar a entender o que está sendo relatado, testar a qualidade das informações recebidas ou avaliar o outro e os fatos relatados. Queremos saber seu grau de concordância com cada uma das afirmações apresentadas. Pedimos que responda o que você pensa e faz e não o que gostaria de pensar ou fazer. Assinale cada afirmativa de acordo com seu grau de concordância, segundo o quadro a seguir. Use a resposta neutra (2) quando você não concorda e nem discorda.

0 = Discordo totalmente 1 = Discordo parcialmente 2 = Neutro 3 = Concordo parcialmente 4 = Concordo totalmente

Tipos de Escuta (ATEsc)	
1. Quando alguém me conta uma história interessante, foco minha atenção no falante, em vez de me distrair com meus pensamentos	
2. Quando alguém não cumpre o que foi combinado, faço perguntas, analiso as justificativas e peço explicações, antes de expressar meu desapontamento	
3. Quando ouço algo que não compreendo bem, faço perguntas, busco um roteiro lógico, refaço a fala do outro e peço que confirme meu entendimento	
4. Quando alguém me conta uma história ou piada, penso como posso continuar a conversa com outra história ou piada ainda melhor	
5. Quando escuto uma história sobre uma situação difícil ou um problema grave, me sinto como o outro pode ter se sentido	
6. Quando aprendo algo, comparo a informação com o que já sei, faço perguntas e busco referências, para validar ou não o que está sendo dito	
7. Quando alguém me relata um fato complexo, um acidente ou uma situação de risco, com emoção e muitos detalhes, faço perguntas para melhor compreender o que aconteceu	
8. Quando duvido do que está sendo dito ou da atitude de alguém, faço perguntas para confirmar meu entendimento ou compartilho minhas percepções, para saber se estou certo	
9. Quando alguém me conta um fato, uso expressões faciais e meneios de cabeça para reforçar que estou em conexão	
10. Quando me decepciono com alguém, reflito sobre o que sei dessa pessoa, faço suposições e tomo uma decisão sobre o que fazer	
11. Quando tenho dúvidas sobre um negócio ou quero saber como alguém está lidando com desafios, situações de mercado ou projetos, faço perguntas e peço opiniões, mesmo que o outro seja meu concorrente	

12. Quando ouço um relato confuso e de difícil compreensão, faço inferências e estimativas sobre o outro e o ocorrido, lendo nas entrelinhas e tirando conclusões	
13. Quando ouço uma boa história, uso expressões de aprovação ("Gostei.", "Interessante."), ou simplesmente interjeições de surpresa ou concordância ("Hã-hã!", "Hum-hum." e "Hummm.")	
14. Quando ouço um relato de uma situação difícil, mostro estar atento e me conecto com o outro, por meio de meneios de cabeça, palavras de apoio ("Que difícil.", "Coragem.", "Puxa vida.") e, em alguns casos, chego até a tocar no outro	
15. Quando alguém que sabe muito sobre um tema, compartilha informações ou expressa sua opinião, mostro abertura de mente sem questionar o que está sendo dito	
16. Quando tenho dúvidas sobre algo, peço esclarecimentos, ouço explicações e faço perguntas para obter mais informações antes de me pronunciar a respeito	
17. Quando alguém me conta uma piada ou história divertida, rio da situação mesmo que já a conheça	
18. Consigo escutar o outro, sem interrompê-lo, mesmo que o relato seja emocional e me toque profundamente	
19. Quando alguém me conta algo difícil e ambíguo, com muita informação, peço gentilmente que indique o essencial da situação	
20. Quando ouço algo novo e que me parece interessante, faço perguntas para compreender os fundamentos do que está sendo comunicado	
21. Quando fico frustrado ou decepcionado com alguém, peço esclarecimentos, ouço com atenção as explicações e faço perguntas para reunir informações sobre o ocorrido	
22. Quando alguém me conta um problema, dilema ou situação difícil, indico imediatamente uma solução que me parece boa, mesmo que não seja solicitado a fazê-lo	
23. Quando ouço opiniões que divergem das minhas, faço perguntas com curiosidade, comparo com meus argumentos e revejo minha posição	
24. Quando ouço o relato de uma situação específica, consigo me colocar no lugar do outro e validar sua perspectiva, mesmo que discorde dela	
25. Quando alguém é prolixo e/ou confuso, interrompo gentilmente e peço que me diga o que é mais importante desse relato	

QUADRO DE RESPOSTAS POR TIPO DE ESCUTA

Transfira os valores de suas respostas para os cinco tipos de escuta que estão nas tabelas a seguir. Em cada um dos tipos, uma das afirmações, **indicada com asterisco**, precisa do cálculo reverso, conforme a seguinte orientação: se você marcou **0**, insira na célula **4**; se você marcou **1**, insira na célula **3**; se você marcou **2**, insira na célula **2**; se você marcou **3**, insira na célula **1**; se você marcou **4**, insira na célula **0**.

Escuta apreciativa		Escuta empática		Escuta organizativa		Escuta perspicaz		Escuta avaliadora	
1		5		3		6		2	
4*		14		7		11		8	
9		18		12*		15*		10*	
13		22*		19		20		16	
17		24		25		23		21	
TOTAL		**TOTAL**		**TOTAL**		**TOTAL**		**TOTAL**	

COMO COMPREENDER SEUS RESULTADOS

O teste ATEsc apresenta escores para os cinco tipos de escuta: apreciativa, empática, organizativa, perspicaz e avaliadora. Os escores variam de 0 a 20, e quanto mais alto forem seus resultados, melhor é sua habilidade em usar o tipo de escuta em questão.

Consideramos que resultados com 15 pontos ou mais indicam uma boa habilidade no uso de um dos tipos de escuta. Geralmente as pessoas obtêm escores mais elevados em dois ou três tipos, o que significa uma tendência natural ou adquirida pela necessidade de usá-los em situações profissionais. Pessoas mais reflexivas mostram uma escuta apreciativa de qualidade; pessoas mais afetivas tendem a ter uma maior escuta empática; indivíduos mais sistemáticos mostram boa habilidade de escuta organizativa, bem como aqueles que lidam com crises, desenvolvendo de modo diferenciado essa mesma escuta organizativa; indivíduos em funções que exijam tomada de decisão e resolução de problemas tendem a apresentar maiores escores nas escutas perspicaz e avaliadora, usando-as com precisão.

Entendemos que os cinco tipos de escuta são importantes e que se deve desenvolver habilidades de usar cada um deles em situações específicas. Lembre-se, no entanto, que em determinadas situações usamos vários tipos combinados. Saber seu resultado e analisá-lo cuidadosamente vai ajudar você a compreender o que faz bem e o que pode ser melhorado. Até o momento, a aplicação do teste tem mostrado que maiores escores nas escutas mais passivas, **apreciativa** e **empática**, podem eventualmente dar ao interlocutor a impressão de que você está com um interesse reduzido no discurso. Por outro lado, quando as escutas mais ativas, **organizativa**, **perspicaz** e **avaliadora**, têm escores bem maiores que as duas passivas, os interlocutores podem-se sentir avaliados constantemente, sem que recebam o acolhimento necessário quando se comunicam. Desta forma, procure harmonizar seus resultados com valores mais próximos nas cinco modalidades.

CLASSIFICAÇÃO DOS PROCESSOS DA ESCUTA

No mundo das organizações, escutar é considerado um componente importante de produtividade nos negócios, e várias propostas de tipos de escuta têm sido apresentadas,[3] como a que classifica a escuta em discriminativa, essencial para músicos, cantores e mecânicos; compreensiva, essencial no processo de ensino-aprendizagem e execução de instruções; crítica, muito útil na persuasão, política, advocacia e religião; apreciativa, usada nas situações em que se busca algo de que se gosta no outro, com o fim de melhorar as conexões sociais, essencial na formação dos times; e terapêutica, com base na empatia, muito comum nas profissões da saúde e recursos humanos.[4]

O universo da escuta é muito rico e complexo, com análises de diferentes perspectivas. É importante compreender que a escuta, sob o ponto de vista social, depende do contexto e do objetivo envolvido na interação, descrevendo a atitude de quem está na posição de ouvinte e quais as estratégias necessárias para favorecer a comunicação. De maneira simples e didática, vejamos os cinco tipos principais de escuta vistos na ATEsc, classificados de acordo com a atitude mais marcante do ouvinte na interação: apreciativa, empática, organizativa, perspicaz e avaliadora.

1. **Escuta apreciativa**: é a que devemos usar quando alguém nos conta uma história inspiradora, lê uma poesia, canta uma música ou até mesmo conta uma piada. Nessa situação, o falante quer nos provocar um momento de prazer e é importante, de modo não verbal, confirmar que esse objetivo está sendo atingido. Na maior parte das vezes, esse tipo de escuta é essencialmente passivo, e o que devemos fazer é sorrir, mostrar aprovação, fazer contato visual e até rir, no caso de uma piada, mesmo que ela já seja conhecida. Algumas interjeições de aprovação como "Que bonito!", Gostei.", "Parabéns.", "História inspiradora." podem ajudar a criar um laço entre os interlocutores.

2. **Escuta empática**: é a que tem uma natureza profundamente humana e curativa, podendo ser terapêutica. É a escuta dos apoios social e emocional, que usamos quando alguém nos relata uma situação difícil, uma perda, uma demissão, uma tragédia familiar, um problema de saúde, um roubo ou um desastre. Na maior parte das vezes a pessoa quer apenas desabafar, contar com um ombro amigo. Nesse caso, escutar sem julgar, mostrando empatia com pistas não verbais, como contato de olhar, movimentos de cabeça e palavras de apoio, como "Força!", "Coragem!", "Que difícil!" ou "Que situação!" ajudam a aliviar o estresse, o que pode ser profundamente terapêutico. Assim, esse tipo de escuta também é mais passivo que ativo, porém, pode ser aperfeiçoado em situações profissionais que requerem essa atitude. É importante lembrar que nem sempre o outro quer ouvir sua opinião e, portanto, caso você tenha alguma sugestão a dar ao falante, queira compartilhar o que aconteceu com você em um evento semelhante ou até mesmo ache necessário indicar uma solução para o problema, pergunte antes ao outro se ele deseja isso. Nada mais desagradável que sugerir algo, e o outro dizer "Isso pode funcionar para você, mas para mim não serve." ou "Quero apenas que você me ouça, eu ainda estou decidindo como quero resolver isso." Pessoas de estilo de comunicação amigável geralmente têm boa escuta empática.

3. **Escuta organizativa**: é com base na estruturação do discurso do falante. É a escuta que usamos quando alguém nos conta um evento sob forte emoção, e o relato é desorganizado, com falta de elementos ou informações desconexas, como o que ocorre quando alguém conta uma tragédia que acabou de acontecer, uma batida de carro, um escândalo empresarial, um ataque *hacker* ou um acidente, com perdas humanas

e financeiras. Esta escuta também deve ser usada quando o falante é prolixo ou abre várias linhas de pensamento, muitas vezes em um discurso longo e contínuo, com emoção. Envolve habilidades de fala, porque vai exigir interromper o falante e, de certa forma, acalmá-lo, fazer perguntas para selecionar o mais relevante do ocorrido e estruturar com ele um novo roteiro mais compreensível e linear. Portanto, a escuta organizativa é de natureza bastante ativa e vai envolver diversas mudanças de turno, paráfrases, confirmações e possivelmente uma melhor compreensão do que aconteceu. Pessoas com estilo de comunicação reflexivo, geralmente são boas na escuta organizativa.

4. **Escuta perspicaz**: é a que usamos quando estamos aprendendo algo, quando temos que executar uma tarefa nova, ou quando precisamos obter informações para *benchmarking*, ou seja, para termos uma avaliação comparativa ou de referência. Escutar para *benchmarking* é aprender com a experiência do outro, buscar perspectivas diferentes das suas, confirmar suas opiniões e ter novas ideias a partir do que foi apresentado. Essa escuta é de natureza informacional e envolve compreender o que o outro está falando e comparar com seu conhecimento e impressões sobre o tema. Ela é uma escuta mais ativa e envolve perguntas, parafrasear o que está sendo dito e solicitar mais dados para refletir sobre o tópico em questão. Pessoas com estilo de comunicação predominantemente expressivo tendem a usar muita escuta perspicaz.

5. **Escuta avaliadora**: é a que tem uma natureza crítica. É a escuta que usamos sempre que a fala envolve julgamento. Ela é essencialmente ativa e exige perguntas para avaliar o que o outro está falando, separar fatos de opiniões e confirmar inferências para se ter condições de agir, de modo embasado, se a situação assim o exigir. Essa é a escuta essencial nos debates, nos processos de avaliação, quando queremos conhecer um produto novo, o resultado de um projeto, um estudo que está sendo apresentado ou quando alguém se justifica por não ter cumprido um acordo, não ter atingido uma meta ou ter falhado em alguma situação. Nessa situação de escuta, além do que é propriamente dito, a seleção das palavras usadas, o respeito às regras de comunicação, a linguagem corporal, o tom de voz, o contato visual e muitas outras pistas não verbais, como gesticulação e distanciamento, devem ser considerados, pois a consequência desse processo é uma tomada de decisão sobre o interlocutor ou a situação em questão. Pessoas com estilo de comunicação controlador tendem a usar escuta avaliadora com propriedade.

Enquanto as escutas **apreciativa** e **empática** desenvolvem-se mais naturalmente e são essencialmente não cognitivas, as escutas **organizativa**, **perspicaz** e **avaliadora** devem ser desenvolvidas, envolvendo aspectos cognitivos, o que requer atenção consciente, sendo encontradas em pessoas mais maduras. Nosso cérebro vem configurado para apreciar a beleza e ter empatia com os outros, mas organizar o discurso confuso de quem fala, buscar ativamente informações necessárias e julgar situações e pessoas, requer um trabalho de comunicação que envolve compreender, comparar, priorizar e decidir. Por isso, essas três escutas são menos espontâneas e costumam ser mais treinadas no ambiente de trabalho. Não há limites rígidos entre os diferentes tipos de escuta, havendo zonas de sobreposição e observa-se o uso de escutas combinadas em diversas situações de comunicação.

Finalmente, vale a pena analisar a **pseudoescuta**. Essa falsa escuta, ou escuta de qualidade insuficiente, ocorre todas as vezes que ouvimos, mas estamos sem disposição mental para escutar o outro e entender o que está acontecendo. É usada quando estamos cansados, quando não temos interesse no tema, quando estamos com pressa, quando queremos apenas marcar presença na situação ou quando não validamos o interlocutor e resolvemos não gastar energia nesse processo. Na situação de pseudoescuta podemos fazer expressões de aprovação eventuais, meneios de cabeça, gestos de concordância e algumas interjeições para indicar que estamos acompanhando a fala, como "Há-hã.". Mas, esses comportamentos aparecem em um *timing* inadequado e facilmente podem ser identificados como falsos pelo falante, uma vez que o cérebro avalia isso como erro, portanto, uma ameaça. A pseudoescuta deve ser evitada, pois gera animosidade e desvaloriza quem está falando. Pode ainda ser percebida pelo falante como desinteresse ou impaciência, o que leva à perda de confiança na relação. Quando possível, é melhor você dizer que prefere conversar em outro momento, pois não está bem para prestar atenção.

O quadro a seguir resume os tipos de escuta de acordo com o contexto da comunicação e a atitude do ouvinte.

Síntese dos Tipos de Escuta		
Tipos de escuta	**Contexto da comunicação**	**Atitude do ouvinte**
Escuta apreciativa	Contar uma história inspiradora ou piada O falante quer ser agradável	Mostrar satisfação na escuta Interjeições de aprovação podem ajudar: "Que bonito!", "Gostei.", "Parabéns." ou "História inspiradora."
Escuta empática	Compartilhar uma situação difícil ou um problema O falante quer desabafar	Dar apoio social e emocional Escutar sem julgar Palavras de suporte podem ajudar: "Força.", "Coragem.", "Que difícil!" ou "Que situação!"
Escuta organizativa	Relatar um evento sob forte emoção, com informações confusas ou de modo prolixo O falante quer compartilhar algo carregado de emoção	Reorganizar o roteiro do falante Fazer perguntas para selecionar o que é importante e buscar linearidade dos fatos
Escuta perspicaz	Ensinar algo ou fornecer informações O falante quer mostrar que possui uma informação	Fazer perguntas para obter ou confirmar informações. Parafrasear ou pedir dados para comparar com o que já sabe
Escuta avaliadora	Explicar e justificar uma situação O falante quer se justificar frente a uma possível avaliação negativa	Fazer perguntas para compreender a situação com o objetivo de avaliar o ocorrido ou a pessoa que está envolvida no relato

VANTAGENS EM ESCUTAR

Ouvir e escutar são essenciais para nossa sobrevivência e qualidade de vida. Contudo, esquecemos metade do que ouvimos imediatamente após escutar, lembramos de 35% após 8 horas e apenas 20% após um dia.[5] Nosso armazenamento sensorial é muito grande em termos de tamanho, mas limitado em duração. Portanto, para reter o que ouvimos, quando isso é importante, devemos usar uma série de estratégias, como tomar notas, repetir e parafrasear o que foi falado e fazer perguntas para ativar os circuitos de memória.

Ao desenvolver a escuta, fazemos laços sociais de melhor qualidade, passamos a errar menos e fazer menos suposições. A escuta também nos permite atender melhor a demanda do outro e produzir respostas mais diretas, significativas e de melhor qualidade. Pessoas com melhor escuta aprendem mais facilmente, produzem interações sociais mais colaborativas (mesmo quando os outros não concordam com o que está sendo apresentado), reduzem o estresse no ambiente, são melhores negociadoras e promovem maior engajamento nos membros de seu time.

Um termo criado na segunda metade do século XX e muito usado atualmente, principalmente na psicologia e no *coaching*,[6] é **escuta ativa**, que indica concentrar-se totalmente no que está sendo dito, envolvendo todos os sinais de comunicação que o outro oferece, sendo considerada um sinal importante de inteligência emocional. Atitudes que mostram estar conectado ouvindo o outro podem envolver três comportamentos: repetir o que o outro disse, de modo especular, para reforçar o contato; parafrasear, ou seja, usar palavras similares às usadas, o que pode inclusive ajudar o outro a clarear seus pensamentos; resumir o que o outro disse, para confirmar se a essência da situação ficou clara; e, finalmente, compartilhar uma reflexão após ter compreendido o que foi dito. Todas essas atitudes mostram acolhimento, abrem os canais de comunicação, reduzem o estresse no ambiente e favorecem a colaboração entre as pessoas.

Quando associamos uma boa escuta a uma comunicação consciente, favorecemos o uso da empatia cognitiva e da preocupação empática, ativando vários mecanismos e áreas do cérebro diferentes. Isso facilita as relações sociais e nos permite escutar a diversidade e compreender o outro, que tem vivências, experiências e lugar de fala diferentes dos nossos. Isso exige esforço e energia, mas favorece a colaboração, o engajamento e a motivação em um grupo muito maior de pessoas diversas, o que gera a chamada inteligência coletiva. Escutar quem é diferente de nós exige esforço, porque em vez de buscarmos compreender o ponto divergente, nossa mente se defende e busca a argumentação contrária e, em vez de escutarmos para compreender, nós escutamos para contestar.[7] Porém, escutar a divergência e a diversidade é um exercício para o cérebro e, portanto, uma atitude potencialmente neuroprotetora, que deve ser incentivada. Ao escutarmos a diversidade ampliamos nossa visão de mundo e nos transformamos em melhores pessoas e melhores líderes. Assim, se você quer melhorar sua comunicação, não pense somente em sua oratória, mas privilegie sua "*escutatória*" e comprove que quanto mais você escutar, mais vai melhorar seu raciocínio e sua comunicação.

ESCUTA NAS ORGANIZAÇÕES

No nosso dia a dia, principalmente no ambiente organizacional, as pressões são diversas, a quantidade de informações a serem assimiladas é enorme e, muitas vezes, o tempo que temos para isso não é suficiente. Passamos o dia de reunião em reunião, tomando decisões das mais simples às mais complexas, realizando atividades que exigem atenção, recordando o que já sabemos e buscando soluções criativas ou inovadoras. Em meio a um turbilhão de coisas acontecendo, ainda temos que ter atitudes equilibradas. Não é de se estranhar que escutar exige foco e energia para de fato compreendermos a mensagem. O cérebro humano tem capacidades como a de nenhum outro ser vivo, as chamadas funções executivas do cérebro, e escutar é uma delas. Ao mesmo tempo, a necessidade de energia impõe limitações a essas atividades. Quando nos sentimos cansados, irritados, desmotivados, estressados ou mesmo sobrecarregados de informação, a produção de neuroquímicos diminui ou aumenta muito e, com isso, a *performance* do cérebro cai, prejudicando principalmente as funções nobres. Quanto menor a energia do cérebro, menor a nossa capacidade de compreender, recordar, memorizar, decidir, imaginar o futuro e regular nossas emoções. O sistema de defesa entra em ação e junto com ele nossa mente narrativa se intensifica, o que provoca distrações internas e bloqueia a escuta consciente (Veja Capítulo 1).

Imagine que você está em uma reunião, depois de várias ao longo do dia. Uma pessoa começa a falar sobre um problema que estão enfrentando há alguns meses e você ainda está pensando na crítica que recebeu de um cliente importante na reunião anterior; o olhar do seu chefe foi fulminante, e a cena ainda está viva em sua mente. Você se esforça para prestar atenção no que está sendo dito pelo colega, já perdeu algumas partes da mensagem, mas percebe que não concorda com seu ponto de vista. Novamente você tem que se esforçar para não o interromper, apesar de sua vontade em encurtar o caminho para a solução que você já sabe qual é. Afinal, você tem pensado muito nesse assunto que tanto tem atrapalhado o alcance das metas da sua área. Você começa internamente a formular uma resposta para contra-argumentar o colega. Seu foco não está mais na mensagem e, na verdade, você está apenas ouvindo, não está mais escutando para compreender, perguntar, esclarecer e até identificar uma solução ainda melhor, juntando as ideias dos dois.

Escutar é um desafio diário, principalmente no mundo atual que valoriza muito mais o falar. Porém, é inegável a contribuição da escuta para uma melhor saúde pessoal e para a redução da toxicidade nos ambientes de trabalho. Dominar os cinco tipos de escuta, aplicando-os de modo consciente, confirmar o que o outro está dizendo, sem inferências e falsas suposições é, acima de tudo, um exercício de respeito que revela uma busca de excelência na comunicação.

VÍDEOS RECOMENDADOS

Fala que eu não te escuto. Episódio 1
Esquete sobre dificuldades de escutar, destacando que se ouve, mas não se escuta, por Cláudio Thebas.
https://www.youtube.com/watch?v=7 Lrmapp8 gRg

Penny huggs Raj. Episódio 2, primeira temporada
Episódio da série Big Band Theory, sobre dificuldade de escuta e interferência da mente narrativa – veja a descrição de Raj sobre como foi sua conversa com Penny.
https://www.youtube.com/watch?v=Xfxud_UoCN8

The listening bias
TED Talk de Tony Salvador sobre o viés da escuta e a dificuldade de ouvir verdadeiramente.
https://www.ted.com/talks/tony_salvador_the_listening_bias

The power of listening
TEDxSanDiego de William Ury sobre a importância de se escutar e como a negligência nesse aspecto compromete a comunicação.
https://www.youtube.com/watch?v=saXfavo1OQo

REFERÊNCIAS BIBLIOGRÁFICAS

1. Fisher R, Ury W, Patton B. Como chegar ao sim: como negociar acordos sem fazer concessões. 3. ed. Trad. Ricardo Vasques Vieira. Rio de Janeiro: Sextante. 2018.
2. Kawamichi H, Yoshihara K, Sasaki AT, Sugawara SK, Tanabe HC, Shinohara R, et al. Perceiving active listening activates the reward system and improves the impression of relevant experiences. Social neuroscience. 2015; 10(1):16-26. https://doi.org/10.1080/17470919.2014.954732.
3. Schwartz DA. Listening outside of the box: New perspectives for the workplace. International Journal of Listening. 2004;18(1):47-55.
4. Wolvin AD, Coakley CG. A listening taxonomy. In: Wolvin AD, Coakley CG (Eds.). Perspectives on listening. Norwood, NJ: Ablex. 1993. p. 15-22.
5. Hargie O. Skilled Interpersonal Interaction: Research, Theory, and Practice. London: Routledge. 2011. p. 99-189.
6. Rogers CR. A theory of therapy, personality and interpersonal relationships as developed in the client-centered framework. New York, NY: McGraw Hill. 1959.
7. Zak PJ. The physiology of moral sentiments. Journal of Economic Behavior & Organization. 2011; 77(1):53-65. https://doi.org/10.1016/j.jebo.2009.11.009.

CAPÍTULO 6

CANAIS DE COMUNICAÇÃO

Na Teoria da Comunicação, canal de comunicação é o meio utilizado para transportar uma mensagem, garantindo o contato entre o emissor e o receptor.[1] À medida que a história humana foi evoluindo, os canais de comunicação se multiplicaram e se tornaram mais sofisticados. Na pré-história, sinais de fumaça eram um importante canal de comunicação; hoje os meios eletrônicos são os mais usados na comunicação, tanto pessoal, quanto organizacional.

Assim, de modo abrangente, todas as diferentes vias utilizadas para transmissão de mensagens, com as quais criamos e mantemos o fluxo das informações, são canais de comunicação. Esse conceito foi expandido no mundo das organizações para ajudar a estreitar as relações da empresa com seus clientes, porém, pode ser aplicado na vida pessoal, familiar e social, pois melhora a qualidade da comunicação e seu resultado.

Há diversos canais de comunicação, como, por exemplo: rádio, televisão, jornais, revistas, telefone, celulares, redes sociais, grupos de discussão, *chat on-line*, *e-mail*, relatórios, boletins, videoconferências, ouvidoria, canais próprios de reclamação, sítios na internet e página de dúvidas frequentes (FAQ) entre outros. A partir da década de 1990, a revolução digital favoreceu a comunicação *on-line* por meio da internet que vem se consolidando como o mais importante canal de comunicação.[2] Com o desenvolvimento do mundo digital, a comunicação se tornou mais rápida e permitiu uma interação instantânea com as pessoas, mesmo que muito distantes, o que se transformou em grande valor para os clientes, empresas e negócios.

Uma pesquisa realizada pela Microsoft® revelou que os brasileiros preferem buscar atendimento pelo telefone e outros canais de voz (33%), seguido por *chat* ao vivo (21%), *e-mail* (18%), autoatendimento *on-line* (15%), pelas mídias sociais (10%) e, finalmente, por SMS/mensagem de texto (2%).[3] A mesma pesquisa indicou que a qualidade do atendimento é importante para 85% dos clientes que escolhem uma marca.

O objetivo do presente capítulo é apresentar os tipos de canais de comunicação e destacar o papel do indivíduo na escolha consciente do melhor canal para seu objetivo e seu público-alvo, a fim de estreitar sua relação com o outro, no ambiente profissional.

TIPOS DE CANAIS DE COMUNICAÇÃO

Uma das formas de classificar os canais de comunicação é pela quantidade de *inputs* que cada um deles consegue transmitir. Considerando esse critério, os canais podem ser divididos em muito ricos, quando manejam várias informações ao mesmo tempo, e pouco ricos, quando o número de elementos enviado é restrito.[4] Por exemplo, quando falamos pessoalmente com alguém, a comunicação é mais direta e personalizada: nosso interlocutor, por meio da audição, ouve as palavras, percebe nosso tom de voz e as pausas que fazemos; já por meio da visão ele pode notar os gestos, o contato visual, a postura e os movimentos do corpo, ou seja, muitas informações vêm por diferentes vias, e nosso cérebro reúne-as em um único conjunto para avaliar o que realmente está sendo dito, o que dá mais chance de entendermos a mensagem, tanto em seu conteúdo, como em sua intenção. No extremo oposto, quando enviamos uma mensagem de texto (por *WhatsApp*, por exemplo) geralmente usamos poucas palavras, muitas vezes abreviadas ("vdd" – verdade, "fds" – fim de semana, "blz" – beleza, "TMJ" – "tamo junto", "SLK" – "Cê é loko" ou "Mb" para "My bad", indicando a gíria "Foi mal") e sem pontuação; isso pode ser tão pobre que muitas vezes acrescentamos uma figurinha, um *emoticon* ou *emoji* para reforçar o que queremos dizer. A comunicação presencial é, portanto, potencialmente mais rica que a mensagem de texto, por enviar informações por diversas vias e ampliar a recepção dos modos verbal e não verbal.

Veja na figura a seguir os principais canais de comunicação, de acordo com a quantidade de *inputs* que transmitem.

Os canais de comunicação também podem ser divididos em ativos, quando o contato é da empresa com o cliente, receptivos, quando é o cliente que entra em contato com a empresa, ou ainda uma combinação dos dois tipos anteriores. Outra forma de classificar os canais de comunicação é a de considerá-los canais físicos ou canais *on-line*.

CARACTERÍSTICAS DOS PRINCIPAIS CANAIS DE COMUNICAÇÃO

Há mais de 20 canais de comunicação descritos na literatura corporativa, o que dificulta a escolha de qual é o mais adequado para cada situação. Uma estratégia básica, que facilita esse processo, é pensar no conteúdo a ser transmitido e no canal de transmissão a ser usado.

De modo lúdico podemos dizer que: uma reunião sem ações a serem definidas não é reunião, é um *e-mail*; um *e-mail* com texto cheio de emoção não é *e-mail*, é telefonema; um telefonema com instruções detalhadas não é um telefonema, e sim um *e-mail*; e, finalmente, longos áudios gravados em aplicativos cabem melhor como um *podcast!* Não é o objetivo deste capítulo discorrer sobre todos os canais de comunicação, por isso, selecionamos abordar o telefone, *e-mail* e as redes sociais, destacando o papel do indivíduo ao se comunicar por esses meios.

1. **Telefone:** embora menos importante do que em décadas anteriores, usar o telefone, de modo tradicional, sem imagem de vídeo, continua sendo relevante para as corporações. As principais vantagens são: incluir as informações da voz dos interlocutores (além das palavras), permitindo avaliar a reação do outro quando a informação é transmitida; corrigir imediatamente algo que não ficou tão claro; e dar rapidez ao fluxo de informações, favorecendo decisões rápidas. O telefone sobreviveu à evolução da tecnologia e modificou-se com chamadas de áudio via *Skype, WhatsApp, Facebook Messenger e Google Hangouts*, dentro do que é chamado telecomunicação com o cliente. Em qualquer conversa que envolva ouvir a voz do outro, com todas as suas características, incluindo as pausas, podemos compreender melhor as emoções subjacentes às palavras. Porém, as gerações mais jovens e indivíduos mais introvertidos podem considerar ligações como sendo desnecessárias e até mesmo invasivas, com alta chance de rejeição da comunicação. Para reduzir essa possível interpretação negativa, é importante indicar imediatamente o motivo da chamada e o que se espera com ela. Ligações telefônicas são hoje mais restritas às conexões familiares e sociais. Muitas vezes, a falta de seu uso no ambiente de trabalho pode levar à lentidão em atividades ou até mesmo conflitos desnecessários quando uma informação foi mal compreendida. Por exemplo: uma simples e rápida ligação telefônica pode poupar o tempo de uma reunião agendada, por plataforma virtual, que exige acordo sobre data, horário e envio de *link* de acesso. Deve-se valorizar seu uso em situações profissionais que requerem agilidade para resultados, considerando o esclarecimento de intenções, informações e alinhamentos de expectativas, anteriormente feitos por outros canais. Um simples telefonema pode resolver muita coisa!

2. ***E-mail:*** esse canal é visto hoje como a mais tradicional das opções de comunicação *on-line*, sendo ainda muito usado nas corporações por comportar grande quantidade de informações, documentos anexos, arquivos de imagem e som, *e-books* e promoções. Dentre as principais vantagens desse canal de comunicação estão o baixo custo, o registro da comunicação, a possibilidade de metrificação e a autonomia de dar a quem recebe a mensagem a escolha de quando responder. Uma desvantagem importante é que exige conexão à *internet*, que pode falhar ou que nem sempre está disponível. O *e-mail* corporativo deve ser usado para assuntos profissionais, jamais para temas pessoais. Ele facilita a interação com os clientes internos e externos, muitas vezes acelerando processos e permitindo documentação. *E-mails* profissionais devem conter uma única mensagem relevante e direta, ou somente uma solicitação ao destinatário, com linha de assunto atraente e compatível com o conteúdo do texto, pois é muito grande a chance de serem excluídos sem leitura, principalmente ao se suspeitar que tenha

sido enviado automaticamente, por um robô. Um *e-mail* com mais de uma solicitação geralmente é respondido, atendendo-se somente a primeira delas, portanto, não incorra no risco de listar diversas demandas. É importante que as empresas, mesmo que pequenas, como clínicas e escritórios, tenham *e-mails* corporativos, pois isso passa uma imagem de profissionalismo, credibilidade e organização. Alguns cuidados são bastante conhecidos, mas nunca é demais destacar: envolva em cópia apenas os destinatários necessários; verifique se os destinatários estão corretos; releia a mensagem antes de enviar; e identifique-se com nome e sobrenome, evitando assinar com "A gerência.", "A secretaria.", "Comissão organizadora.". O uso de assinaturas eletrônicas, com dados completos do colaborador ou da empresa com seu logo, também contribui para a imagem de profissionalismo de quem faz o contato. Reflita também se o conteúdo da mensagem é passível de ser enviado por essa via. Se o assunto tiver carga emocional e chance de impactar negativamente o destinatário, é melhor escolher um canal mais rico, pois interpretações inadequadas são bastante frequentes quando se envolvem as emoções. O texto escrito suaviza a intenção emocional em um grau: *e-mails* com qualificadores intensos (adjetivos e advérbios) são recebidos como neutros; *e-mails* neutros são avaliados como negativos; finalmente, *e-mails* negativos são quase sempre motivo de reações muito fortes e, por vezes, desproporcionais ao estímulo recebido. Do mesmo modo, se for fazer um agradecimento ou reconhecimento por *e-mail*, deixe claro a sua intenção para que ele não seja percebido como neutro.

3. **Redes sociais:** redes sociais são estruturas de pessoas ou organizações que se conectam por interesse, valor ou objetivo em comum, sem a hierarquia tradicional dos grupos presenciais. São formações abertas, ágeis, porosas e que conectam seus participantes por meios dos aspectos que eles têm em comum. Na atualidade, as redes sociais expandiram-se enormemente e oferecem grande quantidade de dados sobre seus clientes, permitindo obter informações rapidamente a partir de uma massa de dados imensa (*big data*). A vantagem de se usar as redes sociais nas empresas, para falar com os clientes, é que ela já está inserida no dia a dia das pessoas e é um recurso considerado amigável e de baixo custo. Apesar de as redes sociais terem nascido para servir os usuários no contexto social, elas passaram a ser essenciais para quaisquer negócios e são consideradas ferramentas de visibilidade, posicionamento no mercado e canais de vendas. A interação imediata, específica para um tema ou público e com milhares de indivíduos, são vantagens enormes; contudo, consistência, coerência e constância devem ser respeitadas para que sua presença nas redes seja relevante e não descartada pelo cliente. Dentre as muitas redes sociais destacam-se: ***Facebook***, uma das mais antigas, cada vez menos utilizada, e considerada por uma parcela dos internautas como a rede das pessoas mais velhas; ***WhatsApp***, muito utilizado para compartilhamento de mensagens, fotos, vídeos, trabalhos ou projetos em grupos, grandemente utilizada no Brasil; ***Twitter***, muito utilizado nos Estados Unidos para *microblogging*, jornalismo e inclusive para divulgação científica, com textos de até 280 caracteres, mas de baixa adesão no Brasil; ***Instagram***, muito utilizada no Brasil para fins pessoais e profissionais, substitui o *Facebook* entre as pessoas mais jovens; ***TikTok***, preferido pelos usuários mais jovens, em substituição ao *Instagram*, sendo muitas vezes criticado em meios corporativos, pois passa uma discutível imagem profissional; ***LinkedIn***, rede profissional, com grande quantidade de dados sobre prestadores de serviço, profissionais e organizações, com conteúdo de qualidade variada, considerada o *Facebook* profissional, sendo acessado principalmente por pessoas de maior nível

educacional; ***YouTube***, que permite canais de interação pessoal ou corporativos, com conteúdo de vídeos pessoais, artísticos, profissionais ou científicos, alguns de altíssima qualidade; ***Telegram***, aplicativo de troca de mensagens criado na Rússia, rival do *WhatsApp*; e ***Snapchat***, aplicativo de compartilhamento de fotos, vídeos, desenhos e mensagens, com duração limitada, muito usado por jovens para postagens de conteúdo sexual, por isso não recomendado para os meios corporativos.

De todas as opções de redes sociais, o ***WhatsApp*** é considerado a mais poderosa das mídias recentes. A possibilidade de leitura de uma mensagem recebida por *WhatsApp* em até 3 minutos após sua chegada é de 98%, comparados com apenas 13,2% por *e-mail* e 3,4% por carta convencional, em um levantamento que tem mais de dez anos.[5] Mais de 100 bilhões de mensagens de *WhatsApp* são enviadas por dia.[6] Para as corporações sua utilidade é limitada, sendo usado principalmente para dirimir dúvidas, confirmar ou fazer agendamentos e receber pedidos. O principal problema dessa ferramenta para as empresas é que ela tem uso muito limitado na gestão de pessoas e projetos, pela dificuldade de acompanhar as centenas de mensagens que os grupos de trabalho trocam, o que prejudica o andamento dos projetos e a coerência e coesão dos grupos grandes. O *App* é gratuito, oferece comunicação rápida, atinge os indivíduos em qualquer momento, mas gera demanda extra dos usuários, ambiguidade, ruptura no fluxo de informações e é passível de processos trabalhistas por comunicação entre líderes e colaboradores fora do horário de trabalho. Muitas vezes a ambiguidade das informações é resolvida com *emoticons* ou *emojis*, mas mensagens profissionais desse tipo acrescidas de figurinhas podem prejudicar a avaliação de quem as envia. Uma pesquisa com 549 participantes de 29 países mostrou que mensagens com "*smiley*" (carinha feliz) foram associadas a pessoas menos competentes e a mulheres.[7] Assim, cuidado com figurinhas acrescidas em mensagens profissionais, melhor deixar para os grupos familiares e amigos.

O uso da internet e das mídias sociais têm sido foco de muitas pesquisas que buscam compreender quais os impactos positivos e negativos desses recursos no comportamento humano. Inicialmente, a internet e as mídias sociais abriram possibilidades animadoras com as boas intenções de aproximar pessoas queridas e distantes, promover interconexão entre conhecidos ou não em diversos cantos do mundo, contribuir para a troca variada de realidades, gerar conhecimento e cultura. Contudo, também ocorre o oposto de tudo isso, além do extremo de usos criminosos e ilegais.

De muitas maneiras, as tecnologias envolvidas para a construção das redes sociais têm contribuído para tornar as pessoas mais bem informadas em comparação com o passado. Elas têm sido fundamentais para acelerar a troca de informações importantes e facilitar a conexão entre indivíduos nos contextos pessoal e profissional, fato este muito bem demonstrado nos anos de pandemia, quando as pessoas foram obrigadas a se isolar fisicamente para combater o vírus. Por outro lado, várias pesquisas mostram que essas mesmas tecnologias, que facilitam o funcionamento do mundo globalizado, parecem ter contribuído mais para dividir as pessoas do que unir, principalmente quando se trata de temas polêmicos, como política, controle de armas, mudança climática, casamento homoafetivo entre outros.

Inúmeras pesquisas estão sendo feitas para compreender melhor o efeito dos algoritmos nas plataformas de mídias sociais e na biologia do cérebro humano, que busca a sobrevivência.[8] Muitas delas avaliam a formação de grupos e suas principais identidades, os tipos de linguagem usados nas divulgações de mensagens, os vieses inconscientes produzidos e o comportamento moral gerado. Não se sabe ainda o tamanho do problema.

Apenas como exemplo, uma pesquisa mostrou que se encontra três vezes mais atos imorais no mundo *on-line* das mídias sociais do que no mundo físico, como a mídia impressa, televisão e rádio.[9,10] Outras pesquisas mostram o quanto a linguagem usada tem impacto na velocidade de divulgação. Descobriu-se que mensagens contendo palavras que combinam conotação moral e reação emocional, como, por exemplo, "Ataque", "Guerra', "Paz", "Ódio", "Direitos", "Medo", "Errado" entre outras, chamam muito a atenção e viralizam mais rápido. Isso aumenta ainda mais quando se adiciona a essa linguagem palavras que representam vitimização coletiva, como "Abandono", "Vítima", "Abuso", "Culpado" entre outras. Parece que fazer as pessoas sentirem-se atacadas cria uma percepção de que você está sob ameaça, e isso leva a um desejo de avisar sobre o perigo àqueles de seu grupo que compartilham a mesma identidade coletiva.[10]

Apesar de controvérsias e reações negativas quanto ao uso das mídias sociais, 7 em cada 10 estadunidenses disseram já ter usado algum tipo de mídia social, e esse uso se manteve estável nos últimos cinco anos.[5] A maioria dos indivíduos está em pelo menos uma rede social, mesmo pessoas mais idosas. No Brasil, o uso da internet tem crescido a cada ano. Em 2020, 81% da população usava a internet, sendo que 99,6% desses usuários acessavam a rede pelo celular.[11] Dentre os principais objetivos de uso da internet, o envio e recebimento de mensagens de texto, voz e imagens têm sido os mais comuns entre pessoas a partir de 10 anos de idade.[12] Mais de 120 milhões de brasileiros têm conta no *WhatsApp*. No mundo, já são mais de 5 bilhões de usuários de mídias sociais.[10,13] De fato, vivemos em um mundo interconectado como nunca em outro momento da história. O mais importante é que cada um defina em qual plataforma quer estar, qual seu objetivo com as postagens, que público quer atingir e avalie a adequação do que é postado para sua imagem pessoal e profissional.

Veja o resumo das características dos três canais de comunicação mais importantes no quadro a seguir.

Síntese dos Canais de Comunicação	
Canal	**Aspectos principais**
Telefone	Para avaliar a reação do outro Para corrigir informações e mal entendidos Para reforçar proximidade Indicar motivo da chamada logo no início da ligação Preferido pelas pessoas com mais idade Pode ser rejeitado por jovens
E-mail	Para documentação Para transmissão de grande quantidade de informação Preferido no mundo das organizações Jovens não acessam fora do horário de trabalho Não deve conter questões emocionais
Redes sociais *WhatsApp*	Para comunicação imediata Para contato com grupos grandes Preferido no Brasil Uso profissional cada vez mais intenso Difícil para gestão de pessoas e projetos Qualidade da informação pode ser questionável

COMO ESCOLHER UM CANAL DE COMUNICAÇÃO

Devemos saber usar vários canais de comunicação, compreendendo as diferenças entre eles. Isso, porém, nem sempre é intuitivo e fácil, já que a escolha recebe influências de cultura, gênero, geração, faixa etária, hábitos e nível de renda. Líderes de sucesso têm uma avaliação consciente sobre qual canal usar,[4] dependendo do tipo de mensagem, do possível grau de ambiguidade da informação e do impacto que pretendem provocar em quem recebe a mensagem.

Há três aspectos a serem considerados: o tipo de informação a ser enviada (simples, complexa, clara, sujeita a ambiguidades) e as pessoas que se pretende atingir, o chamado público-alvo (colaboradores, público em geral, público leigo ou especializado), além das tendências específicas de cada mercado e sociedade. Mensagens simples, diretas, claras e que não provocam impacto emocional em quem recebe podem ser comunicadas por canais menos ricos, como, por exemplo, uma mensagem de texto para confirmação de uma reunião ou ciência do recebimento de um documento. Já mensagens complexas, ambíguas e com alto potencial emocional, que podem impactar quem as receba, devem necessariamente incluir uma informação física, pelo menos a voz de quem fala, como, por exemplo, um telefonema, ou, melhor ainda, uma chamada de vídeo ou reunião presencial para comunicar cancelamento de um projeto, acompanhamento de atividades e tomada de decisões em trabalhos de equipes, mudanças nas atribuições profissionais de colaboradores de uma empresa ou condições para o retorno presencial após a pandemia da Covid-19. A escolha do canal deve ser consciente e influencia diretamente o sucesso na transmissão da mensagem e da avaliação que o receptor fará sobre a qualidade do atendimento oferecido ou das relações entre líderes e empresa com seus colaboradores.

Podemos também pensar nos canais de comunicação em duas grandes categorias: os que envolvem ou não uma mensagem verbal. Quando os canais envolvem a mensagem verbal, usa-se a linguagem para transmitir informações, seja pelo uso da fala, para a maioria das pessoas, ou pela língua de sinais. Na Língua Brasileira de Sinais (LIBRAS), a língua visual usada pela comunidade surda, os sinais e expressões faciais substituem as palavras da modalidade oral-auditiva das pessoas ouvintes. Há regras de gramática como qualquer outro idioma e ela é tão rica como o português falado. Algumas expressões são de compreensão intuitiva, como ocorre em outros idiomas, mas LIBRAS exige aprendizado, como qualquer outra língua.

CANAIS DE COMUNICAÇÃO E GERAÇÕES

Geração é definida como um grupo de pessoas que convive em uma determinada época. Cada geração herda uma consciência coletiva que se manifesta quando os indivíduos de uma faixa etária semelhante vivenciam os mesmos eventos sociais e políticos.[14]

Essa identidade geracional formada por meio de eventos turbulentos no mundo foi historicamente verdadeira até recentemente, quando o período de cada geração era de 25 anos, com cortes definidos por grandes eventos como, por exemplo, o final da II Guerra Mundial para a geração dos *baby-boomers*. Com a "aceleração" do tempo, por meio da ampliação da comunicação e do uso da internet, e "encurtamento" do espaço, por meio do aumento da velocidade dos meios de transporte e ampliação dos fluxos de turistas e migrantes, o intervalo geracional foi sendo reduzido, estando hoje ao redor de 10 anos.

Hoje a geração é definida pela idade, comportamento, mobilidade e uso de tecnologia, essa última com muito peso. Embora pessoas de uma mesma geração tenham comportamentos e aspirações específicas, fazer cortes geracionais não é uma ciência exata e devem-se evitar os estereótipos, mitos e preconceitos associados às diferentes gerações.[15] Fazendo essa ressalva, vamos apresentar alguns aspectos das seis últimas gerações, para se oferecer uma estimativa de como se comunicar com esses indivíduos.

- **Geração tradicional ou silenciosa:** nascidos entre 1930 e 1945, com idade maior que 77 anos, em 2022, vivenciaram a II Guerra Mundial, são conservadores, práticos, gostam do contato pessoal, respeitam e valorizam a hierarquia e geralmente não se engajam ativamente no universo digital; confiam nos veículos tradicionais, como rádio, televisão e jornal, mas a grande influência de seus netos conectados potencializou muitos indivíduos dessa geração como entrantes tardios na tecnologia, como recentemente vimos na pandemia que obrigou o isolamento social e ampliou o uso das redes sociais.
- **Geração *baby-boomers*:** nascidos entre 1946 e 1964, com idade de 58 a 76 anos, em 2022, vivenciaram eventos históricos importantes, como a ditadura militar no Brasil e a Guerra Fria entre Estados Unidos e União Soviética; a maioria adaptou-se às tecnologias, mas não com a mesma habilidade que os indivíduos da geração X; confiam na experiência, gostam de profundidade nas informações, acompanharam a era do rádio, a chegada da televisão e os impérios dos grandes jornais, dando muita credibilidade a essas mídias. A cultura é mais focada em comando e controle, respeitam e lidam muito bem com hierarquia.
- **Geração X**: nascidos entre 1965 e 1980, com idade entre 42 e 57 anos, em 2022, cresceram em um ambiente mais competitivo, vivenciaram o surgimento dos primeiros computadores e a globalização da informação, tendo passado pelo uso de várias tecnologias, mostrando abertura para novas formas de se comunicar; querem equilíbrio de trabalho e qualidade de vida, são ativos nas redes sociais, tendem a ser mais racionais e buscam autenticidade na comunicação; usam *e-mail* para mensagens pessoais e profissionais; leem a mídia impressa e confiam nas informações obtidas por essa via.
- **Geração Y ou *millenials*:** nascidos entre 1981 e 1995, com idade entre 27 e 41 anos, em 2022, cresceram em meio à grande expansão das tecnologias e é bastante ativa nas mídias sociais; são comunicadores multiplataforma e marcam presença em diversas redes sociais; é também chamada de "geração da internet"; têm uma atitude de empoderamento e buscam um propósito maior em suas atividades; para eles estabilidade é menos importante que propósito e, portanto, tomam decisões mais imediatistas.
- **Geração Z:** nascidos entre 1996 e 2010, com idade entre 12 e 26 anos, em 2022, formam um público jovem, conectado, que se comunica pelas redes sociais; nativos nas tecnologias, querem se comunicar apenas com o que têm interesse, preferencialmente de forma direta, sendo muito questionadores; não acessam a mídia impressa, como jornais e revistas e buscam o que precisam na internet.
- **Geração Alpha:** nascidos a partir de 2011, com idade até 11 anos, em 2022, formam a geração sobre a qual ainda temos pouca informação, mas por serem 100% digital e hiperestimulados, poderão formar indivíduos muito independentes e com grande capacidade de resolução de problemas; contudo, a chegada da pandemia impactou a formação educacional desse grupo, e qualquer análise precisa ser feita com cautela.

Compreender as preferências das gerações pode facilitar os processos de comunicação e favorecer seus resultados, porém, muito do que é apontado como característica de certa geração pode ser apenas um estereótipo e não corresponder à realidade da pessoa ou do grupo com o qual você precisa se comunicar.[16] Pensar na contribuição de diversas gerações para os projetos e negócios é essencial, porém, essa classificação etária pode trazer problemas, o que leva muitos autores a pensar que a perspectiva de desenvolvimento da vida é uma forma melhor de analisar o comportamento, os valores e as crenças dos grupos geracionais. Ao usarmos gerações como compartimentos sugerimos uma atitude não inclusiva, reducionista, determinista e focada em mecanismos errados, relacionados à idade, como se todos de um grupo respondessem da mesma forma padrão.[17] A identidade geracional não é rígida e sim fluida, portanto, a melhor estratégia para selecionar o melhor canal de comunicação para pessoas de diferentes gerações é perguntar como elas preferem ser contatadas e ajustar os canais de comunicação para isso. Do ponto de vista das relações pessoais isso é mais fácil, porém, na comunicação empresarial o desafio é maior, devendo-se optar por ter vários canais disponíveis aos clientes, para que eles tenham escolhas que os satisfaçam.

A célebre frase de Peter Drucker, "60% de todos os problemas administrativos resultam de ineficiência na comunicação",[18] deixa bem clara a importância de a comunicação empresarial ser tratada como estratégica para atender seu público de interesse, seja externo ou interno. A comunicação, seja ela organizada ou não, é a base da existência das organizações. A comunicação interna e externa deve ter normas claras, com canais bem definidos, algumas vezes com o uso de redes sociais privadas e pagas, para proporcionar maior segurança de dados. São muitos os cuidados que devem ser considerados para favorecer a fluidez e minimizar erros que possam impactar negativamente o bem-estar dos indivíduos e os resultados organizacionais.

Veja no quadro a seguir as principais informações para decidir qual canal de comunicação é o melhor a ser utilizado, de acordo com o teor da mensagem, a possibilidade de enviar dados físicos de quem fala e as características do público-alvo.

Variáveis na Escolha do Uso de Canais de Comunicação	
Variáveis	**Comentários**
Temperatura da mensagem	Mensagens neutras, sem conteúdo emocional: canais menos ricos Mensagens ambíguas, complexas e com emoção: canais mais ricos
Aspecto físico do emissor	Voz, fala, com ou sem imagem visual: quando o *feedback* imediato do outro é importante Com o uso da escrita: para documentação e quando o *feedback* do outro não precisa ser imediato
Público-alvo	Regra geral: ter informações sobre como as pessoas querem receber informações Pessoas mais jovens: redes sociais Pessoas com mais idade: mídias tradicionais

VÍDEOS RECOMENDADOS

Text or call? – Kids On. Episódio 3
Dilemas na seleção de canais de comunicação, visão de crianças, pelo canal Kids On.
https://www.youtube.com/watch?v=1qdqLf6DmBI

Selecting Your Communication Channel
Como escolher o canal correto de comunicação, pela Nutshell Brainery, no You Tube.
https://www.youtube.com/watch?v=XZb6eHdi_osel

A conference call in real life
Esquete sobre vídeo conferências na realidade, pelo grupo Leardercast.
https://www.youtube.com/watch?v=ElIUVDECGdA

WhatsApp
Esquete sobre o uso do WhatsApp e Smartphones, pelo grupo Porta dos Fundos.
https://www.youtube.com/watch?v=gGYD7f6ImAw

REFERÊNCIAS BIBLIOGRÁFICAS

1. Jakobson R. Linguística. Poética. Cinema. São Paulo: Editora Perspectiva. 1970.
2. Sozinova AA, Fokina OV. Special Aspects of Studying the internet as a Marketing Communication Channel of the Service Industry. Mediterranean Journal of Social Sciences. 2015; 6(4): 139. doi: 10.36941/mjss.
3. Microsoft, 2018. State of Global Customer Service Report. Recuperado em 09 de maio, 2022, de 2018StateofGlobalCustomerServiceReport.pdf (microsoft.com).
4. Lengel RH, Daft RL. The selection of communication media as an executive skill. Academy of Management Perspectives. 1988; 2(3):225-32. https://doi.org/10.5465/ame.1988.4277259
5. Auxier B, Anderson M. Social media use in 2021. Pew Research Center. 2021; 1: 1-4. Recuperado em maio, 2022, de https://www.pewresearch.org/internet/2021/04/07/social-media-use-in-2021/
6. Dean B. WhatsApp 2022 User Statistics: How Many People Use WhatsApp?, Recuperado em maio, 2022, de https://backlinko.com/whatsapp-users#whatsapp-statistics.
7. Glikson E, Cheshin A, Kleef GAV. The dark side of a smiley: Effects of smiling emoticons on virtual first impressions. Social Psychological and Personality Science. 2018; 9(5):614-625. https://doi.org/10.1177/1948550617720269.
8. Lanier J. Dez argumentos para você deletar agora suas redes sociais. 1. ed. Rio de Janeiro: Editora Intrinseca. 2018. p. 152.
9. Crockett MJ. Moral outrage in the digital age. Nature human behaviour. 2017; 1(11): 769-771. http://doi.org/10.1038/s41562-017-0213-3.
10. Van Bavel JJ, Packer DJ. The power of us: Harnessing our shared identities to improve performance, increase cooperation, and promote social harmony. Little Brown Spark - Hachette Book Group. 2021. ISBN 978-0-316-53841-1.
11. G1 Tecnologia. Mais de um terço da população mundial não tem conexão com a internet, segundo a ONU. Recuperado em maio, 2022, de https://g1.globo.com/tecnologia/noticia/2021/12/01/mais-de-um-terco-da-populacao-mundial-nao-tem-conexao-com-a-internet-segundo-a-onu.ghtml.

12. IBGE Educa. Uso de internet, televisão e celular no Brasil. Recuperado em 25 de maio, 2022 de https://educa.ibge.gov.br/jovens/materias-especiais/20787-uso-de- internet-televisao-e-celular-no-brasil.html.
13. G1 Economia. Uso da internet no Brasil cresce, e chega a 81% da população, diz pesquisa. Recuperado em 25 de maio, 2022 de https://g1.globo.com/economia/tecnologia/noticia/2021/08/18/uso-da- internet-no-brasil-cresce-e-chega-a-81percent-da-populacao-diz-pesquisa.ghtml
14. Manheim K. (1952). The Problem of Generations. In: Kecskemeti P (Ed.) Essays on the Sociology of Knowledge. London: Routledge & Kegan Paul. 1952. p. 276-322.
15. IBM Institute for Business Value. Myths, exaggerations and uncomfortable truths - The real story behind Millennials in the workplace. Recuperado em maio de 2022, de https://www.ibm.com/downloads/cas/JV4BR4Y7.
16. Duffy B. The Generation Myth: Why when You're Born Matters Less Than You Think. Hachette UK: Basic Books.2021. p. 288.
17. Rudolph CW, Rauvola RS, Zacher H. Leadership and generations at work: A critical review. The Leadership Quarterly. 2018; 29(1):44-57. http://dx.doi.org/10.1016/j.leaqua.2017.09.004.
18. Drucker P. O essencial de Drucker. Uma seleção das melhores teorias do pai da gestão. São Paulo: Actual. 2017. p. 376.

CAPÍTULO 7

EMPATIA E COMUNICAÇÃO

Empatia é um dos conceitos mais divulgados na última década, em todos os meios de comunicação. Jornais e televisão, revistas científicas e populares, internet e redes sociais têm disseminado amplamente informações, exemplos e dados sobre situações empáticas ou em que a falta de empatia causou danos irreparáveis às pessoas, aos negócios ou à sociedade.

Se o autoconhecimento marcou o século XX, expresso em atividades como terapia, meditação, retiros, yoga, compreensão sobre as próprias emoções e variadas incursões religiosas e de autoconhecimento, o século XXI nos traz o desafio da empatia, que é considerada atualmente a principal ferramenta para a revolução humana.[1] Isso não significa que o autoconhecimento não seja mais importante; ao contrário, ele é base para se desenvolver e bem-estar em sociedade, mas já é considerado *default*, ou seja, um padrão básico para as pessoas adultas. Portanto, o foco do desenvolvimento profissional e da liderança atualmente é conhecer o outro: "Quem é esse que nos rodeia?"; "Quem é esse a quem servimos?"; "Quem é esse que busca a nossa ajuda?"; "O que podemos fazer por ele?" e "O que preciso para entendê-lo melhor?"

O objetivo desse capítulo é apresentar informações selecionadas sobre o sentido real da empatia e aprender a como manifestá-la de modo adequado, por meio da comunicação. Empatia vem do grego *empatheia*, formado por *en* (em) mais *pathos*, (emoção, sentimento). Essa palavra também gerou simpático, apático e antipático. Embora empatia seja comumente apresentada como o ato de se colocar no lugar do outro (em inglês: *"To put yourself in the other's shoes"*), esse conceito é complexo, multidimensional e envolve tanto aspectos afetivos (relacionados à emoção) como cognitivos (relacionados à razão). Por esse motivo, a empatia deve ser apresentada como uma expressão guarda-chuva que abriga tanto reações, como respostas em relação aos outros. A definição mais simples de empatia é exatamente a de considerá-la como sendo o modo com o qual reagimos e respondemos aos outros, nas interações. Devemos à empatia a nossa capacidade de viver em sociedade e garantir nossa sobrevivência e a dos outros.[2]

Vale a pena relembrar que reagir e responder são o resultado de processos cerebrais muito diferentes (Veja Capítulo 1). Reações empáticas são automáticas e correspondem ao comportamento afetivo; já respostas empáticas são em grande parte desenvolvidas e dependem da avaliação que fazemos do outro e de dados que temos sobre a situação em questão. A empatia pode ser identificada individualmente, mas também como fenômeno de massa, como o que ocorre nas grandes tragédias, como tempestades, terremotos, incêndios e ataques terroristas. O exercício diário da empatia nos transforma em aliados e permite transitar, com maior facilidade e justiça, entre diversos grupos sociais, religiosos e políticos.

No mundo das organizações, empatia é considerada um superpoder empresarial.[3] Ao se exercitar a empatia nas empresas são geradas muitas vantagens, entre as quais: maior comprometimento organizacional no time, que estabelece conexões mais profundas; colaboração inovadora e eficiente entre diversas equipes; abertura para manifestar-se e apontar erros sem ser penalizado por isso; aumento do ânimo e do moral da equipe; redução do estresse e maior intenção de se manter no emprego, o que ajuda a reter os talentos; propensão de ir além dos deveres básicos de sua função; e criatividade, apoio aos outros e padrão ético elevado. Além disso, pessoas empáticas são vistas como mais eficazes por seus pares e são reconhecidas como tendo uma liderança natural.

Para compreender que tipos de empatia você tem mais desenvolvidos, faça uma autoavaliação de como você reage nas interações sociais.

AUTOAVALIAÇÃO: INVENTÁRIO DE EMPATIA

A seguir você encontrará uma série de afirmações que descrevem reações em diversas situações sociais. Leia cada uma delas e responda com que frequência essas afirmações se aplicam a você, marcando o número nos respectivos espaços em branco, de acordo com a escala adiante. Caso nunca tenha passado por alguma dessas situações, tente imaginar como você reagiria ao enfrentá-la.

1 = Nunca; 2 = Raramente; 3 = Regularmente; 4 = Quase sempre; 5 = Sempre

Inventário de Empatia (IE)[4]

	A	B	C	D
1. Quando faço um pedido, procuro me certificar de que este não irá trazer incômodo a outra pessoa				
2. Eu adiaria a decisão de terminar um relacionamento se percebesse que o meu par está com problemas				
3. Se estiver com pressa e alguém insistir em continuar conversando comigo, encerro imediatamente o assunto dizendo apenas que tenho que ir				
4. Quando alguém faz algo que me desagrada, demonstro livremente a minha raiva				
5. Quando alguém está me confidenciando um problema, exponho minha opinião objetivamente, apontando os seus erros e acertos				
6. Costumo me colocar no lugar da outra pessoa quando estou sendo criticado, para tentar perceber os sentimentos e razões dela				
7. Ao fazer um pedido a uma pessoa que está ocupada, declaro o meu reconhecimento do quanto ela está atarefada, antes de fazer o pedido				

	A	B	C	D
8. Quando recebo uma crítica, costumo me defender imediatamente				
9. Quando percebo que minha opinião contrasta com a do meu interlocutor, procuro me expor de forma mais incisiva				
10. Antes de pedir a uma pessoa para mudar um comportamento que me incomoda, procuro me colocar no lugar dela para entender o que a leva a ter tal comportamento				
11. Tenho facilidade de entender o ponto de vista de outra pessoa, mesmo quando ela me critica				
12. Antes de apontar um comportamento que me incomoda em alguém, procuro demonstrar que considero seus sentimentos e que compreendo suas razões				
13. Ao fazer um pedido incompatível com os interesses de outra pessoa, procuro ser persuasivo até conseguir o que desejo				
14. Ao acabar de ouvir um amigo que está com problemas, evito comentar sobre minhas conquistas				
15. Eu desistiria de fazer um pedido importante se este causasse incômodo considerável a outra pessoa				
16. Quando pretendo terminar uma relação, procuro pôr em prática a minha decisão em vez de ficar pensando muito a respeito				
17. Quando recebo uma crítica, esforço-me para identificar as razões que levaram a outra pessoa a me criticar				
18. Quando discordo do meu interlocutor, procuro ouvi-lo e, em seguida, demonstro compreender o seu ponto de vista antes de expressar o meu				
19. Quando alguém expõe uma opinião contrária à minha, sinto-me incomodado e procuro logo demonstrar o meu ponto de vista				
20. Se alguém me deve algo, cobro a dívida imediatamente, mesmo que ele possa ter motivos que justifiquem o não pagamento				
21. Antes de expressar a minha opinião sobre algo com que não concordo, eu procuro compreender o lado de todas as pessoas envolvidas				
22. É melhor terminar logo uma relação com uma pessoa do que ficar adiando, mesmo que naquele dia ele(a) não esteja bem				
23. Se eu fizer um pedido e receber uma negativa, procuro entender as razões do outro, mesmo me sentindo frustrado(a)				

(Continua.)

	A	B	C	D
24. Quando alguém age comigo de maneira hostil, respondo da mesma forma				
25. Quando recebo uma crítica procuro expressar para a outra pessoa a minha compreensão do que ela disse, para me certificar de que a entendi				
26. Quando alguém me faz um pedido que não posso ou não quero atender, digo "Não" sem rodeios				
27. Evito revelar meus problemas pessoais quando percebo que a outra pessoa não está bem				
28. Consigo compreender inteiramente os sentimentos e razões de outra pessoa que se comportou comigo de forma hostil ou prejudicial				
29. Antes de desabafar meus problemas com um amigo procuro me certificar de que ele está receptivo a me ouvir				
30. Não consigo ficar calado quando ouço alguém falar um absurdo				
31. Antes de expressar minhas opiniões em uma conversa procuro compreender as opiniões da outra pessoa, especialmente quando elas são diferentes das minhas				
32. Eu sou do tipo que não leva desaforo para casa				
33. Costumo me colocar no lugar de uma pessoa que está me revelando um problema para ver como me sentiria e o que pensaria se a situação fosse comigo				
34. Durante uma conversação procuro demonstrar interesse pela outra pessoa, adotando uma postura atenta				
35. Quando percebo que alguém se comporta de um modo que me incomoda, expresso imediatamente a minha insatisfação para deixar as coisas bem claras				
36. Antes de encerrar um relacionamento, eu me coloco no lugar da outra pessoa para avaliar como ela irá se sentir				
37. Ao fazer um pedido conflitante com os interesses de outra pessoa, procuro expressar meu reconhecimento sincero do incômodo que estou lhe causando				
38. Quando alguém não paga o que me deve, fico muito irritado e não hesito em cobrar a dívida				
39. Deixo de revelar uma experiência de sucesso se percebo que a outra pessoa está triste ou com problemas				
40. Se decidir recusar um pedido, vou direto ao ponto				
	A	B	C	D

COMPREENDENDO SEUS RESULTADOS

Esse teste explora quatro fatores fundamentais que compõem o conceito de empatia (construtos do instrumento): fator A. Tomada de Perspectiva (TP, 12 itens); fator B. Flexibilidade Interpessoal (FI, 10 itens); fator C. Altruísmo (AI, 9 itens) e fator D. Sensibilidade Afetiva (SA, 9 itens).

Transfira para o Quadro 1 os valores que você escolheu para as questões apontadas.

Quadro 1

	TP	FI	AI	SA
1				
2				
6				
7				
10				
11				
12				
14				
15				
17				
18				
21				
23				
25				
27				
28				
29				
31				
33				
34				
36				
37				
39				
Subtotais 1				

COMPREENDENDO SEUS RESULTADOS

Para o Quadro 2 você precisa fazer o cálculo reverso, conforme a seguinte orientação: se você marcou **1**, insira na célula **5**; se você marcou **2**, insira na célula **4**; se você marcou **3**, insira na célula **3**; se você marcou **4**, insira na célula **2**; se você marcou **5**, insira na célula **1**."

Quadro 2

	TP	FI	AI	SA
3				
4				
5				
8				
9				
13				
16				
19				
20				
22				
24				
26				
30				
32				
35				
38				
40				
Subtotais 2				

Some os subtotais dos Quadros 1 e 2 e anote no quadro adiante. Em seguida divida cada um dos quatro resultados pelo número à sua frente, obtendo as médias que servirão de base para você analisar seus resultados.

Cálculo do IE

Fatores	Subtotais 1 + 2	Divide por	Médias
TP		12	
FI		10	
AI		9	
SA		9	

Sua média de maior valor indica o fator de empatia que você apresenta mais desenvolvido. Ao contrário, sua média de menor valor indica o fator menos desenvolvido. Leia o que cada um dos fatores representa, para que você possa compreender melhor seus resultados. O valor máximo de cada fator é 5. Nossa experiência com esse teste indica que resultados acima de 2,5 pontos são encontrados em pessoas que têm esses fatores claramente desenvolvidos em sua percepção e identificados pelos outros. Valores abaixo desse limite merecem atenção e desenvolvimento consciente. Cabe também comentar que resultados muito altos, próximos ao valor máximo, podem indicar uma empatia desenvolvida em excesso, o que também merece atenção, para que não haja um desgaste desnecessário.

- **TP – Tomada de Perspectiva:** um resultado baixo neste fator denota dificuldade para compreender a perspectiva e os sentimentos da outra pessoa, mesmo em situações que envolvam conflito de interesses, o que exige esforço para compreender as razões do outro antes de expressar as próprias perspectivas. Esse fator representa o que popularmente se diz "Consigo me colocar no lugar do outro." Tomada de perspectiva juntamente com Flexibilidade Interpessoal corresponde à empatia cognitiva já descrita nesse capítulo.
- **FI – Flexibilidade Interpessoal:** expressa a capacidade para tolerar comportamentos, atitudes e pensamentos dos outros, muito diferentes dos próprios ou provocadores de frustração. Um resultado baixo neste fator indica dificuldade em aceitar pontos de vista diferentes e tendência a se aborrecer facilmente em situações de conflito de interesses ou de frustração interpessoal. Pessoas com baixa Flexibilidade Interpessoal tendem a ficar irritadas e reagir rapidamente quando os outros discordam de suas posições. Já um resultado alto indica habilidade de manter-se sereno, mesmo quando os outro discordam de suas posições.
- **AI – Altruísmo:** reflete a capacidade para sacrificar os próprios interesses com a finalidade de beneficiar ou ajudar alguém. Generosidade é dar o que se tem, enquanto altruísmo indica dar o que pode fazer falta para a pessoa, em uma atitude de contribuir para que o outro se sinta melhor. Um escore baixo neste fator revela tendência egoísta. O altruísmo corresponde à descrição de preocupação empática.
- **SA – Sensibilidade Afetiva:** indica sentimentos de compaixão e de interesse pelo estado emocional do outro. Um escore baixo nesse fator reflete pouca atenção ou cuidado em relação às necessidades dos outros. A sensibilidade afetiva corresponde à descrição de empatia emocional.

Lembre-se que a empatia pode ser conscientemente desenvolvida e trabalhe no que for preciso para realizar uma comunicação mais empática.

TIPOS DE EMPATIA

Muitos autores reconhecem a existência de mais de um tipo de empatia, com características próprias e, de certa forma, independentes. As pessoas demonstram empatia de diversos modos e são geralmente reconhecidos três tipos:[5] empatia emocional, preocupação empática e empatia cognitiva, que nos permitem experimentar, ajudar, inferir e compreender os outros. Esses tipos são chamados de tríade da empatia. Como veremos, empatia e escuta são intimamente interligadas.

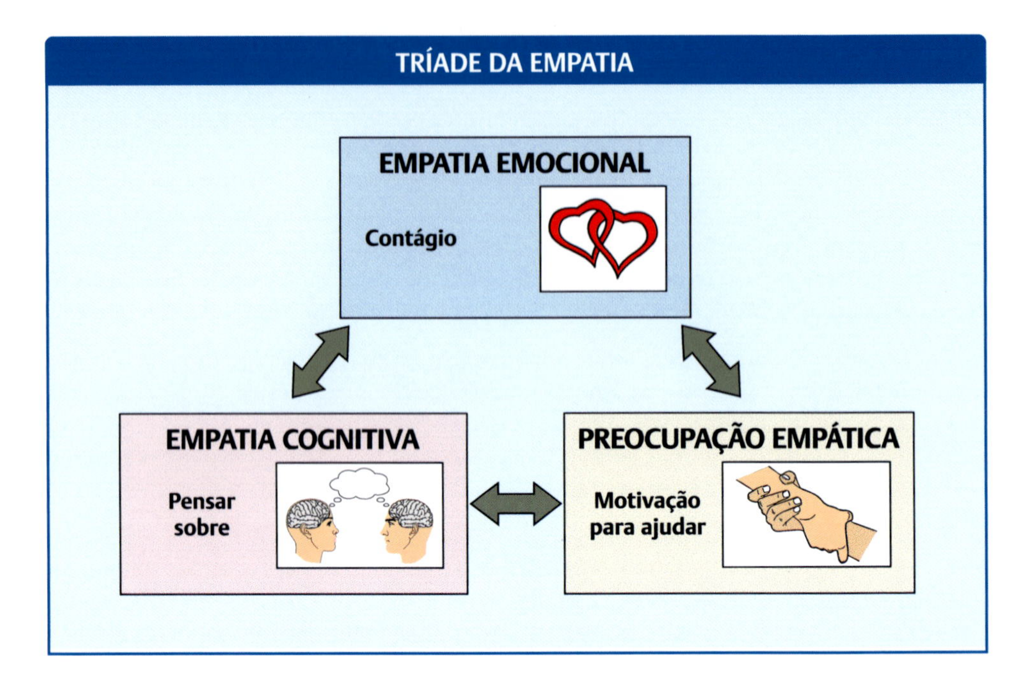

1. **Empatia emocional**: a empatia emocional é também conhecida como reação de contágio, ou seja, é sentir o que o outro sente, captar sinais, sejam de alegria ou tristeza, como um espelho das emoções. Esse tipo de empatia pressupõe conexão emocional, está presente nos seres humanos e, em alguns animais, como os cães, e se relaciona às necessidades básicas de sobrevivência da espécie humana desde a pré-história. Ela é mais perceptível nas relações com as pessoas próximas, que fazem parte de nossos círculos sociais e familiares. Ela aparece em menor intensidade quando a situação é distante de nosso dia a dia, longe do mundo em que vivemos ou com pessoas desconhecidas. O choro reativo de um bebê, como resposta ao choro de outro bebê, é considerado um precursor inato da ativação da empatia, dominante no primeiro ano de vida. Por outro lado, o excesso de empatia emocional pode levar a um distresse, que é o estresse negativo, favorecendo o aparecimento de doenças.[6] A comunicação nessa empatia é essencialmente *não verbal* e reagimos com mudança de expressão facial, gestos, tom de voz, respiração alterada e interjeições de tristeza (como "Nossa.", "Puxa vida.") ou de apoio emocional (como "Força.", "Que difícil!"). Essas reações ocorrem de modo imediato e natural e são provavelmente com base nas respostas dos neurônios espelhos, relacionadas à imitação, essenciais na interação social, sobrevivência e aprendizado.[7] Nessa empatia, as escutas Apreciativas e Empáticas são as mais praticadas.

2. **Preocupação empática**: a preocupação empática está relacionada à expressão de compaixão, ou seja, uma motivação para melhorar o bem-estar do outro. Esse tipo de empatia é o que mais desencadeia ações de ajuda, bondade e altruísmo. De modo simplificado é sentir o que o outro precisa e atendê-lo. Ela aparece na primeira infância e pode ser observada em bebês entre 1 e 2 anos,[8] que ajudam pesquisadores em situações de laboratório, mesmo sem compreender exatamente o que está acontecendo e, muitas vezes, sem ter condições motoras de ajudar. Assim, de modo intuitivo,

experimentamos o que acontece com o outro e ponderamos se consideraremos ou não as necessidades dessa pessoa, o que indica que os mecanismos neurais são aqui um pouco mais sofisticados. A compaixão aparece ao buscarmos reduzir o sofrimento do outro, aspecto presente em muitas religiões, e que nos faz oferecer ajuda, reduzir a pressão da situação e criar vínculos que nos dão prazer. Nessa situação, muitas vezes mostramos solicitude e de modo automático ajudamos o outro para evitar uma queda, carregar algo pesado, abrir uma porta ou reduzir a possibilidade de um acidente. A preocupação empática envolve a experiência direta da aflição do outro, uma empatia emocional primária, aliada com a preocupação de favorecer o bem-estar dessa pessoa. Isso significa que são envolvidos circuitos cerebrais emocionais e racionais.[5] Tudo isso vale também para quando alguém compartilha com você um problema, relatando algo ocorrido com ele. Os mecanismos de preocupação empática são ativados, mas não necessariamente o outro quer ser ajudado. Desta forma, é importante você verificar o objetivo do outro, procurando saber se a pessoa quer mesmo ouvir sua opinião, se está pedindo ajuda, ou se ela quer apenas desabafar. Algumas afirmações como "Obrigada por compartilhar." e "Que difícil!", podem abrir os canais de comunicação. Uma pergunta como "Você gostaria de ouvir minha opinião?" ou "Posso dizer o que eu vejo, estando de fora dessa situação?" ou ainda "Posso compartilhar qual a minha preocupação com essa situação?", deve anteceder qualquer indicação sobre como o outro pode ou deve resolver o problema apresentado. Nesse tipo de empatia, as escutas Empática e a Organizativa são essenciais.

3. **Empatia cognitiva**: a empatia cognitiva, a mais racional dos três tipos, refere-se a entender e validar o ponto de vista do outro, mesmo sendo diferente do seu. Esse tipo de empatia exige que consideremos a possibilidade de outras opiniões, outras percepções e outras experiências, que vão além das nossas. Ao manifestarmos a empatia cognitiva nas relações sociais, enviamos a mensagem de que não somos os únicos donos da verdade e que pode haver diversas visões e interpretações sobre um mesmo tema. Essa forma de empatia cognitiva é a última a se desenvolver e depende muito mais de oportunidades e treinamento, do que de uma habilidade humana inata. Com um pouco de treino podemos perceber quando uma situação dispara os nossos mecanismos de empatia cognitiva. Isso permite a tomada de perspectiva, de forma mais racional e lógica, procurando entender melhor o ponto de vista do outro, muitas vezes contrário ou diferente do nosso. Esse procedimento pode ser muito útil no ambiente de trabalho, onde nos relacionamos com pessoas muito diferentes de nós, mas é difícil de fazê-lo, porque consome recursos do cérebro e pode provocar desconforto. Por isso o treino é essencial. É importante também entender que existe uma armadilha na tomada de perspectiva: tendemos a fazer inferências e gerar vieses com base em nossa própria vivência, sem considerar o que o outro realmente está vendo ou como ele construiu sua experiência. Portanto, para a prática da empatia cognitiva eficaz, devemos ser mais ativos e buscar a perspectiva do outro. Para isso, a comunicação é fundamental e deve ser feita pedindo que o outro confirme o que você está percebendo, ou pedindo que ele compartilhe suas perspectivas, fazendo perguntas abertas (que não sejam respondidas com "Sim." ou "Não.") para favorecer a compreensão do que ocorre na mente do outro. Nesse caso, as escutas Perspicaz e Avaliadora são parceiras da empatia cognitiva.

As três empatias são importantes: a emocional cria laços imediatos entre as pessoas, dando a sensação de que se pertence a um grupo; a preocupação empática dá o conforto de saber que alguém se preocupa conosco e é essencial quando estamos vivendo um momento desafiador, quando falhamos ou recebemos um *feedback* negativo, sendo por isso muito valorizada na liderança; a empatia cognitiva é um elemento fundamental na negociação, liderança de times e quando nos comunicamos com interlocutores difíceis.

CÉREBRO E EMPATIA

Os mecanismos neurais envolvidos na empatia são variados dependendo do que é observado:[9] a empatia manifestada em relação aos membros do que é considerado seu grupo (etnia, religião, time de futebol, família...) está associada principalmente a áreas cognitivas (como o córtex-pré-frontal medial), enquanto a empatia mais abrangente, pela humanidade, está associada mais diretamente às áreas de processamento afetivo (ínsula e córtex cingulado anterior).

Estudos de neuroimagem reforçam que os diversos tipos de empatia têm localização específica no cérebro. Por exemplo, quando voluntários de pesquisas têm empatia com a emoção e a dor dos outros, ou seja, quando se contagiam por uma cena triste ou alegre, observou-se um aumento na atividade da ínsula anterior e no córtex cingulado anterior.[10,11] Já a preocupação empática envolve o contágio emocional, feito pela ativação das amígdalas, estrutura importante do sistema límbico, que detecta o perigo, e o córtex pré-frontal pela liberação de oxitocina, hormônio relacionado aos laços sociais e ao prazer, o que reforça esse comportamento empático, desencadeando motivação para atender a necessidade do outro. Quando ocorre uma ação e percebemos o bem-estar de quem estamos atendendo, observa-se ativação no córtex orbitofrontal medial, estriado ventral e área tegmental ventral,[12] regiões cerebrais relacionadas com tomada de decisão, recompensa e produção de dopamina. Finalmente, a empatia cognitiva é ainda mais complexa, exige a capacidade de compreender o que se passa com o outro e diferenciar entre o observador (ou seja, sua experiência ao ver uma determinada situação) e o que é observado (o fato em si) e ativa um maior número de estruturas e regiões do cérebro, em uma rede neural ainda mais complexa.[13]

A Teoria da Mente, em inglês *Theory of Mind* (ToM),[14] é frequentemente utilizada para explicar a empatia cognitiva. Ela inclui compreender intenções, crenças e estados mentais próprios e dos outros.[15] Essa teoria propõe que somos capazes de inferir o que se passa com os outros, fazer analogias a partir do que nós vivemos no mundo, acrescido de informações relacionadas à nossa cultura. Muitas estruturas estão envolvidas nesse processo em regiões posteriores (sulco temporal superior) e anteriores do cérebro (córtex pré-frontal medial). Além dessas estruturas, o circuito da Teoria da Mente ainda envolve o córtex orbitofrontal e as amígdalas cerebrais, ou seja, os sistemas 1 e 2 trabalhando em conjunto (Veja Capítulo 1). Das três empatias, a cognitiva é a que mais representa uma habilidade desenvolvida, ativada e treinada por meio de nossas experiências sociais ao longo dos anos. Em outras palavras, teremos maior chance de desenvolver essa habilidade tão necessária no mundo moderno, diverso e globalizado, quanto mais rica for a nossa experiência de diversidade, curiosidade para entender o diferente (mesmo que inicialmente possa parecer um absurdo), com abertura da mente para troca de informações e reflexões.

Contudo, ao prever o que acontece com o outro usando nossas crenças e experiências pessoais, podemos fazer inferências inadequadas, imprecisas e errôneas. Portanto, a tomada de perspectiva deve ser acompanhada da busca de perspectiva, ou seja, observar e escutar como base na interação, inferir e perguntar ao outro sobre o que se passa, para se testar a inferência feita. Isso é essencial, já que nossa conclusão pode ter sido com base em premissas falsas ou parciais, que levaram em conta apenas nosso lugar no mundo.

O ideal é ter e manifestar as três formas de empatia, embora possamos ser mais fortes em uma delas. O risco de apresentar uma empatia cognitiva muito desenvolvida, com uma grande habilidade de compreender com precisão o que se passa com o outro, sem apresentar a empatia emocional e a preocupação empática, é o de se manipular o comportamento e agir sem escrúpulos. Em seu extremo, pode ser encontrado em indivíduos narcisistas, maquiavélicos e, de modo característico, no psicopata, que tem um comportamento antissocial e sente prazer em causar sofrimento aos outros.[16] Distúrbios da empatia também são identificados nas pessoas que apresentam transtornos do espectro do autismo,[17] pelas dificuldades que têm de ecoar ou reconhecer os estados internos dos outros. Porém, ao contrário dos indivíduos psicopatas, pessoas do espectro autista têm a empatia emocional, ou seja, sentem a dor do outro.[18]

EMPATIA E COMUNICAÇÃO

Sabemos que a empatia envolve a experiência afetiva do estado emocional do outro, uma preocupação genuína em aliviar uma possível condição e o reconhecimento e compreensão de que pode haver outras verdades que não a sua. As manifestações empáticas ajudam a conexão com o outro e a validar sua perspectiva por meio de uma comunicação direta, clara e específica para uma situação qualquer. Com isso, podem ser reduzidos preconceitos, conflitos, agressividade e hostilidade, além de facilitar negociações e conectar pessoas de grupos diversos.

As formas de comunicação nos três tipos de empatia são diferenciadas. A **empatia emocional** é comunicada pelas nossas expressões faciais, gestos corporais e tom de voz, ou seja, nesse tipo de empatia a linguagem não verbal desempenha automaticamente seu papel e temos pouco controle sobre tais manifestações, exatamente por elas terem o objetivo de garantir a sobrevivência. As escutas, Apreciativa e Empática, têm um papel importante. A **preocupação empática** também ativa muitas pistas não verbais de percepção do perigo ou de dificuldades, mas tem um componente de comunicação verbal muito importante, que é a oferta de ajuda ao outro. Essa oferta pode ser algo bastante automático, quando vemos alguém com uma pilha de pacotes ou em dificuldades para abrir uma porta, mas deve ser vista como uma comunicação consciente, quando uma pessoa relata um problema pelo qual está passando. A maior parte dos seres humanos tem a necessidade de desabafar, e esse ato alivia imediatamente o estresse; contudo, ao fazê-lo, não necessariamente queremos que o outro resolva nosso problema, mas queremos uma escuta consciente, seja Empática ou Organizativa. Oferecer ajuda, perguntar se o outro gostaria de ouvir nossa opinião, compartilhar algo semelhante ocorrido com você podem ser estratégias úteis de comunicação, se o interlocutor aceitar. Finalmente, a **empatia cognitiva** envolve uma comunicação consciente, com base em fazer perguntas, confirmar inferências, perguntar sobre interpretações e explorar com o interlocutor outras visões sobre o que é observado e analisado, o que é facilitado pelas escutas, Perspicaz e Avaliadora. A empatia cognitiva faz-se por um diálogo que aproxima pessoas, acolhe diferentes pontos de vista e pode fazer com que todos os envolvidos tenham seus pontos de vista transformados. Por outro lado, a falta de empatia pode aparecer na comunicação com diversos sinais, como: dificuldade de escutar os outros, opiniões muito fortes e expressas sem reflexão, uso de argumentos intermináveis quando em discordância, achar que os outros são muito sensíveis, dificuldades de se trabalhar em equipe e falar sem considerar o impacto das palavras ou do tom de voz sobre o outro (a famosa *hashtag* #prontofalei).

Apesar de haver distinções entre as três empatias, tanto com relação às estruturas envolvidas, circuitos do cérebro e formas de comunicação, como em função de sua utilidade para determinados momentos e situações, elas são profundamente interligadas e é importante o uso de todas. Quando compreendemos o que cada uma delas representa, isto é, o contágio, na empatia emocional; a motivação, na preocupação empática; e o pensamento, na empatia cognitiva, usamos esses três circuitos em nossas interações sociais, o que promove um mecanismo humano de colaboração genuína e bondade global.[3] A importância desse mecanismo fica evidente quando vemos o que nós, seres humanos, conseguimos desenvolver em pouco mais de 10 mil anos, partindo da vida em pequenas tribos, construindo vilas, cidades, metrópoles e civilizações. Um único indivíduo não conseguiria tal feito, mas em grupo somos muito mais poderosos e podemos fazer coisas que jamais conseguiríamos de modo isolado: fica claro o papel da empatia no bem-estar socioemocional, além de sua função na sobrevivência de nossa espécie.

O quadro a seguir mostra os tipos de empatia, com suas características principais e os elementos de comunicação característicos de cada um.

Síntese dos Tipos de Empatia		
Tipos	**Características principais**	**Elementos de comunicação**
Empatia emocional	Palavra-chave: sentir É a mais natural Aparece em alguns animais Reação automática de contágio emocional	Expressões faciais, gestos, mudança respiratória Algumas expressões de dor, surpresa ou contentamento Escutas Apreciativa e Empática
Preocupação empática	Palavra-chave: ajudar Aparece entre 1 e 2 anos de idade Motivação para ajudar Pode ser desenvolvida	Movimentos de ajuda automáticos Palavras de conforto Expressão de preocupação Oferta de apoio Escutas Empática e Organizativa
Empatia cognitiva	Palavra-chave: compreender Aparece mais tardiamente Resposta de leitura da mente dos outros Entender a comunicação verbal e não verbal Pode ser desenvolvida	Expressão verbal de que entendemos como o outro vê o mundo Perguntas para esclarecimento Confirmação de inferências Validação da perspectiva do outro Escutas Perspicaz e Avaliadora

COMUNICAÇÃO CONSCIENTE NO USO DA EMPATIA

Se, por um lado, esses três tipos de empatia resultam na bondade global e sempre garantiram a nossa sobrevivência, por outro, pesquisas recentes destacam algumas desvantagens no uso da empatia, quando feito de forma indiscriminada, pois isso pode comprometer o comportamento moral, ético e a saúde mental e emocional dos envolvidos.[12] Para evitar esse risco, devemos desenvolver uma **comunicação consciente** para escolher as situações em que a empatia será uma boa prática e promover ações individuais e coletivas, em direção a objetivos compartilhados. Além de escolher as situações em que a manifestação de empatia se aplica, devemos considerar os perigos do seu uso excessivo, principalmente quando isso produz vieses, quando restringe o foco do problema, quando ocasiona perda de visão do todo e quando as emoções ou justificativas paralisam as ações.[8]

A comunicação consciente colabora para o bom uso da empatia, em diversas situações. Por exemplo, quando queremos ajudar alguém, o melhor resultado será obtido se usarmos os três tipos de empatia. Se, porém, quem ajuda sente em demasia a mesma emoção que o outro, o componente emocional pode atrapalhar e até inibir esta ajuda, porque ele pode bloquear as ações. Imagine que você acabou de ser desligado de uma empresa e ainda está bastante abalado, embora até compreenda racionalmente a necessidade de redução do quadro de colaboradores. Um amigo próximo passa pela mesma situação e vem buscar ajuda e desabafar com você. Talvez você não seja a melhor pessoa para ajudar nesse momento, uma vez que ambos estejam passando pela mesma situação. Quando compreendemos isso, fica claro que a melhor forma de apoiar o seu amigo é dizendo que se importa com ele e com sua amizade, mas que também está em um momento delicado.

Um segundo exemplo está diretamente relacionado à dificuldade de uma pessoa dizer "não" ou impor limites aos outros, comum em profissionais da área de saúde ou que trabalham em ambientes organizacionais altamente demandantes e competitivos. Profissionais de saúde tendem a estender seu horário de trabalho além do saudável, para dar conta a todas as demandas de seus clientes e pacientes. O mesmo acontece em times muito competitivos, em que o tempo para finalizar um projeto parece nunca ser suficiente. Neste caso, é importante avaliar se há excesso da empatia emocional ou da preocupação empática, o que pode provocar ansiedade crônica e síndrome de *burnout* (esgotamento profissional), doenças tão comuns na atualidade. Mais uma vez, a comunicação é peça fundamental para um posicionamento adequado e favorecer a busca de perspectivas (empatia cognitiva) de colegas ou gestores, quando se pensa no trabalho, ou de familiares e amigos, promovendo engajamento e equilíbrio entre o desejo de agir e as emoções envolvidas.

O emprego da empatia tem sido sugerido para reduzir as consequências negativas da polarização política. A animosidade crescente pode dificultar o apoio de diversos partidos em questões importantes, como a pandemia da Covid-19, as alterações climáticas e a integridade eleitoral, além de afetar as relações sociais, como amizades, contratações e escolhas de pessoas.[19] Usar empatia tem a possibilidade de abrir canais de comunicação e mudar posicionamentos extremistas, sendo crucial em questões críticas. Vários são os benefícios encontrados no uso da empatia quando pessoas de diferentes partidos, ou subgrupos de um mesmo partido, se esforçam para compreender pontos de vista diferentes e discordantes. Ao entender e usar a empatia como recurso e não como uma fraqueza política de segurança em seu posicionamento, as pessoas se tornam emocionalmente menos polarizadas e conseguem estabelecer um diálogo para reduzir a animosidade e a polarização de atitudes partidárias. Quando a empatia é empregada em diálogos entre diversos partidos, estabelecem-se condições para se criar redes de amizade politicamente diversificadas. Portanto, indivíduos que usam a empatia tanto com outros partidos, quanto como um recurso político em seu próprio grupo, impactam positivamente suas atitudes e comportamentos, assim como as atitudes das pessoas com quem se comunicam. Desta forma, são capazes de mudar as opiniões dos membros de outros grupos, não só moderando suas próprias crenças, mas comunicando-as de uma maneira mais empática e conciliadora, facilitando a persuasão e chegando a melhores resultados.[2,20]

Diversos estudos sobre empatia têm gerado algumas informações importantes que contestam as afirmações correntes na mídia leiga que empatia seja um traço de personalidade ou expressão de fraqueza.[3] Empatia não é traço de personalidade e nem é uma capacidade fixa que algumas pessoas têm e outras não; empatia é uma habilidade que pode ser treinada e desenvolvida e que é tão mais valiosa quanto mais diversos forem os ambientes em que se vive. Empatia não é fraqueza, vulnerabilidade e nem deixa as pessoas emocionais demais, sensíveis em excesso; ao contrário, mostrar-se empático revela a maturidade de reconhecer que outras pessoas têm vidas e percepções diversas das nossas e que podemos debater, analisar e considerar opiniões diferentes.

Dados de pesquisa recente mostraram que: mais de 87% dos CEOs consideram que a empatia apoia os resultados nas organizações; 90% dos funcionários disseram que seriam mais leais em ambientes empáticos; e mais de 80% dos entrevistados trabalhariam mais horas se houvesse mais empatia. Por outro lado, 72% disseram que considerariam mudar de emprego, se a empresa não fosse empática. Os funcionários mais jovens (incluindo as gerações *Millennials* e Z) são os que mais investem em comportamentos empáticos.[3] Contudo, ainda existe uma grande lacuna entre considerar importante e aplicar empatia nas organizações. Exatamente pelo fato de ser vista como fraqueza e não haver uma boa compreensão do conceito, a empatia ainda não é um hábito diário entre gestores e suas equipes. Portanto, a atitude a ser desenvolvida é a de abordar o conceito, explorar seus diversos tipos e encontrar ações estratégicas para aplicar a empatia diariamente, como ferramenta de comunicação, principalmente em equipes diversas, para apoiar a escuta, amenizar possíveis efeitos de vieses e alinhar as diferenças, com foco nos objetivos e resultados.

EMPATIA E COMUNICAÇÃO INCLUSIVA PARA A DIVERSIDADE

Reconhecemos que é muito mais fácil desenvolvermos boas relações e nos comunicarmos conscientemente e com maior fluência com as pessoas que gostamos, que são similares a nós e com as quais sentimos naturalmente uma boa conexão. Quando desculpamos quem gostamos, mas julgamos com rigor quem não nos é agradável, ou quando ajudamos seletivamente quem é parecido conosco e dizemos que não temos tempo para os outros, estamos sendo empáticos com alguns e desfavorecendo outros.

A realidade é que temos mais motivação para ajudar pessoas de quem gostamos ou que são parecidas conosco e até escutar seus pontos de vista, mesmo que sejam diferentes dos nossos. De forma oposta, em geral temos pouca paciência e baixa motivação para ajudar pessoas diversas de nós, de quem não gostamos, com maior dificuldade em validar pontos de vista diferentes dos nossos, gerando conflitos, estresse e dificuldade em atingirmos os resultados desejados. Comunicar-se com pessoas parecidas é mais fácil, contudo, a diversidade é fundamental para a qualidade da tomada de decisão, criatividade e inovação, especialmente nas empresas. Para agir sobre essa tendência de favorecer empaticamente alguns, precisamos praticar a empatia cognitiva, observando e escutando o outro, fazendo perguntas e pedindo esclarecimentos, com o objetivo de conhecer mais sobre o outro e a situação em questão.

Práticas comunicativas que manifestam empatia ajudam a criar um ambiente de segurança psicológica, um conceito inicialmente explorado nas equipes de saúde, com o objetivo de se reduzir erros de prescrição que colocavam em risco a vida de pacientes. O conceito de Segurança Psicológica expandiu-se para o mundo das organizações e descreve um ambiente em que os membros de um time sentem-se seguros o suficiente para correrem riscos interpessoais, manifestando e compartilhando preocupações, perguntas ou ideias.[21] Esse conceito é tão importante que o projeto Aristóteles, desenvolvido pela

Google,[22] com o objetivo de identificar o que faz um time ser efetivo, concluiu, após mais de 200 entrevistas em 180 empresas de diversas indústrias, que equipes de alta *performance* são caracterizadas, em primeiro lugar, por elevada segurança psicológica, seguido por confiabilidade, estrutura e clareza, significado e impacto. Fatores, como perfil de personalidade (introvertido-extrovertido), gênero, formação acadêmica, volume e local de trabalho, não foram significativos para indicar alta *performance*. Aspectos comportamentais destacaram-se com alta significância estatística, ou seja, ver pontos de vista diferentes, buscar ativamente a perspectiva dos outros com curiosidade, permitir que as pessoas se manifestem mesmo quando discordam entre si e encontrar elementos similares que permitam colaboração melhoram a qualidade das relações profissionais e favorecem o resultado. Investir na empatia deve ser uma atitude diária, pois reforça a segurança psicológica, fator essencial para resultados de qualidade em equipes que prezam a diversidade e buscam obter alta *performance*.

Sugestões de comunicação empática e inclusiva para favorecer a segurança psicológica nos times são apresentadas em três tipos de situações: complexidade, mudanças e conflitos, como apontados a seguir.

Síntese das Sugestões de Comunicação Empática e Inclusiva	
Situações	**Sugestões de comunicação inclusiva**
Complexidade	"Isso é novo e complexo, vamos listar o que sabemos até agora?" "Isso é novo e complexo, não temos conhecimento sobre o tema, vamos fazer um *brainstorm*?" "Vamos ouvir as impressões de todos, mesmo que sejam apenas iniciais?" "O que ainda precisamos buscar de informações?"
Mudanças	"O que já temos a favor dessa mudança?" "O que precisamos fazer para ajudar nessa mudança?" "Vamos listar o que temos que melhorar?" "O que ganharemos com tais mudanças?"
Conflitos	"Vamos lembrar qual nosso objetivo e onde queremos chegar?" "Será que já ouvimos todas as opiniões?" "Como tirar o melhor de cada ponto de vista?" "Qual o denominador comum dessa discussão?"

A diversidade só irá acontecer de fato se praticarmos uma comunicação inclusiva, o que muitas vezes é contraintuitivo e, por isso, precisamos do esforço do cérebro executivo para realizar essa tarefa. Sem inclusão não ocorre diversidade, além disso a rejeição social causa dor, tanto ou maior que a dor física.[23] Um grande aliado da comunicação inclusiva para a prática da empatia é, mais uma vez, o modelo SCARF® (Veja Capítulo 1).[24] Quando enviamos mensagens corretas, verbais e não verbais, com o cérebro em mente, favorecemos a comunicação para inclusão de pessoas diversas. A seguir, apresentamos um quadro comparativo entre uma atitude de exclusão e outra de inclusão para cada domínio do SCARF®, considerando o que o domínio representa para a pessoa que recebe a mensagem.

Síntese das Exclusões e Inclusões nos Domínios do SCARF®		
Domínio SCARF®	**Sinais de ameaça Exclusão**	**Sinais de recompensa Inclusão**
STATUS Sentir-se respeitado e valorizado	Tratar o outro como se fosse apenas mais um entre muitos, valorizando apenas alguns do grupo Criticar de forma dura e sem dar chance do outro falar	Deixar claro que as ideias e opiniões de todos são bem-vindas e permitir que todos se manifestem Reconhecer o esforço e o progresso de forma explicita e específica, não só o resultado
CERTEZA Sentir-se informado e a par do que é mais importante	Supor que a informação foi compartilhada e que o outro sabe o que você precisa Comunicar-se de forma ambígua e indireta sobre escolhas e decisões	Perguntar como a pessoa gostaria de ser tratada e receber informações Informar como você gostaria de ser tratado e receber informações Explicar de forma explícita as escolhas e decisões
AUTONOMIA Poder fazer escolhas e ter controle	Microgerenciar e controlar de forma excessiva Decidir se a pessoa é capaz de assumir ou fazer algo, sem oferecer a oportunidade de escolha Dizer ao outro o que e como fazer	Permitir que as pessoas escolham suas ações e decisões Oferecer duas ou três opções sobre ações ou decisões a serem tomadas, se necessário Permitir a participação de todos, escutando seus pontos de vista para construção de objetivos e planos
RELAÇÃO Sentir-se pertencendo ao grupo	Ignorar o outro, não permitir que se expresse, não escutar Não mostrar interesse, tanto profissional quanto pessoal Dar atenção apenas àqueles que são semelhantes a você	Perguntar com curiosidade opiniões diferentes das suas Escutar com atenção para encontrar pontos comuns e desenvolver objetivos em conjunto Criar oportunidades para escutar pessoas diferentes de você
FAIRNESS (Justiça) Receber créditos pelo que realizou e oportunidades como os outros	Mostrar favoritismo Não ter regras ou mudá-las no meio do caminho Criar um ambiente inseguro para outras opiniões, novas ideias ou riscos aceitáveis	Garantir que todos sejam ouvidos, reconhecidos e tenham oportunidades Informar com coerência, as razões das mudanças, quando forem necessárias Pedir explicitamente opiniões diversas e novas ideias, deixando claro que apoiará quando os riscos forem aceitáveis

O bom uso da empatia está diretamente relacionado ao desenvolvimento da comunicação consciente inclusiva, e isso influencia tanto na qualidade das relações, quanto no acerto da tomada de decisão. Ao compreendermos que a empatia emocional é a mais natural e automática de todas, fica claro como é mais fácil nos conectarmos com as pessoas mais próximas (família, amigos...) ou com aqueles que temos mais similaridade. Naturalmente, o cérebro humano faz uma conexão imediata, e a comunicação fica mais fluida e até sincronizada. Contudo, as relações ficam restritas a essas poucas pessoas, podendo-se excluir outras com as quais não temos muita identificação. Principalmente no ambiente organizacional, lidamos diariamente com um número muito maior de pessoas diversas e é exatamente essa diversidade que tem sido considerada um diferencial para boas decisões e, consequentemente, resultados inovadores e criativos.[25,26]

Lidar com pontos de vista diferentes, muitas vezes opostos aos nossos, é o grande desafio na comunicação no século XXI. Para fazermos isso com eficiência, precisamos usar a escuta para favorecer o uso da empatia cognitiva e da preocupação empática em conjunto. Isso requer esforço e energia, uma vez que vários mecanismos e áreas do cérebro diferentes são ativados. Ao mesmo tempo, não podemos nos deixar envolver excessivamente nas emoções do outro, para não sermos influenciados por vieses, julgamentos e suposições, já que isso vai impactar negativamente a qualidade da comunicação e gerar decisões que podem não ser as melhores, comprometendo os resultados e criando mal-estar emocional e mental entre os envolvidos. Em resumo, precisamos compreender o diverso (empatia cognitiva), buscando novas perspectivas que trarão as informações que precisamos para saber como podemos ajudar (preocupação empática), sem se envolver excessivamente nas emoções (empatia emocional). Desta forma, favorecemos a colaboração, engajamento e motivação em um grupo muito maior de pessoas diversas, o que gera a chamada Inteligência coletiva.

Portanto, empatia deve ser uma escolha consciente, e sua manifestação, com uma comunicação adequada, é fundamental para a qualidade nas relações humanas, beneficiando os resultados pessoais e profissionais.

VÍDEOS RECOMENDADOS

We're experiencing an empathy shortage, but we can fix it together
TED Talk de Jamil Zaki em que explica os riscos de não sermos empáticos.
https://www.ted.com/talks/jamil_zaki_we_re_experiencing_an_empathy_shortage_but_we_can_fix_it_togethert we can fix it together | TED Talk

TV MSNBC entrevista com Jamil Zaki
Participação de Jamil Zaki no jornal da TV MSNBC, entrevistado por Craig Melvin sobre empatia em tempos de polarização.
https://www.msnbc.com/craig-melvin/watch/-when-we-listen-to-others-we-disarm-them-author-of-the-war-for-kindness-building-empathy-in-a-fractured-world-98602565961

RSA Short: Empathy
Animação de Brené Brown sobre a diferença entre empatia e simpatia, produzido por RSA - Express for the Mind.
https://brenebrown.com/videos/rsa-short-empathy/

The power of vulnerability
TED Talk de Brené Brown sobre a força de mostrar vulnerabilidade, destacando que empatia não é fraqueza.
https://brenebrown.com/videos/ted-talk-the-power-of-vulnerability

How to get serious about diversity and inclusion in the workplace
TED@UPS de Janet Stovall sobre diversidade e inclusão no trabalho, para que as pessoas se sintam autênticas e não assimiladas.
https://www.ted.com/talks/janet_stovall_how_to_get_serious_about_diversity_and_inclusion_in_the_workplace

REFERÊNCIAS BIBLIOGRÁFICAS

1. Krznaric R. O poder da Empatia - A arte de se colocar no lugar do outro para transformar o mundo. 1. ed. São Paulo: Zahar. 2015.
2. Zaki J. The War for Kindness: Building Empathy in a Fractured World. Crow. 2019. 272 p.
3. Zaki J. Leading with empathy in turbulent times: a practical guide. Edelman. Retrieved March 30th, 2022, from https://www.edelman.com/expertise/employee-engagement/leading-with-empathy-guidebook?msclkid=f9e16b60b06b11ec8a79669211f0dc50.
4. Falcone EMO, Ferreira MC, Luz RCM, Fernandes CS, Faria CA, D'Augustin JF, et al. Inventário de Empatia (I.E.): desenvolvimento e validação de uma medida brasileira. Avaliação Psicológica. 2008; 7(3): 321-34.
5. Goleman D. What is empathy? And why is important. In: Harvard Business Review. Empathy (HBR Emotional series Empathy). Boston: Harvard Business Review Press. 2017.
6. Cheetham M, Pedroni AF, Antley A, Slater M, Jäncke L. Virtual milgram: empathic concern or personal distress? Evidence from functional MRI and dispositional measures. Frontiers in human neuroscience. 2009; 3(29). https://doi.org/10.3389/neuro.09.029.2009.
7. Rizzolatti G, Craighero L. The mirror-neuron system. Annual review of neuroscience. 2004; 27:169–92. https://doi.org/10.1146/annurev.neuro.27.070203.144230.
8. Bloom P. O que nos faz bons ou maus. Rio de Janeiro: Best Seller. 2014. p. 255.
9. Mathur VA, Harada T, Lipke T, Chiao JY. Neural basis of extraordinary empathy and altruistic motivation. NeuroImage. 2010; 51(4):1468–75. https://doi.org/10.1016/j.neuroimage.2010.03.025.
10. Wicker B, Keysers C, Plailly J, Royet JP, Gallese V, Rizzolatti, G. Both of us disgusted in My insula: the common neural basis of seeing and feeling disgust. Neuron. 2003; 40(3):655–64. https://doi.org/10.1016/s0896-6273(03)00679-2.
11. Lamm C, Bukowski H, Silani G. From shared to distinct self-other representations in empathy: evidence from neurotypical function and socio-cognitive disorders. Philosophical transactions of the Royal Society of London. Series B, Biological sciences. 2016; 371(1686):20150083. https://doi.org/10.1098/rstb.2015.0083.
12. Weisz E, Cikara M. Strategic Regulation of Empathy. Trends in cognitive sciences. 2021; 25(3):213–27. https://doi.org/10.1016/j.tics.2020.12.002.
13. Decety J, Meyer M. From emotion resonance to empathic understanding: a social developmental neuroscience account. Development and psychopathology. 2008; 20(4):1053–80. https://doi.org/10.1017/S0954579408000503.
14. Singer T, Tusche A. Understanding others: Brain mechanisms of theory of mind and empathy. In: Glimcher PW, Camerer CF, Fehr E, Poldrack RA (Eds.). Neuroeconomics: Decision making and the brain. Elsevier Academic Press. 2014. p. 251-68. https://doi.org/10.1016/B978-0-12-374176-9.00017-8.
15. Premack D, Woodruff G. Does the chimpanzee have a Theory of Mind? Behavioral and Brain Science. 1978; 1:515-26.
16. Hare RD. The Hare Psychopathy Checklist – Revised. 2. ed. Toronto, Ontario: Multi-Health Systems. 2003.
17. Baron-Cohen S, Wheelwright S. The Friendship Questionnaire: an investigation of adults with Asperger syndrome or high-functioning autism, and normal sex differences. Journal of autism and developmental disorders. 2003; 33(5):509–17. https://doi.org/10.1023/a:1025879411971.
18. Jones, AP, Happé FG, Gilbert F, Burnett S, Viding E. Feeling, caring, knowing: different types of empathy deficit in boys with psychopathic tendencies and autism spectrum disorder. Journal of child psychology and psychiatry, and allied disciplines. 2010; 51(11):1188–97. https://doi.org/10.1111/j.1469-7610.2010.02280.x.

19. Iyengar S, Lelkes Y, Levendusky M, Malhotra N, Westwood SJ. The origins and consequences of affective polarization in the United States. Annual. Review of Political Science. 2019;22(1):129–146. https://doi.org/10.1146/annurev-polisci-051117-073034
20. Santos LA, Voelkel JG, Willer R, Zaki J. Belief in the Utility of Cross-Partisan Empathy Reduces Partisan Animosity and Facilitates Political Persuasion. Psychological Science. 2022; 33:1-41.
21. Edmondson AC. A organização sem medo – criando segurança psicológica no local de trabalho para aprendizado, inovação e crescimento. Rio de Janeiro: Alta Books. 2020. p. 232.
22. Rosovsky J. Five keys to a successful Google team. Guide: understand time. 2015. Recuperado em março de 2022 de: https://rework.withgoogle.com/blog/five-keys-to-a-successful-google-team/.
23. Lieberman MD, Eisenberger NI. Neuroscience. Pains and pleasures of social life. Science. 2009; 323(5916): 890–1. https://doi.org/10.1126/science.1170008.
24. Rock D. SCARF: A Brain-based model for collaboration with and influencing others. NeuroLeadership Journal. 2008; 1. Accessed on april 22nd, 2022. Available on: https://membership.neuroleadership.com/material/scarf-a-brain-based-model-for-collaborating-with-and-influencing-others-vol-1/
25. Hunt V, Layton D, Prince S. Diversity matters. In: MacKinsey & Company. 2015. p. 19. Recuperado em março de 2022, de https://www.mckinsey.com/business-functions/people-and-organizational-performance/our-insights/why-diversity-matters.
26. Gomez LE, Bernet P. Diversity improves performance and outcomes. Journal of the National Medical Association. 2019; 111(4):383–92. https://doi.org/10.1016/j.jnma.2019.01.006.

CAPÍTULO 8

ASSERTIVIDADE NA COMUNICAÇÃO

Provavelmente, um dos investimentos mais importantes na melhoria da comunicação é na assertividade. A palavra assertividade vem do latim, de ***"assertus"***, ***"asserere"***, que significa manter, afirmar, clamar por direitos. Pessoas consideradas assertivas são vistas como mais preparadas, obtêm mais rapidamente o que desejam e conseguem se destacar mais facilmente em situações de comunicação em grupo. A partir da segunda metade do século XX, a assertividade passou a ocupar um maior espaço nas publicações científicas,[1,2] gerando a popularização desse conceito.

Definir assertividade envolve dizer o que se quer de forma clara e concisa, mostrando confiança em comunicar seus pontos de vista. Esses são ingredientes essenciais, mas o que faz com que os outros percebam que uma pessoa é assertiva e não agressiva é o respeito ao interlocutor, além do respeito a si mesmo, explicitamente expressos na comunicação.

Pessoas assertivas buscam valorizar as informações de todos os envolvidos na comunicação e construir um discurso simples, direto e claro. Assim, assertividade é a capacidade de defender os próprios direitos e de expressar pensamentos, sentimentos e crenças de forma honesta, direta e apropriada, sem violar os direitos do interlocutor. A assertividade é obtida por meio de um método de pensamento crítico associado a uma comunicação precisa e direta, contribuindo para a expressão de autoestima pessoal.[3]

Contudo, a assertividade não é uma atitude comunicativa natural; ela é influenciada pelo momento histórico e pela cultura entre outros fatores. Muito provavelmente nossos avós não precisavam ser tão assertivos como nós temos que ser hoje, porque o tempo não era tão acelerado como o nosso, o volume de informações era menor, as sociedades eram menos cosmopolitas e, portanto, a cultura daquele momento histórico era diferente da atual. Na atualidade, devemos tratar a assertividade como uma habilidade a ser desenvolvida, muito necessária em pessoas maduras, essencial nas organizações, associada ao sucesso e importante na vida pessoal. É amplamente reconhecido o fato de que essa habilidade tem um papel central no desenvolvimento de carreira e nas posições de liderança, pois ela ajuda os gestores a delegarem melhor, a serem mais objetivos em seus *feedbacks* e a informar decisões com maior clareza, sem usar expressões vagas. Diversas pesquisas mostram que uma atitude assertiva na comunicação passa a imagem de uma pessoa educada, que estudou e tem um *status* social mais elevado. Por tudo isso, jovens dificilmente são reconhecidos como pessoas assertivas. A assertividade é uma atitude desejada até para fins publicitários: informes diretos são preferidos e avaliados mais positivamente, mesmo por consumidores de culturas não tradicionalmente assertivas.[4]

Em geral se considera que o grau de assertividade recebe influência principalmente da cultura, do gênero e da etnia; contudo, o maior tempo de educação e o *status* social parecem pesar mais que esses fatores.[5] Especificamente quanto à cultura, graus de assertividade variados são encontrados, dependendo do quanto a sociedade encoraja as pessoas a serem fortes e a enfrentarem os conflitos. Alemanha, Estados Unidos, Áustria, Grécia e Espanha são países onde a assertividade é considerada alta, enquanto Suécia, Nova Zelândia, Suíça e Japão têm uma comunicação menos direta, sendo considerados como países de baixa assertividade.[6]

O objetivo do presente capítulo é apresentar a assertividade como uma habilidade a ser desenvolvida, explorar os diversos comportamentos na interação social, descrever o que acontece com o cérebro na fala assertiva e na prolixa, com algumas dicas sobre como preparar-se para ser mais assertivo. Para que você aproveite melhor a leitura desse capítulo, sugerimos que agora faça uma autoavaliação dos comportamentos na interação social que favorecem ou não sua assertividade.

AUTOAVALIAÇÃO: ASSERTIVIDADE

Leia com atenção as afirmações do teste e atribua uma nota a si mesmo, de 0 a 5, de acordo com o quadro a seguir. Coloque sua avaliação numérica nos espaços em branco, ao lado de cada afirmação. Ao final, some os resultados de cada coluna.

0 = Nunca ou muito diferente de mim 1 = Raramente 2 = Às vezes 3 = Frequentemente 4 = Muito frequentemente 5 = Sempre ou exatamente como eu

Assertividade[7]

	A	B	C	D
1. Quando enfrento alguém sobre determinado problema sinto-me bastante constrangido				
2. Permaneço calmo e confiante ao defrontar-me com sarcasmo, escárnio ou críticas ofensivas				
3. Perco a calma facilmente				
4. Procuro resolver os problemas diretamente, sem culpar ou julgar os outros				
5. Acho certo pedir o que desejo ou expor meus sentimentos				
6. Sinto-me à vontade quanto ao grau de contato visual que estabeleço com outras pessoas e creio que elas também sentem o mesmo				
7. Sinto-me facilmente constrangido pelo ridículo ou sarcasmo				
8. É mais importante obter o que desejo do que conquistar a simpatia das pessoas				
9. Prefiro mil vezes quando as pessoas adivinham meus desejos				
10. Confio em minha habilidade de resolver satisfatoriamente a maioria das situações de trabalho que envolvem confronto com outras pessoas				
11. Elevo o tom de voz ou uso olhares ofensivos ou sarcasmo para conseguir o que desejo				

(Continua.)

	A	B	C	D
12. Uso sarcasmo ou piadas para afirmar meu ponto de vista				
13. Paciência não é o meu forte				
14. Conquistar a simpatia das pessoas é o mais importante para mim, ainda que, algumas vezes, precise "comprar" sua colaboração				
15. Detesto confrontos e faço tudo que estiver ao meu alcance para evitá-los				
16. Realmente não gosto de confrontos. Uso de outros meios para manifestar meus sentimentos, como observações "cortantes" ou manifestações de impaciência				
17. Posso não ser muito direto com as pessoas, mas elas conseguem perceber o que penso a seu respeito só de olhar para mim				
18. É fácil para mim, agredir ou apontar o dedo indicador para as pessoas				
19. Manifesto impaciência em relação aos outros através de expressão corporal				
20. Se for solicitado a fazer algo que não queira, ainda assim, atenderei o pedido, mas, propositalmente, não o farei tão bem quanto poderia				
TOTAIS				

COMO COMPREENDER SEUS RESULTADOS

O valor obtido na soma da coluna **A** corresponde ao comportamento passivo, de pessoas que não têm grande poder de influenciar os outros e evitam respostas diretas; o da coluna **B** corresponde ao comportamento agressivo, que indica dominância e postura de ataque; o da coluna **C** corresponde ao comportamento assertivo, indicativo de comunicação direta e sem excessos; finalmente, o da coluna **D** corresponde ao comportamento oscilante passivo-agressivo, que confunde o interlocutor e prejudica a compreensão da mensagem.

Falantes considerados competentes e assertivos apresentam um valor maior na assertividade (coluna **C**), acima de 20 pontos, com todos os outros comportamentos abaixo de 10 pontos. Se você tiver valores de assertividade mais baixos que 20 pontos e dos outros comportamentos mais altos do que 10 pontos, sua fluência na comunicação será prejudicada, e a sinergia cerebral poderá ser impactada. Tanto a agressividade (coluna **B**) como a atitude passivo-agressiva (coluna **D**) colocam o cérebro do outro em posição de defesa, em que a percepção diminui, e o foco da compreensão fica mais reduzido, prejudicando a comunicação. Por outro lado, se sua maior tendência for de comportamento passivo (coluna **A**), é possível que você não engaje o outro, que pode se distrair com seus próprios pensamentos ou considerá-lo como alguém de pouco poder. Analise os fatores que podem estar interferindo negativamente em sua comunicação e aprimore a assertividade, essencial para o desenvolvimento da liderança.

COMO COMPREENDER SEUS RESULTADOS

No texto desse capítulo, logo a seguir, apresentamos mais detalhes sobre esses comportamentos. Entenda qual é a sua tendência, ou seja, que comportamentos você tende a adotar com mais frequência, na interação social. Lembre-se que o comportamento na interação social pode ter grande influência situacional, podendo ser induzido por alguns tipos de interlocutores ou por fatores internos como segurança na informação a ser transmitida e controle das emoções. No entanto, é natural que tenhamos uma determinada tendência, que corresponde ao nosso padrão mais usual. Por isso, não encare seu resultado como um "rótulo", mas como uma tendência, que pode ser reforçada ou modificada de acordo com sua conscientização e objetivos pessoais, a partir de um trabalho de desenvolvimento de seus comportamentos nas interações.

COMPORTAMENTOS NA INTERAÇÃO SOCIAL

Compreender a Assertividade requer o reconhecimento de que os comportamentos nas interações sociais podem ser predominantemente passivos, agressivos e oscilantes entre esses dois, sendo a assertividade o meio-termo entre os extremos. Podemos associar esses quatro comportamentos a uma escala, em que um lado representa a interação passiva, o outro a interação agressiva, o centro da escala a interação assertiva e, finalmente, a oscilação entre os extremos o chamado comportamento passivo-agressivo. Observe.

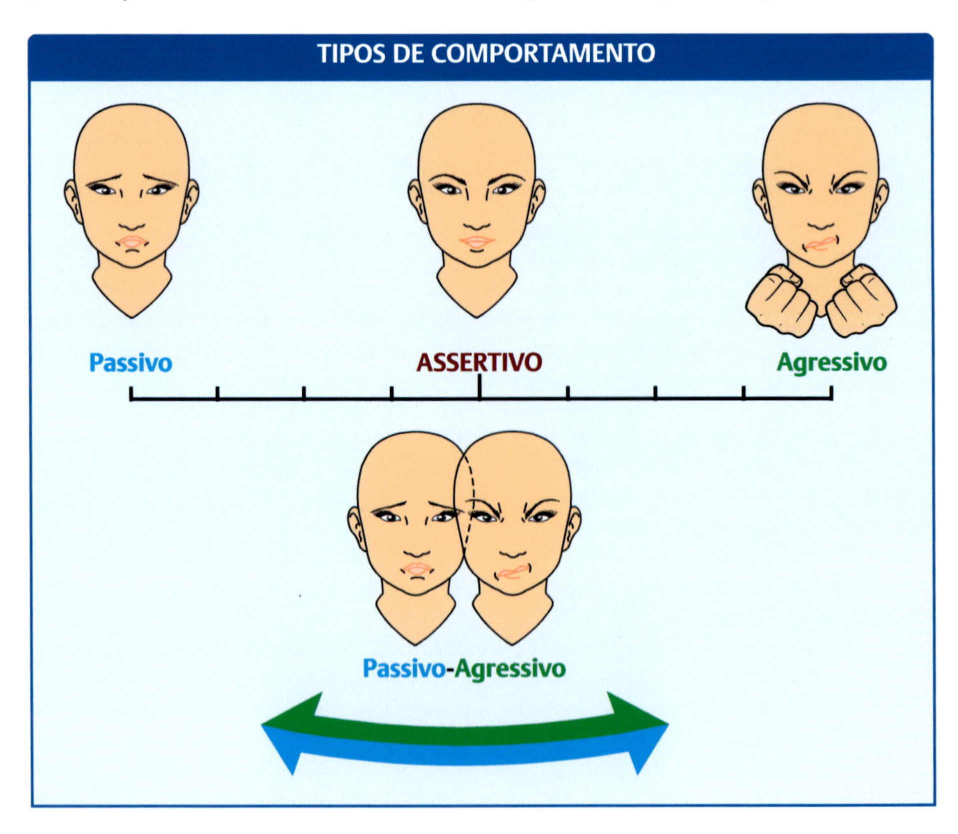

Embora quase sempre associamos assertividade à situação em que afirmamos nossos direitos e pontos de vista, ela também se manifesta no polo oposto, quando não permitimos que nossos direitos ou pontos de vista sejam ignorados pelo outro. Portanto, a comunicação assertiva pode ser definida como um meio-termo comportamental entre as respostas passivas e agressivas ineficazes.[8] Compreender os quatro comportamentos ajuda a modificar os aspectos inadequados que acabam por dificultar a comunicação. Vejamos as principais características de cada um deles.

1. **Comportamento passivo**: as pessoas com comportamentos passivos dominantes, em sua comunicação, geralmente exercem baixa influência sobre os outros porque querem evitar discordâncias, conflitos e desentendimentos. Como características de comunicação tendem a evitar uma abordagem direta, permitem que os outros infrinjam seus direitos, têm dificuldade de dizer "não" e impor limites, podem ficar mais caladas ou usarem muitas justificativas, tornando-se prolixas. Muitas vezes pessoas passivas colocam-se em situação de subserviência, abaixando a cabeça, evitando contato visual, com volume de voz baixo, murmurando as palavras. Essas pessoas geralmente não pedem ajuda, mesmo que precisem e podem usar essa atitude na tentativa de se preservarem ou de receberem aprovação social. Porém, nessa posição da comunicação, correm o risco de serem desrespeitadas, favorecem que os outros sejam agressivos, colocam-se em uma posição conhecida como de "engolir sapos", podendo ter atitudes de vitimização, desânimo e raiva. Algumas frases típicas de pessoas passivas são: "Todo mundo pisa em mim"; "Não consigo defender meus direitos" e "Não sou ouvido e nem considerado." Pessoas passivas revelam baixa autoestima e tendem a ser desvalorizadas por sua atitude. Em algumas situações específicas, o comportamento passivo pode ser uma escolha de regulação emocional, mas é negativo quando se torna um hábito na interação.

2. **Comportamento agressivo**: as pessoas com comportamento agressivo dominante têm um nível de tolerância à discordância muito baixo, com tendência de atacar os outros, sem respeitar limites, podendo constrangê-los, fazendo os outros "engolirem sapos". Assim, mesmo quando têm razão, usam uma forma de comunicação tão forte, que podem machucar o outro, dando a impressão que querem ganhar a qualquer custo. São impacientes para escutar o outro e reativos quando alguém discorda de sua opinião. A agressividade na comunicação pode ser caracterizada por uma voz alta, fala aos gritos, com muitos gestos e olhos saltados, mas também no extremo oposto, com uma voz baixa e tensa, apertando a boca. Contatos visuais excessivo e intimidativo estão presentes nesses dois opostos vocais da agressividade. Pessoas com comunicação agressiva algumas vezes usam sarcasmo, uma figura de linguagem ligada à ironia, em que o indivíduo emprega palavras com duplo sentido para depreciar ou desprezar as pessoas, com o objetivo de ridicularizar ou rebaixar o outro. O sarcasmo pode vir associado a uma mensagem não verbal gentil, como tom da voz e expressão facial amáveis, magoando ainda mais quem recebe a mensagem, passando a impressão de arrogância. Pessoas com comportamento agressivo reiterado têm baixa regulação emocional. Interações agressivas são facilmente identificadas, porque nosso cérebro é configurado para perceber quaisquer ameaças no ambiente.[9] Algumas frases que sinalizam uma comunicação agressiva são: "Eu sei o que eu estou falando."; "Eu vou conseguir, nem que a vaca tussa."; "É tudo culpa sua." e "Não me venha com isso que vou dar o troco." Pessoas agressivas passam hostilidade na comunicação e colocam o outro sempre sob ataque, mesmo em coisas menores, causando dor social em seu interlocutor (Veja Capítulo 11). Do mesmo modo que na

interação passiva, em poucas situações, o uso de certa agressividade pode ser indicado para favorecer um posicionamento firme, porém corre-se sempre o risco de escalar reações límbicas nos interlocutores, perder a razão e prejudicar a sua relação. Usar uma voz mais forte, gritos e gestos de intimidação podem produzir impacto emocional, mas não melhoram a qualidade dos argumentos.

3. **Comportamento assertivo**: as pessoas com comportamento assertivo dominante não engolem e nem fazem com que os outros "engulam sapos". Indivíduos assertivos usam uma comunicação direta, mas deixam claro o respeito pelo outro e pela situação, não se preocupando com a aprovação social. Eles são mais pragmáticos, escutam com atenção, não evitam o silêncio na comunicação, procuram compreender o que está sendo dito nas palavras e nas entrelinhas, fazem perguntas para confirmar sua compreensão, antes de expor claramente sua posição. Pessoas assertivas passam elevada autoestima na comunicação. É importante ressaltar que assertividade não implica ter sempre razão, mas posicionar-se claramente, de modo direto e conciso, respeitando todos os envolvidos e a situação em questão. Pessoas assertivas são boas negociadoras e aceitam soluções integradoras, podendo mudar seu ponto de vista para outro que prove ser melhor e usam frases como: "Eu quero compartilhar o que penso e quero ouvir você." ou "Respeito seu ponto de vista e peço que respeite o meu." Além disso, entre duas palavras preferem a mais simples e entre duas palavras simples preferem a mais curta. A assertividade deve ser uma conquista que se renova diariamente e que se melhora com muito treinamento.

4. **Comportamento passivo-agressivo**: pessoas com comportamento passivo-agressivo dominante têm uma comunicação com mensagens confusas e contraditórias, oscilando entre momentos de passividade e de agressividade, ou seja, a pessoa "engole e regurgita sapos" e, muitas vezes, negam a existência de um problema. Nem sempre é fácil identificar esse comportamento, pois há uma mistura de hostilidade com boas maneiras. Contudo, pessoas passivo-agressivas sempre deixam os outros desconfortáveis, podendo ser teimosas e procrastinadoras. Parecem cooperativas, mas não o são. Usam do recurso "bate e assopra" ou "silêncio mortal e explosão". Pode haver muita ansiedade expressa em fala rápida e justificativas, mas também respostas indiretas, ambíguas, com uma postura mais fechada, evitando contato visual. O comportamento passivo-agressivo prejudica a credibilidade de quem fala, passa a impressão de alguém manipulador, gera muita irritação no interlocutor, que sente que pode estar sendo enganado, que existe uma agenda oculta, já que a real intenção da mensagem nunca é clara. Pode estar associado à depressão, estresse ou baixa autoestima. Esse comportamento foi definido pela primeira vez na II Guerra Mundial, pela forma com que os soldados estavam reagindo, no cumprimento das ordens, com uma postura não abertamente desafiadora, mas com desobediência, teimosia, procrastinação e obstrução das tarefas.[10] O comportamento passivo-agressivo já foi visto como um transtorno de personalidade, mas desde a quarta edição do DSM (*Diagnostic and Statistical Manual of Mental Disorders*), de 1994, essa condição foi retirada da lista dos distúrbios, identificando-a somente como um tipo de comportamento.[10] Em alguns momentos de nossas vidas, ter respostas passivas ou agressivas pode ser o melhor, contudo, na maior parte das vezes, essas atitudes na comunicação resultam de falta de confiança ou dificuldades de controle emocional. A passividade pode ser utilizada quando o tema não tem muita importância e pode-se pagar o ônus de não reagir ou

responder; a agressividade pode ser utilizada em situações de imposição de limites, quando há abuso da outra parte, e a assertividade não está levando à resolução da situação. Não há condições que sejam favorecidas pelo comportamento oscilante, mas todos nós podemos apresentá-lo em algumas situações quando estamos irritados e com raiva, mas não queremos ou não podemos demonstrar isso, por estarmos no limite do uso do sistema 2, mecanismo de repressão/inibição (Veja Capítulos 1 e 11). Algumas frases são típicas dessa resposta de interação, como: "Faça do jeito que você quiser!", quando queremos que o outro faça do nosso jeito; "Não estou entendendo aonde você quer chegar.", embora se saiba exatamente onde a conversa vai levar; ou ainda "Você é muito sensível, está exagerando nas reações.", quando sabemos que a situação que provocamos é realmente desagradável, mas culpamos a sensibilidade do outro. Quando um comportamento gera ambiguidade, tendemos a interpretá-lo de forma ligeiramente negativa. A questão é quando esse tipo de comunicação se torna um hábito, e a interpretação negativa momentânea passa a ser uma constante. Pessoas passivo-agressivas passam falsidade na comunicação e deixam os outros confusos sobre seus reais pensamentos, sentimentos e intenções.

Veja no quadro a seguir as principais características dos quatro comportamentos na interação.

Síntese das Características dos Comportamentos na Interação	
Comportamentos	**Características**
Passivo	Voz baixa, às vezes murmura Palavras mal articuladas Usa frequentemente expressões como "Eu acho.", "Desculpa.", "Desculpa alguma coisa.", "Não é importante." Cabeça baixa e atitude submissa Não critica Não defende seus direitos Dificuldade de dizer "Não." Dificuldade de enfrentar problemas Baixa autoestima na comunicação
Agressivo	Voz forte, às vezes grita e aperta os dentes Palavras articuladas com exagero Usa frequentemente expressões como "Eu quero.", "Já falei isso.", "Já falei isso mil vezes.", "Que parte do NÃO você não entendeu." Usa muito "Não.", mas não aceita "Não." dos outros Cabeça para frente, muitos gestos e atitude de intimidação Parece estar sendo sempre nervoso Não escuta o outro Interrompe constantemente o outro Critica constantemente Razão perde para a emoção Defende seus direitos e desrespeita os dos outros Comanda os outros com verbos no imperativo Usa qualificadores fortes para coisas pequenas como "Absurdo.", "Inaceitável.", "Idiotice." Passa hostilidade na comunicação Baixa regulação emocional

(Continua.)

Comportamentos	Características
Assertivo	Voz firme e boa dicção Interessa-se pelo outro Escuta conscientemente o outro Faz perguntas para compreender o interlocutor e a situação Busca critérios Defende seus direitos e considera os dos outros Usa postura aberta, ombros retos e gestos adequados Equilibra razão e emoção ao falar Expressa claramente fatos e sentimentos Deixa claro sua posição com expressões como "Eu preciso.", "Eu quero", "Eu vejo.", "Eu entendo." Sabe quando dizer "Não." e aceita o "Não." dos outros Respeita as mudanças de turno (falante X ouvinte) nas conversas Passa elevada autoestima na comunicação Boa regulação emocional
Passivo-Agressivo	Discordância entre mensagem verbal (geralmente mais dura) com tom de voz (mais amável) Tende a ser pessimista Gosta do papel de mártir e sofredor Manipula os outros Coloca a culpa de seu sofrimento em terceiros Alterna submissão aos outros com postura de isolamento Diz que aceita os problemas como parte da vida Pode atacar com voz doce Passa falsidade na comunicação Dificuldade de regulação emocional

ASSERTIVIDADE E CÉREBRO

Do ponto de vista do cérebro, comportamentos de comunicação agressivos ativam o sistema de defesa, principalmente das amígdalas, tanto em quem fala, quanto em quem ouve (Veja Capítulo 1). Já na comunicação assertiva, apesar de a emoção também estar presente, há uma grande interação com o córtex pré-frontal, nosso cérebro executivo e, desta forma, modula-se a interação social de modo a não ativar o sistema de defesa do outro. Pelo fato de uma comunicação assertiva respeitar todos os lados, a experiência de autoestima, confiança e colaboração acalma as amígdalas e promove colaboração e empatia. Assertividade exige disciplina consciente, como qualquer outro aprendizado, sendo mais bem desenvolvida quando estruturamos nosso pensamento e consideramos o impacto de nossas afirmações sobre o outro. Assertividade está diretamente relacionada às capacidades de escuta e de autorregulação emocional; o desenvolvimento de ambas deve ser considerado para favorecer o comportamento assertivo (Veja Capítulos 5 e 11).

O contrário de assertividade é prolixidade, e ela pode aparecer também associada a atitudes passivas, agressivas e oscilantes passivo-agressivas. A prolixidade pode ocorrer por hábito, necessidade de deixar tudo bem explicado ou ainda por insegurança nas informações. Pessoas prolixas usam muitas palavras para transmitir uma informação e podem ser vistas como chatas, detalhistas, professorais e até mesmo desagradáveis, prejudicando a compreensão do ouvinte. O prolixo repetitivo arrisca desligar o ouvinte, que pode se distrair com seus próprios pensamentos ou estímulos do ambiente. Já o "*prolixo árvore*" abre várias linhas de raciocínio, coloca histórias e piadas no meio da narrativa e se perde em seu próprio discurso, não tendo assim nenhuma garantia de que a principal informação que ele quer passar é aquela em que o ouvinte vai focar sua atenção, pois há muitos detalhes e assuntos incluídos no discurso.

O cérebro executivo precisa de energia para processar e compreender informações e fica sobrecarregado, principalmente quando a quantidade é grande, contínua e confusa. É difícil assimilar as principais informações de uma pessoa prolixa, pois grande parte se torna ruído, e nosso cérebro usa atalhos, o que prejudica nosso julgamento. Ser prolixo pode-se transformar em uma barreira à comunicação, pois alguns interlocutores evitam fazer perguntas a um indivíduo prolixo, mesmo que ele seja reconhecidamente um especialista no tema ("Pensei em resolver essa dúvida com o Fulano, mas ele vai levar 30 minutos, prefiro buscar no Google!"). A prolixidade é descartável, e a pessoa prolixa pode ser considerada descartável também! Por essas razões usamos o trocadilho "*Prolixo é igual a pro-lixo!*" e sugerimos investir no desenvolvimento da assertividade. Selecione, filtre e foque no que é informação importante, principalmente nas situações que envolvem problemas complexos e tomada de decisão, preparando-se para ser assertivo.

PREPARAÇÃO PARA SER ASSERTIVO

Como podemos nos preparar para uma comunicação assertiva? Em primeiro lugar com uma reflexão sobre todos os aspectos envolvidos no que vai se comunicar, selecionando o que realmente é importante, considerando o que sente e pensa, o que o outro pode estar sentindo e pensando, aliado aos fatos disponíveis. Em segundo, posicionando-se diretamente e com clareza, mostrando empatia de forma verbal (por uma escolha de palavras precisas e frases curtas ou chamando o outro pelo nome) e não verbal (mantendo contato visual com o interlocutor, usando um tom de voz agradável, sem gritar, com firmeza, mas sem tensão), respeitando ao máximo os outros e a si mesmo (deixando claro que considerou todas as informações disponíveis).

Quando alguém fala de modo assertivo calibra o cérebro do outro para que ele entenda realmente qual é a mensagem, assim, a informação chega com fluência, facilitando a persuasão. A mente do outro não divaga porque a informação é direta, específica e expressa de modo conciso. Devemos ainda considerar o que nos afasta do comportamento assertivo, avaliando os gatilhos emocionais que surgem nessas situações. Pode ser uma insegurança quanto às informações, medo da reação do outro, interlocutores difíceis ou outras questões emocionais. A preparação antecipada se torna ainda mais importante para criarmos estratégias de autorregulação, principalmente quando os comportamentos passivo, agressivo ou oscilante são dominantes. Ainda, vale utilizar a arquitetura estrutural da comunicação como base de preparação para uma interação assertiva (Veja Capítulo 2).

VÍDEOS RECOMENDADOS

What is Assertiveness

Animação sobre o conceito de assertividade, feito pelo grupo Time Management and Productivity.

https://www.youtube.com/watch?v=D-alIOtjTU4

Escuta aqui
Esquete sobre falar complicado, pela produtora de vídeos Porta dos Fundos.
https://www.youtube.com/watch?v=7o0f_kw0hbc

How to speak up for yourself
TED Talk de Adam Galinsky sobre manifestar-se de modo assertivo.
https://www.ted.com/talks/adam_galinsky_how_to_speak_up_for_yourself

REFERÊNCIAS BIBLIOGRÁFICAS

1. Alberti RE, Emmons ML. Your Perfect Right: A Guide to Assertive Behavior. Califórnia: Impact Publishers. 1970. p. 193.
2. Smith MJ. When I Say No, I Feel Guilty: How To Cope Using the Skills of Systematic Assertiveness Therapy. New York: Bantam Books. 1975. p. 324.
3. Lange AJ, Jakubowski P. Responsible assertive behavior. Illinois: Research Press. 1976.
4. Terlutter R, Diehl S, Mueller B. The cultural dimension of assertiveness in cross-cultural advertising The perception and evaluation of assertive advertising appeals. International Journal of Advertising. 2010; 29(3):369-99. https://doi.org/10.2501/S0265048710201233.
5. Parham JB, Lewis CC, Fretwell CE, Irwin JG, Schrimsher MR. Influences on assertiveness: Gender, national culture, and ethnicity. Journal of Management Development.2015; 34(4):421-39. https://doi.org/10.1108/JMD-09-2013-0113.
6. Javidan M, House RJ. Cultural acumen for the global manager: Lessons from Project GLOBE. Organizational Dynamics. 2001;29(4):289-305. https://doi.org/10.1016/S0090-2616(01)00034-1.
7. Dutra D. Teste de Habilidade para Formar uma Boa imagem. 2016. Recuperado em 25 abril, 2022, de http://www.denizedutra.com.br/autodiagnostico.html.
8. O'Donohue WT, Fisher JE. (Eds.). Cognitive Behavior Therapy: core principles for practice. New York: Wiley & Sons. 2012. p. 464.
9. Baumeister RF, Bratslavsky E, Finkenauer C, Vohs KD. Bad is stronger than good. Review of General Psychology. 2001; 5(4):323–70. https://doi.org/10.1037/1089-2680.5.4.323.
10. Lane C. The surprising history of passive-aggressive personality disorder. Theory & Psychology. 2009; 19(1): 55–70. https://doi.org/10.1177/0959354308101419.

PERSUASÃO NA COMUNICAÇÃO

Estima-se que mais de 50% de nossas interações sociais do dia a dia envolvam alguma forma de persuasão. Conscientes ou não, influenciamos as pessoas e somos por elas influenciados. Seja com os filhos, com o motorista do aplicativo, no supermercado ou no trabalho, com seus alunos ou funcionários, influenciar os outros faz parte de comunicar-se e está presente durante toda a nossa vida.

Influenciar pessoas está relacionado a convencer e persuadir. A palavra convencer vem do latim: *vincere e con* (união), ou seja, vencer em conjunto. Já a palavra persuasão, que também veio do latim, *persuasio*, de *persuadere*, é formada pelo prefixo *per* (completamente) e *suadere* (convencer). Portanto, a palavra vai além de convencer e envolve aspectos emocionais. Assim, o primeiro aspecto a compreender é que persuasão significa convencer com empatia, elegância e sem a desagradável insistência que beira à imposição. Nesse sentido, a persuasão é uma forma de comunicação estratégica que envolve aspectos cognitivos, afetivos e sociais para influenciar as pessoas a mudarem suas atitudes, crenças ou comportamentos.[1]

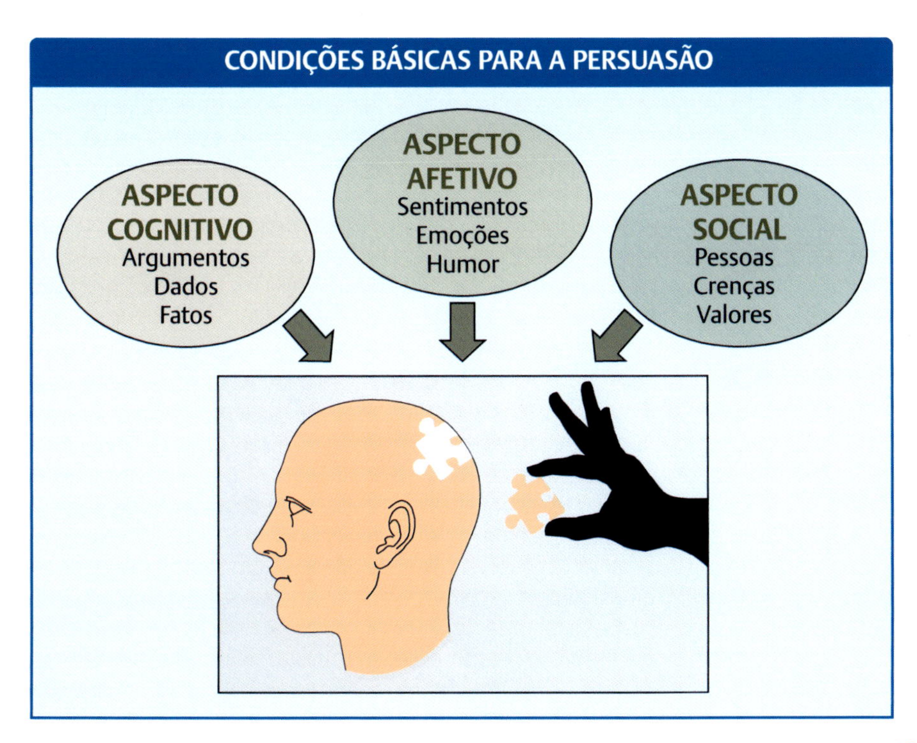

Os **aspectos cognitivos** são o elemento racional na persuasão e relacionam-se a perceber e processar informações, além de usar os melhores argumentos possíveis, com base em fatos ou critérios. Embora tais aspectos cognitivos sejam importantes, são geralmente sobrevalorizados e podem não ser suficientes na persuasão. Por sua vez, os **aspectos afetivos** dizem respeito não somente aos sentimentos, humor e emoções de quem influencia, mas também na identificação dos sentimentos, humor e emoções de quem é influenciado. Finalmente, os **aspectos sociais** dizem respeito a quem são as pessoas envolvidas, quais são suas crenças e valores e o que podem ser pontos sensíveis para eles. Há ainda a questão da credibilidade da pessoa que se comunica, o quanto se pode acreditar nela como fonte de mensagem e qual é a sua capacidade de formação de identidade social para tornar eficaz a mudança de comportamento no interlocutor.

Como qualquer habilidade comportamental, persuasão pode ser aprendida e aperfeiçoada. É importante em todos os níveis empresariais e nos diferentes mercados, mas indispensável para profissionais de vendas, atendentes do serviço ao cliente, líderes de projetos e coordenadores de times. Além dos cargos executivos, a persuasão tem grande valor nos conselhos de administração e comitês para a governança das organizações, em que as decisões do colegiado, preferencialmente, são por consenso e não monocráticas. Usar a comunicação persuasiva favorece a escuta consciente de todos os envolvidos (Veja Capítulo 5).

Persuasão é diferente de manipulação: na persuasão a escolha é do outro e na manipulação usa-se a comunicação para colocar o outro em uma posição em que ele não tem escolha. Além das questões de influência no dia a dia, a comunicação persuasiva desempenha um papel muito importante em transformações coletivas, como, por exemplo, em normas sociais, quando elas não representam mais o que uma sociedade entende como correto ou quando mudanças precisam ser realizadas até mesmo para contornar questões econômicas ou ambientais.[2] Podemos citar a importância dessa comunicação na abolição da segregação racial,[3] nas leis sobre o tabagismo,[4] na aprovação de legislações sobre casamentos homoafetivos e no sucesso dos programas de conservação de energia e combate à poluição.[2,5] Assim, compreender a persuasão é essencial para entender a evolução das sociedades como um todo e dos indivíduos, tanto em sua vida pessoal, como profissional. Elimine os preconceitos que você possa ter em relação a convencer e persuadir e use a influência para melhorar a forma de se comunicar, ou seja, para tornar comum pensamentos, ideias e sentimentos.

CONFORMIDADE, PERSUASÃO E O CÉREBRO

Há mecanismos cerebrais cognitivos e afetivos complexos, subjacentes à mudança de atitude de uma pessoa. Esses mecanismos estão cada vez mais claros com os estudos de ressonância magnética funcional, e tais análises indicaram que há várias camadas de substratos neurais ativados na persuasão, de acordo com o tipo de influência que está em jogo, independentemente da cultura dos indivíduos.[6-8]

Conformidade é um dos tipos de influência e não pode ser confundida com a persuasão. De acordo com a definição da psicologia social, conformidade é uma mudança no comportamento ou crença como resultado de pressão social real ou imaginária. Na conformidade, a influência social favorece a exibição de um comportamento particular por ser o mais frequente em todos os indivíduos e tem uma base neural mais simples. Embora a conformidade possa surgir em um nível executivo de tomada de decisão, pode também ocorrer porque o cenário social altera a percepção do indivíduo sobre o mundo. Há evidências biológicas que a conformidade social envolve processos perceptivos, com ativação da rede occipitoparietal (área de integração da informação visual com as informações dos vários órgãos dos sentidos) e processos emocionais, com a ativação das amígdalas (central das emoções) e do núcleo caudado.[9]

Desde a metade do século passado, ficou comprovado que podemos não estar conscientes do que está acontecendo ao nosso redor, não entender a razão de certos comportamentos, mas de repente estamos fazendo algo ou agindo de tal maneira, simplesmente conduzidos por uma pressão social gerada em determinado momento, mesmo sem conhecer as pessoas envolvidas.[10,11] Assim, se em um lugar alguém se senta, os outros tendem a sentar; se em uma sala de espera algumas pessoas estão consultando seus celulares, é bastante comum que outras também o façam; e se alguém entra em um local e bate três vezes em um mural, é bastante provável que esse comportamento seja imitado. Além da pressão social imediata, a conformidade é vista quando as pessoas se identificam com certos grupos sociais e seguem determinados padrões de comportamentos. O que as pessoas pensam, sentem e fazem, sofre influência, em maior ou menor escala, por aquilo que acreditam que os outros membros do mesmo grupo social pensam, sentem e fazem.

Pode-se observar conformidade em todos os domínios da vida, como moda, preferências políticas e musicais, valores morais, comportamentos alimentares e de bebida, práticas sexuais, atitudes sociais, cooperação e conflito. Grupos formam identidades sociais, definem normas e padrões de comportamentos aceitos. A conformidade é o resultado de um processo imitativo relativamente simples e quanto mais uma pessoa se identifica com um grupo, maior será a tendência de ela se conformar com as normas e segui-las, interpretando as mensagens enviadas pelo grupo de forma automática, quase sempre de forma inconsciente, para então modelar seu comportamento.[12]

No entanto, a persuasão é um processo mais complexo, pelo qual uma determinada mensagem muda crenças, atitudes e comportamentos de uma pessoa. Portanto, a persuasão é o processo que promove uma mudança para um resultado de conformidade. A neurociência que estuda persuasão mostra que este processo de influência envolve tomada de decisão. As pessoas mudam mais facilmente um comportamento, mesmo que seja um hábito muito enraizado, quando estabelecem uma conexão emocional com o que está em questão.[13] Aspectos, como julgamento moral e reconhecimento de igualdade social, importantes na persuasão, têm sido associados a áreas específicas do córtex pré-frontal (sistema 2, lento, cérebro executivo), com ativação das regiões dorsomedial e a ventrolateral, além da participação de outras estruturas, como a ínsula (sistema 1, rápido, cérebro automático), que é ativada nos comportamentos emocionais e sociais.[6,7]

As áreas ativadas na persuasão podem seguir por duas rotas distintas, em dois diferentes níveis cerebrais, que definem o resultado do processo. A rota central leva a uma avaliação profunda, que busca lógica e razão de forma mais explícita, focada nos argumentos apresentados, incluindo aspectos cognitivos, emocionais e sociais, tornando mais duradouros os resultados de mudança obtidos. Essa rota exige mais esforço cognitivo e ativa as regiões do cérebro executivo (sistema 2), tanto em quem envia a mensagem quanto em quem a recebe. Desta forma, a audiência que é alvo dessa influência, tem que estar mais engajada, motivada para receber a mensagem e ser capaz de processá-la. Contudo, a persuasão também pode ocorrer por um segundo caminho cerebral, mais superficial, automático e rápido, que aciona a chamada rota periférica, em que não há tanta profundidade no processamento da mensagem enviada. Nessa opção, usam-se informações implícitas de experiências passadas, de forma mais intuitiva e emocional e, portanto, não se exige da audiência grande engajamento ou motivação, não havendo necessidade de esforço para pensar na mensagem e tomar uma decisão. Esse segundo caminho pode envolver o acionamento de vieses inconscientes, heurísticas e estereótipos que impactam nossas avaliações e, desta forma, os resultados podem levar a mudanças mais temporárias, frágeis e menos eficazes.[14]

Considerando o que foi apresentado, a comunicação persuasiva pode ser feita tanto para favorecer decisões complexas, que necessitam alinhamento de pontos de vista diversos ou opostos, com o objetivo de se obterem mudanças mais profundas, usando-se a rota central, quanto para se chegar a decisões mais simples e corriqueiras, que necessitam de ações imediatas, que não levarão a consequências negativas ou erros irreparáveis, podendo-se usar a rota periférica, mais rápida e econômica. Conhecer as duas rotas pode ajudar a compreender o que certa situação exige e qual o esforço que deve ser colocado na comunicação, de acordo com o tipo de decisão e a mudança que queremos promover.

Veja no quadro a seguir as duas rotas cerebrais que podem ser ativadas quando uma mensagem é enviada para influenciar alguém, destacando-se o que se requer da audiência, qual o tipo de processamento envolvido e os resultados obtidos.

Síntese das Rotas da Persuasão			
Rota da persuasão	**Audiência**	**Processamento**	**Resultados**
Central	Exige engajamento Alta motivação Alta capacidade de pensar na mensagem	Profundo, lento Focado na qualidade dos argumentos cognitivos, emocionais e sociais Linear: analítico, lógico Não linear: complexo, por meio de *insights*	Mudança duradoura Resistente Favorece mudanças de comportamento e pensamento no longo prazo
Periférica	Não requer engajamento Baixa motivação Baixa capacidade de pensar na mensagem	Superficial, rápido Focado nas aparências Automático, emocional Efeito de vieses, heurística e estereótipos	Mudança temporária Frágil Não favorece mudanças de comportamento e pensamento no longo prazo

Pessoas de sucesso são percebidas como persuasivas, e os bons influenciadores têm algumas características típicas: motivação para compartilhar informações com outros (pois isso é valioso para eles e para quem influenciam); processo de tomada de decisão com base em valores; consideram os estados mentais das pessoas (ativação do sistema de mentalização para promover a empatia cognitiva); e são socialmente flexíveis, capazes de mudar estratégias dependendo de contexto, em uma ação combinada dos sistemas 1 e 2 (ativação de diversas áreas do córtex pré-frontal e das amígdalas).[15]

Líderes são mais eficazes quando conseguem transmitir mensagens que geram reflexão e promovem senso de identidade compartilhada.[12] Contudo, nem sempre estamos atentos às influências das diversas identidades com as quais nos identificamos ou os outros se identificam. Mas são essas influências das identidades que podem levar a certos comportamentos, ora individualistas, ora coletivistas, com impacto moral ou ético diverso.

Compreender a tendência de conformidade em um ambiente social, bem como a identidade individual (foco no "eu") e a identidade de grupo (foco no "nós" ou no "eles"), pode facilitar a mudança necessária para decisões de qualidade, por meio da persuasão. Devemos entender que a identidade social tem um papel central na forma como as pessoas se comunicam, constroem crenças e são influenciadas na tomada de decisões. Isto pode, naturalmente, ser uma coisa boa se fizermos parte de um grupo que valoriza a clareza e o bem-estar de seus membros, mas, de forma oposta, pode ser ruim, caso esta identidade envolva uma visão inflada do grupo ou obsessão por domínio e poder ("nós" *versus* "eles"), como ocorre frequentemente na polarização da política e nos conflitos armados que envolvem questões de etnias.

A questão da ética na influência e na persuasão sempre foi tema de estudo em diversas áreas. A ética adquiriu na atualidade um contorno ainda mais sério e preocupante pela massiva e imediata influência das mídias sociais na vida das pessoas, em sua saúde física e mental. Particularmente, a bioética nas publicações *on-line* deve ser respeitada para que algoritmos de maximização dos lucros não manipulem negativamente o comportamento humano e comprometam a saúde do consumidor.[16] A comunicação empresarial via plataformas *on-line* também é julgada pelos seus destinatários e espelha como a organização escolheu se dirigir ao seu público de interesse. Compreender os princípios da persuasão pode nos ajudar a ser melhores influenciadores, evitar armadilhas da falta de ética, reconhecer situações que precisam de uma ação mais profunda e avaliar como somos impactados por outras pessoas, grupos ou organizações.

PRINCÍPIOS DA PERSUASÃO

Uma comunicação caracterizada como persuasiva é aquela em que o discurso leva o outro a rever suas ideias e/ou comportamentos. Uma forma muito interessante de compreender os mecanismos de persuasão foi proposta pelo Prof. Robert Cialdini, considerado a maior autoridade mundial nessa área. De acordo com esse especialista, a comunicação persuasiva está associada a princípios universais do comportamento humano. De modo simplificado, os princípios da persuasão associam-se a comportamentos comuns dos seres humanos e refletem estratégias de aproveitamento de padrões cerebrais e de conduta que foram internalizados ao longo da história.

O autor atualizou sua teoria de comunicação persuasiva, apresentando sete princípios que podem ser aplicados nas situações de influência,[17] alguns deles de emprego automático, intuitivo, utilizando-se o sistema 1 do cérebro, e outros que requerem a ação do sistema 2, o cérebro executivo, e que merecem receber mais atenção para o seu desenvolvimento. São eles: 1. Reciprocidade; 2. Afeição; 3. Aprovação social; 4. Autoridade; 5. Escassez; 6. Compromisso e coerência e 7. Unidade. Nenhum deles é superior a outros, e bons influenciadores usam uma combinação deles, analisando quais são os melhores para uma determinada situação e contexto. Assim, é importante compreender cada um dos princípios e perceber como podem ser combinados e utilizados com ética.[18] Vale ressaltar que desenvolver a consciência sobre esses sete princípios contribui não somente para ser um bom influenciador, mas também para perceber o que está sendo usado como estratégia quando é você quem está sendo influenciado, evitando possíveis armadilhas ou valorizando os elementos que positivamente o ajudam a tomar uma decisão, quando você avalia mudar sua opinião.

1. **Reciprocidade – *"É dando que se recebe (e se recebe muito mais)!"***: esse é um princípio universal que faz com que nos sintamos devedores a alguém que nos tenha

oferecido algo. Ou seja, respondemos de modo positivo a pessoas que nos fizeram um favor, nos deram algum presente ou nos ajudaram. É um princípio tão forte que pode impor dívidas indesejadas pela sensação de obrigação de retribuir algo recebido, mesmo que não tenha sido por nós solicitado. A obrigação de receber é uma arma muito poderosa, por isso fique atento para não se sentir endividado com alguém que possa lhe trazer problemas. No mundo das organizações está mais bem posicionado quem não tem dívidas de gratidão: seja o primeiro a oferecer um favor, uma informação e uma concessão, mostrando generosidade. A reciprocidade também reflete a prática da empatia (Veja Capítulo 7), em especial a preocupação empática ou compaixão, competência que está sendo muito valorizada, com resultados comprovados de sua importância em muitas organizações modernas.[19]

2. **Afeição – *"Faço isso porque é para você!"***: Esse princípio se aplica tanto aos amigos e pessoas de quem realmente gostamos, quanto a desconhecidos que nos parecem agradáveis e amigáveis, já em uma primeira interação. Essa é uma regra que envolve nossos centros emocionais do cérebro na positividade: abaixamos a nossa guarda e nos aproximamos de pessoas que são amáveis, abrindo os canais de comunicação e dizendo "Sim." Simplesmente porque gostamos delas. O cérebro humano é social, vivemos em grupos, cuidamos uns dos outros e, assim, temos mais chance de sobreviver. Por sermos seres sociais, regulamos os sistemas nervosos uns dos outros nas interações e a cada nova experiência produzimos novas conexões cerebrais. Quando recebemos informações de pessoas do que chamamos de "nosso grupo", processamos melhor esses dados e em locais diferentes do cérebro do que ocorre quando as informações vêm de pessoas que "não são do nosso grupo", com as quais não compartilhamos similaridades.[20] Portanto, se gostamos e nos sentimos bem com alguém, somos influenciados e colaboramos com mais motivação.[21,22] Assim, fazer amigos é uma estratégia para influenciar pessoas. Encontrar elementos comuns de vida aumenta a impressão de similaridade e reforça o princípio da Afeição. Coisas simples, como: morar no mesmo bairro, ter estudado na mesma escola, ter filhos da mesma idade, gostar de tênis, ser formado na mesma universidade, ter tido um mesmo chefe entre outras. Quaisquer pontos em comum ajudam na persuasão, mesmo que eles não tenham nenhuma conexão com o que está em jogo na comunicação. Gostamos de pessoas similares a nós, e elogios ajudam a nos aproximarmos dos outros, contudo, devemos tomar cuidado ao favorecermos alguém de quem gostamos, pois podemos prejudicar outra pessoa pela qual não temos muito afeto. Nas relações profissionais, por vezes não temos tempo para encontrar similaridades pessoais com nossos interlocutores. Nesse caso, pode-se destacar o objetivo comum ou o propósito pelo qual estamos trabalhando em conjunto para que isso seja a manifestação do princípio da Afeição.

3. **Aprovação social – *"Parece ser um consenso, então deve ser bom!"***: esse é o princípio do consenso, do poder do conjunto das pessoas e atua fortemente em situações de incerteza: se é o que a maioria pensa e faz (principalmente se for parecida conosco), se for de senso comum, se for o item mais vendido da loja ou o prato mais pedido no cardápio, se a atração é a mais visitada em uma cidade, então realmente deve ser algo muito bom que eu, provavelmente, tenho que querer também. Esse princípio reflete o fato de que tendemos a considerar correto o que os outros entendem como sendo correto. É a força do grupo atuando sobre nossa individualidade. Ao utilizarmos esse princípio, contemplamos uma das necessidades fundamentais do ser humano, que é a sensação

de pertencimento,[23] por semelhança e aceitação por grupos relevantes, o que produz grande quantidade de oxitocina, o hormônio da conexão social.[24] Contudo, essa sensação também pode induzir, automaticamente, avaliações equivocadas sobre o que é ou não correto. Portanto, devemos considerar as razões de aceitarmos ou apoiarmos certo comportamento, antes de aderirmos a ele, pois isso pode trazer decisões ruins, como incriminar alguém sem ponderar melhor a situação, induzir o aumento dos suicídios de adolescentes, repassar *fake news* e amplificar a divulgação de infâmias ou mentiras sobre celebridades. Quando uma decisão é corriqueira e não impacta drasticamente os resultados ou as pessoas, como escolher o prato mais popular em um restaurante desconhecido ou comprar o celular mais desejado pelo seu grupo de amigos, aderir às escolhas dos outros não gera consequências importantes. Porém, decidir o que é correto com base em poucas informações, sem refletir apropriadamente e sem considerar o objetivo dessa decisão, pode ser uma armadilha em situações corporativas, quando as pessoas estão com pressa, sobrecarregadas, têm que atingir metas agressivas e não há tempo suficiente. Nessa situação, é comum haver a influência de vieses inconscientes, pois o cérebro automaticamente busca atalhos para economizar energia. Para amenizar o efeito dos vieses, é importante incentivar a reflexão para identificar sobre possíveis erros que possam ocorrer, ou seja, é necessário ativar o funcionamento do cérebro executivo (sistema 2), o que vai levar a decisões mais ponderadas. Com isso, consegue-se inibir o funcionamento do cérebro automático (sistema 1), que é a tendência natural para acionar hábitos mais fáceis, que exigem menos esforço e usam respostas-padrão (Veja Capítulo 1).[25] Portanto, quando as pessoas não têm experiência sobre algo e precisam tomar uma decisão, considere levar informações de fontes confiáveis, se possível com relatos de outras pessoas em situações semelhantes, para ajudá-las a fazerem reflexões fundamentadas para uma boa tomada de decisão.

4. **Autoridade – *"Estou seguindo a autoridade, o especialista!"***: as pessoas sentem-se predispostas a validar algo, seguir uma recomendação ou aprovar uma sugestão se ela vier de uma figura de autoridade, especialista ou que tenha credenciais ou cargos para fazer certas afirmações. Tendemos a reagir de forma automática a essas figuras, pois elas representam algo a mais do que aquilo que temos, e o cérebro respeita essa hierarquia da superioridade. Esse princípio é o que mais exige habilidade comunicativa, pois uma imagem de senioridade, postura profissional e argumentação impecável exercem a influência correta sobre o outro. Autoridade por "carteirada" é valer-se de um cargo para tirar proveito de uma situação e não representa a essência desse princípio. Não se deve confundir autoridade com autoritarismo, e o melhor efeito desse princípio vem de mostrar conhecimento, credibilidade e confiabilidade nas informações compartilhadas em atendimento às solicitações feitas. Em função da confusão entre autoridade e autoritarismo, indivíduos, que foram educados para valorizar a humildade como algo importante a ser manifestado, podem perder a oportunidade de usar esse princípio, com receio de parecerem arrogantes ou serem avaliados como tendo o ego inflado. Contudo, o conhecimento tem grande valor, deve ser compartilhado e pode ser um elemento decisivo na persuasão. Quando as decisões forem importantes e houver pontos de vista diferentes entre as partes, peça para o outro compartilhar o que sabe e o que pensa em primeiro lugar, seja curioso, faça perguntas e use diversos tipos de escuta (Veja Capítulo 5), antes de expor seu conhecimento, procurando ser complementar ao que o outro lhe ofereceu. Um fato interessante é que, por mais que sejamos especialistas ou autoridade em algum tema, quando temos que explicar ao

outro, muitas vezes nos deparamos com nossos próprios equívocos e temos a oportunidade de ajustar nossa argumentação.[26] Quando for a sua vez de compartilhar seu conhecimento, prepare-se para o que falar, use a arquitetura estrutural da comunicação (Veja Capítulo 2) e não desqualifique o que o outro disse, para que o conhecimento apresentado seja valorizado pelo outro. Frases empáticas bastante simples, como "Entendo seu ponto de vista e gostaria que você ouvisse o que vou lhe dizer...", ajudam a reduzir barreiras e abrem os canais de comunicação.

5. **Escassez – *"Menos é mais. É melhor decidir logo, está acabando."***: esse é o princípio da raridade. Quanto mais raro e mais escasso for um produto, maior é o desejo de obtê-lo. Informações, como "Poucas unidades disponíveis" ou "Muitas pessoas pesquisando o mesmo item nesse momento", nos dão a sensação de estarmos prestes a perder algo, aumentando a relevância do que está em questão. Todos já sentimos essa pressão, quando, por exemplo, estamos pesquisando um quarto de hotel, e uma mensagem aparece na tela dizendo "Nesse momento, há cinco outras pessoas pesquisando essa unidade."; é difícil segurar nosso dedo e não fazer a reserva! Como temos aversão a perdas e o que é raro nos parece mais valioso, aumentamos nosso desejo de possuir.[27,28] É também uma resposta mais automática, provocada por viés inconsciente, e devemos tomar cuidados para não cairmos em armadilhas e lutar por algo que não precisamos. Um exemplo do princípio de Escassez aplicado às pessoas ocorre quando um candidato a uma posição para a qual haja concorrentes seja uma seleção de pós-graduação, uma função executiva ou uma vaga em um conselho de administração, apresenta-se com uma história única de vida e de experiência profissional que o torna mais desejado que os outros com vivências mais comuns. Poder relatar sua própria história com uma perspectiva única faz parte do *marketing* pessoal na comunicação e é muito valorizado, quando feito sem autoelogios (Veja Capítulo 12).

6. **Compromisso e coerência – *"Eu faço o que disse que iria fazer!"***: esse princípio refere-se à consistência e coerência de comportamentos. Pessoas que se comprometem e honram o que assumiram que fariam são mais bem avaliadas na sociedade, vistas como mais honestas e maduras. No mundo das organizações são pessoas reconhecidas por sua consistência nas atitudes, com posicionamento claro e comportamento previsível. Essa atitude em pequenas coisas contribui para estimarmos que elas agirão assim também em problemas maiores e mais complexos, ou seja, usarão decisões anteriores e comportamentos coerentes. O compromisso inicial é o ponto de partida da aplicação desse princípio e deve ficar claro para os envolvidos qual é ele, já que servirá de base para o que vai se desenrolar depois; isso traz fluência e efetividade na comunicação. Uma simples menção ao compromisso assumido no passado facilita a persuasão do que deve ser feito no presente e no futuro. Esse também é um princípio relacionado com a importância da previsibilidade para a sobrevivência humana. O cérebro é uma máquina de reconhecimento de padrões, que busca constantemente prever o futuro próximo. Quando encontra ambiguidade na mensagem transmitida, seja verbal ou não verbal, o cérebro ativa as áreas do córtex pré-frontal (sistema 2, lento) de forma mais intensa para processar a informação e a experiência momento a momento. Quando alguém não diz a verdade ou age de forma contraditória, mesmo que seja com uma pequena quantidade de incerteza, essa atitude gera automaticamente uma resposta de "erro" no córtex frontal orbital, o que tira a atenção do objetivo principal da comunicação e força o cérebro a dar mais atenção ao "erro" (Veja Capítulo 1).[29] A armadilha

desse princípio ocorre quando as decisões iniciais não foram bem definidas. Pelo fato de elas tenderem a se perpetuar, fica difícil "Mudar as regras de um jogo no meio da partida.", como se diz popularmente. Deve-se pesar o valor de se manter o compromisso anteriormente assumido e ouvir todas as partes, caso a realidade tenha mudado e isso requeira um novo posicionamento, o que sempre é difícil pela força desse princípio. Contudo, usar compromisso e coerência é uma manifestação de justiça que contribui para todos os domínios do SCARF®, promovendo sensações de recompensa em todos os envolvidos (Veja Capítulo 1).

7. **Unidade – *"Juntos somos mais fortes!"***: esse princípio foi uma inclusão recente no grupo de princípios universais da persuasão.[17] Unidade vem do forte senso de relacionamento com pessoas semelhantes, laços familiares, profissionais e grupos de representação, que favorecem elevados níveis de cooperação e aprovação. Grandes líderes são empreendedores de identidade e, desta forma, criam unidade de grupo, promovendo colaboração e motivação com foco em um objetivo comum ou propósito maior.[30] Exemplos facilmente identificáveis e que geraram unidade aparecem em todas as áreas da vida, como política, religião e negócios. Podemos citar como exemplos de líderes que promoveram algum tipo de unidade: Gandhi, Martin Luther King, Ângela Merkel, Steve Jobs, Michele Obama, Nelson Mandela, Madre Teresa de Calcutá e Papa Francisco. Toda a vez em que usamos o "nós" em certo grupo de pessoas fica mais fácil conseguir concordância, ajuda, apoio emocional e perdão. Inclusive questões de identidade nacional e inimigos em comum podem reforçar o princípio da unidade. Esse favoritismo de um grupo não é exclusividade de adultos que compreendem a que grupos pertencem e a quais querem se ligar. Aparece instintivamente nas crianças e foi relatado também em tribos e animais, como abelhas, ratos e chimpanzés.[31] A percepção da unidade pelo "nós" afeta os relacionamentos humanos, a política, os esportes e os times de alta *performance*, favorecendo que se trabalhe em conjunto, com cooperação. As pessoas dizem "sim" para alguém que consideram ser de seu grupo, em algum aspecto de identidade compartilhada, mesmo que seja pertencer a um time formado aleatoriamente para uma dinâmica de grupo em treinamento empresarial. O simples ato de dividir aleatoriamente pessoas em dois grupos já cria na mente dos participantes a sensação de pertencer a um grupo específico, criando a conhecida oposição "nós" *versus* "eles". A formação dessa identidade de grupo ativa imediatamente diferentes regiões do cérebro e gera impactos na percepção, empatia e motivação. Ao identificarmos pessoas como parte ou não de nosso grupo, ativamos as áreas relacionadas à percepção de rostos, preferência sobre pessoas, alimentos, esportes, lazer etc. (giro fusiforme, amigdalas e córtex pré-frontal medial). Essa simples categorização faz com que os vieses sejam menores em relação aos integrantes de nosso grupo e maiores em relação aos outros.[32] Por sua vez, a empatia emocional e a preocupação empática ficam automaticamente maiores com as pessoas do nosso grupo e menores em relação aos outros. Nesta situação, grande parte das pessoas tem a sensação de prazer quando coisas ruins acontecem com pessoas de fora de seu grupo (putâmen e córtex cingulado anterior) (Hackel *et al.*, 2017). Finalmente, a motivação favorece a cooperação, a disposição em fazer sacrifícios pelo grupo e aumenta o prazer de ver sucesso de pessoas do nosso grupo (estriado ventral – área de recompensa).[33] A sensação de pertencimento é uma necessidade humana, e o desejo de vínculos interpessoais é elemento fundamental de motivação.[34] Pertencer e agir conjuntamente favorecem os membros de um grupo a ficarem juntos, o que é essencial para a força

do próprio grupo e sua sobrevivência. Contudo, aqui reside um dilema, porque queremos, ao mesmo tempo, pertencer a um grupo e manter nossa identidade.[35] Ao nos sentirmos incluídos em um grupo forte, nos sentimos fortalecidos, o que contribui para o domínio da Relação do SCARF®, mas, ao mesmo tempo, ao mantermos nossa própria identidade e sermos reconhecidos por ela, isso reforça o domínio do *Status*. Líderes maduros conseguem trabalhar nesses dois domínios, entendendo a força de sua identidade e da identidade dos grupos a que pertencem.

Veja, no quadro a seguir, um resumo dos princípios da persuasão, com as habilidades requeridas em cada um deles e os comentários de suas particularidades.

Síntese dos Princípios da Persuasão		
Princípio da persuasão	**Habilidades requeridas**	**Comentários**
1. Reciprocidade	Ser generoso Oferecer algo	Seja o primeiro a oferecer uma informação Faça gentilezas Preste serviços Abra concessões
2. Afeição	Ser querido Atitude amistosa	Descubra similaridades, objetivos ou pontos em comum Identifique oportunidades de elogios e reconhecimentos sinceros Mostre abertura para colaborar
3. Aprovação social	Ser embasado Usar outras vozes concordantes	Fale sobre as reações de outras pessoas Use recomendações de clientes, empresas ou de instituições reconhecidas Relate os sucessos obtidos anteriormente
4. Autoridade	Ser profissional Apresentar-se como especialista	Mostre profissionalismo Apresente conhecimento do tema ou da área Compartilhe suas credenciais Admita falhas ou o que desconhece
5. Escassez	Ser único Destacar características ou oportunidades raras	Compartilhe escassez genuína Destaque características únicas suas ou do que apresenta Ofereça informações exclusivas
6. Compromisso e coerência	Ser consistente Alinhar discurso a atitudes	Mostre atitudes compatíveis com o que disse Respeite compromissos preexistentes Assuma posições publicamente
7. Unidade	Ser gregário Incluir você e o outro no mesmo grupo	Use "nós" e "nosso" no discurso Mostre os interesses comuns Aja junto ao outro Crie soluções em conjunto

Você terá, agora, a oportunidade de avaliar como usa os princípios da persuasão e compreender melhor como influencia os outros. Saber quais princípios da persuasão você usa com mais facilidade vai ajudá-lo a conhecer suas fortalezas nas situações em que deve influenciar alguém. Por outro lado, identificar quais princípios que você usa pouco vai ajudá-lo a aprimorar a sua percepção sobre o que é necessário fazer em um determinado contexto, o que lhe permitirá aproveitar melhor as oportunidades oferecidas.

AUTOAVALIAÇÃO: PERSUASÃO

As afirmações a seguir permitem que você faça uma autoavaliação dos Princípios de Persuasão.[17] Não há respostas certas e nem erradas, e seu resultado é provavelmente a consequência de hábitos em sua comunicação, podendo ser modificados. Responda considerando o que você faz e não o que acha que deveria ou gostaria de fazer.

Em cada princípio são apresentadas três atitudes na comunicação persuasiva. Concentre-se em verificar o quanto você apresenta em cada uma delas. Dê uma nota de zero a 10 para cada item e faça uma média por princípio. Use zero, se você não apresenta a atitude descrita, e 10, se essa atitude é uma constante em seu discurso. Valores intermediários representam respostas em grau variado quanto ao aspecto analisado.

Princípios da Persuasão

Princípios	**Atitudes**	**Notas 0 a 10**
Reciprocidade	Ofereço informações em primeira mão aos meus interlocutores	
	Faço concessões compatíveis com a negociação, sempre que possível e de bom grado	
	Eu me disponibilizo pessoalmente para atender algo que o interlocutor necessita	
	Média do princípio de reciprocidade	
Afeição	Procuro dar atenção ao outro e ser o mais gentil possível	
	Busco similaridades, pontos em comum e objetivos compartilhados, principalmente com novos interlocutores	
	Busco ampliar meu *networking*, busco novos contato e faço amigos	
	Média do princípio de afeição	
Aprovação social	Uso exemplos de pessoas e grupos de interesse confiáveis em meu discurso	
	Faço referências a boas práticas, instituições reconhecidas ou órgãos regulamentadores	
	Uso informações confiáveis e fatos verificáveis quando apresento algo ao outro	
	Média do princípio de aprovação social	
Autoridade	Deixo claro em que me baseio nas minhas afirmações	
	Destaco meus conhecimentos e, quando necessário, apresento minhas credenciais	
	Mostro profissionalismo, respeitando as regras e atendendo expectativas do outro	
	Média do princípio de autoridade	

(Continua.)

Princípios	Atitudes	Notas 0 a 10
Escassez	Destaco, com clareza, as características únicas do produto que ofereço, da empresa que represento ou da proposta que elaborei	
	Uso minha própria história de vida, formação e experiência como um diferencial único na relação com o outro	
	Informo aos interlocutores sempre que tenho ou sei de oportunidades únicas, especiais ou que estejam temporariamente disponíveis e que possam interessar ao outro	
	Média do princípio de escassez	
Compromisso e coerência	Cumpro o que disse que ía fazer	
	Mostro alinhamento entre o que falo e minhas atitudes, em todas as interações	
	Quando excepcionalmente tenho que mudar algo que assumi, deixo claro os motivos e amenizo possíveis impactos negativos sobre o outro	
	Média do princípio de compromisso e coerência	
Unidade	Reforço objetivos comuns em todas as nossas conversas, deixando claro que esta-mos do mesmo lado	
	Promovo a participação de todos os envolvidos, não excluindo ninguém das trocas de informações	
	Uso o "nós" constantemente, principalmente quando os resultados são alcançados	
	Média do princípio de unidade	

COMO COMPREENDER SEUS RESULTADOS

A média mais alta que você obteve indica o princípio em que você tem mais conforto ao usar e que passa a ser uma tendência natural quando você está influenciando alguém. A média menor indica o princípio que geralmente seu cérebro não aciona nas interações; você pode estar perdendo boas oportunidades por ainda não ter desenvolvido esse comportamento. Embora no começo isso possa exigir esforço e mais gasto de energia, à medida que você verificar a relevância desses princípios que usa com menos frequência, vai ficar mais fácil que eles também entrem na dinâmica da influência. Quanto mais você fizer uso dos sete princípios, mais fácil será identificar qual deles é o mais adequado para ser usado em cada situação.

Após sua autoavaliação, reflita sobre seus resultados atuais e veja o que isso significa para você e o que pode fazer para melhorar a qualidade de sua persuasão. Identifique as situações que podem exigir os princípios que você menos utiliza e trace ações para usá-los com maior propriedade. Observe, ainda, o que acontece quando entram emoções em jogo; a maior parte das pessoas consegue influenciar os outros somente com argumentos, mas você já sabe que considerar sentimentos e pessoas é essencial, portanto, trabalhe para desenvolver a competência em todos os princípios e use estratégias de autorregulação emocional, quando forem necessárias (Veja Capítulo 11).

EFEITO DILUIÇÃO NA PERSUASÃO

O efeito diluição diz respeito à avaliação da qualidade *versus* quantidade de informação na persuasão. Esse efeito é um viés de julgamento pelo qual as pessoas subutilizam as chamadas informações diagnósticas (conhecimento útil para uma determinada decisão) quando também são apresentadas informações não relevantes para o que está em discussão. A presença de informações não relevantes dilui o impacto do que realmente importa.

Esse efeito tem sido muito estudado na publicidade direta ao consumidor de medicamentos e é apontado por um aumento inadequado da demanda desses produtos.[36] Por exemplo, quando comerciais citam efeitos colaterais maiores e graves junto a efeitos menores e mais leves, de menor importância, como exigido pela Food and Drugs Administration (FDA) (agência reguladora americana, ligada ao departamento de saúde), as consequências sérias de uma medicação, como infarto do miocárdio e acidentes vasculares encefálicos, são reduzidas em sua importância pela inclusão de efeitos menores, como dor de cabeça, enjoo e coceira no corpo. Essa diluição faz com que consumidores se sintam atraídos por esses medicamentos, pois os riscos sérios foram minimizados, ou seja, diluídos entre outras consequências, o que pode ser ainda mais grave se os medicamentos ou suplementos puderem ser obtidos sem prescrição médica. O principal aprendizado é o de ser breve nas situações de comunicação persuasiva e verificar o que enfraquece seus argumentos; já na posição de quem está sendo influenciado, resistir à diluição, por receber uma lista de riscos leves (geralmente apresentados depois dos mais sérios), deve ser uma atitude consciente de comunicação, principalmente quando temos dúvidas sobre uma determinada oferta de produtos ou serviços ou quando informações sobre saúde, como dietas miraculosas, são oferecidas ao público leigo.[37]

PERSUASÃO, ESCUTA E EMPATIA

Pessoas que usam a persuasão com maestria comunicam-se bem, mesclam os diferentes princípios, estão atentas às mensagens verbais e não verbais que enviam, recebem e usam a quantidade correta de emoção no discurso, destacando relevância, valor e utilidade da informação na interação.

Como persuadir envolve fazer o outro mudar de opinião ou comportamento, a escuta tem um papel central (Veja Capítulo 5). Escutar empaticamente ou de modo organizativo, para compreender o que o outro precisa e quais são nossas condições de atender essa demanda, é tão importante como falar com um tom de voz correto e boa dicção para que o outro foque sua atenção em nós e atenda nossa solicitação. Pode ser que em uma comunicação que envolva influenciar alguém, após escutar e confirmar o entendimento, as pessoas ainda discordem, mas pelo fato de terem sido ouvidas, terão mais chance de manter a relação e até oferecer alguma colaboração. Persuasão no ambiente virtual é mais difícil, com grande influência da qualidade da conexão à internet, clareza na transmissão do som da voz, câmera aberta, ambiente arrumado, imagem suficientemente iluminada, gestos restritos, pouca digitação e roupas apropriadas, mesmo que esteja trabalhando em casa.

Independentemente de quais combinações dos princípios da persuasão sejam utilizadas, aspectos, como reputação, conhecimento do tema, domínio dos dados, assertividade, atenção ao contexto e às pessoas, além de gentileza e simpatia, devem envolver todas as interações com o objetivo de influenciar o outro. O uso dos princípios de persuasão deve ser consciente e feito de modo estratégico, geralmente combinado. Por exemplo, usando Autoridade quando você tem dados robustos e credenciais para tanto, associado à Aprovação social, demonstrando que outras vozes apoiam o que você está propondo. Acima de tudo, é a empatia o que diferencia uma boa comunicação persuasiva de uma abordagem desagradável. Pessoas que demonstram preocupação empática quando buscam exercer influência são influenciadores comprovadamente mais fortes, pois expressam disposição para ajudar o outro.[15] A empatia cognitiva é fundamental para buscar a perspectiva do outro e irá favorecer a compreensão de como podemos ajudá-lo.

Devemos considerar que estamos diariamente interagindo com diversas pessoas, lidando com várias atividades e buscando soluções para resolver problemas ou avançar em projetos. Grande parte dessas nossas tarefas diárias ocorre no meio de pressões, prazos apertados, além do desejo de equilibrar nosso trabalho e vida pessoal. Sob estresse, pressa e ansiedade exagerada, frequentemente a comunicação ocorre no meio de ruídos e mal-entendidos, simplesmente pelo fato de acharmos que sabemos o que os outros estão pensando e, ao mesmo tempo, que eles sabem o que estamos pensando. Isso pode causar um grande atraso no processo de persuasão.

Contudo, ninguém tem o poder de ler a mente do outro, nosso cérebro é uma máquina de suposições e superestimamos o quanto os outros entendem nossas intenções e ações e vice-versa. Este é o efeito de um dos vieses inconscientes que prejudicam a qualidade da comunicação, que é a ilusão de transparência. De forma resumida, vieses inconscientes são atalhos mentais ou pontos cegos que impactam, sem percebermos, a forma como interagimos com os outros e buscamos informações.[38] A empatia cognitiva tem papel fundamental para amenizar os efeitos dos vieses na comunicação. Porém, ela mesma sofre a consequência dos vieses, por três principais motivos: termos a tendência de sentir que já possuímos todas as informações necessárias, acreditando em nossa própria experiência passada; compreender o ponto de vista de outra pessoa é cognitivamente desgastante, por isso consideramos a informação mais fácil e visível; e preferir buscar a perspectiva das pessoas semelhantes a nós, ignorando o pensamento diverso.[39] Todos esses motivos são exemplos de vieses trabalhando automaticamente, prejudicando a qualidade da comunicação, principalmente em situações complexas de persuasão quando discordamos dos outros e não buscamos suas perspectivas. Por isso, muitas vezes é preciso aprofundar a interação para amenizarmos os efeitos negativos desses vieses por meio de um processo que chamamos **DEEP** (**D**esacelerar-**E**scutar-**E**sclarecer-**P**erguntar). Vejamos:

- **Desacelerar:** a reversão de uma situação difícil começa com nessa etapa, o que exige reservar um tempo maior para garantir que você esteja considerando o cenário completo; ao desacelerar você regula suas emoções e deixa claro que valoriza a interação.

- **Escutar:** o passo seguinte é escutar o outro com curiosidade, o que evita inferir o que o outro precisa e partir do pressuposto que já sabemos a resposta; isso vai favorecer novas conexões cerebrais.

- **Esclarecer:** para confirmar informações e entendimento devemos usar todas as formas de esclarecimento possíveis, o que favorece o uso da empatia cognitiva e permite alinhamento.

- **Perguntar:** essa última etapa permite compreender outra perspectiva que não a nossa, o que mostra sensibilidade ao contexto e ao interlocutor. Ao sermos abertos a novas referências, opiniões e posicionamentos, ampliamos nossa visão de mundo, fica mais fácil ser empático e influenciar os outros.

Muitas vezes nos vemos em situações de comunicação complexas que geram conflitos na hora da tomada de decisão, todos se sentem ameaçados. Quanto mais complexa for a situação, mais importante será considerar o uso dos quatro elementos do processo DEEP junto com o modelo SCARF® (Veja Capítulo 1) para a persuasão. Mesmo em posições opostas, em que as pessoas têm opiniões diferentes e estão convictas de que a sua é a mais correta e melhor, quando temos que tomar uma decisão em conjunto devemos reconhecer o valor da outra parte para uma boa decisão (*Status*), ser claro na mensagem e nas expectativas (Certeza), permitir que o outro lado expresse sua opinião (Autonomia), definir e explicitar os objetivos comuns (Relação) e traçar regras claras para a discussão (*Fairness*/Justiça).

Portanto, precisamos persuadir com o cérebro em mente e isso requer conectar o SCARF® com os princípios da persuasão, como apresentado no quadro a seguir.

Todo o tipo de negociação requer persuasão, não apenas ao se tratar da venda de um produto, mas principalmente quando estamos negociando ideias e pensamentos para uma boa tomada de decisão. Interagir verdadeiramente com o outro reforça a motivação para colaborar e chegar a uma solução comum.[40]

Síntese dos Domínios do SCARF® com os Princípios da Persuasão		
Domínios do SCARF®	**Princípios da persuasão**	**Comentários**
Status	Autoridade Escassez Aprovação social	Reconhecer o valor, a credencial, a trajetória única e a importância da pessoa ou da instituição acionam as áreas de recompensa do cérebro pelo reconhecimento do *status*
Certeza	Compromisso e coerência Aprovação social Unidade	Oferecer informações coerentes, clareza nos dados apresentados de fontes confiáveis e percepção de unidade promove a previsibilidade que o cérebro precisa para abrir a comunicação
Autonomia	Autoridade Escassez Reciprocidade	Reconhecer *expertise* em um tema e saber quais as características únicas minhas ou dos outros permitem a autonomia para fazer escolhas, o que promove maior controle e responsabilidade na situação; além disso, ao dar autonomia favorece a reciprocidade de recebê-la em uma situação futura
Relação	Reciprocidade Afeição Compromisso e coerência Escassez Unidade	Identificar e destacar similaridades, objetivos e propósitos comuns, consistência entre atitudes, participação especial no grupo e a disponibilidade para trocas e a força das conexões – o poder do nós – reforça o senso de pertencimento e os laços entre os envolvidos
Fairness (justiça)	Reciprocidade Unidade Compromisso e coerência	Oferecer o que o outro precisa e promover o senso de pertencimento geram identidade compartilhada, reforça o poder do nós e cria a sensação de troca justa, além de manter a consistência entre pensamentos e atitudes

VÍDEOS RECOMENDADOS

Science of Persuasion
Animação sobre a ciência da persuasão, pelo grupo BigSpeak Speakers Bureau, comentando os conceitos sobre o assunto, de acordo com a proposta de Robert Cialdini.
https://www.youtube.com/watch?v=kv0sOX6AlrkTube

Influence during Times of Uncertainty
Entrevista com Robert Cialdini, sobre o sétimo princípio da persuasão, a unidade.
https://www.youtube.com/watch?v=Q9Qd0j7osVg

The walk from "no" to "yes"
TED Talk de William Ury sobre como criar um acordo mesmo em meio às situações mais difíceis, desde conflitos familiares até os mais antigos entre nações, usando a busca de perspectiva e a unidade.
https://www.ted.com/talks/william_ury_the_walk_from_no_to_yes

The counterintuive way to be more persuasive
TEDxLondonBusinessSchool sobre o efeito da diluição na persuasão e como isso é utilizado para manipular a influência sobre o outro.
https://www.ted.com/talks/niro_sivanathan_the_counterintuitive_way_to_be_more_persuasive/transcript

REFERÊNCIAS BIBLIOGRÁFICAS

1. Petty RE, Cacioppo JT. Communication and persuasion: Central and peripheral routes to attitude change. New York: SpringerVerlag. 1986.
2. Schultz PW, Nolan JM, Cialdini RB, Goldstein NJ, Griskevicius V. The Constructive, Destructive, and Reconstructive Power of Social Norms: Reprise. Perspectives on psychological science: a journal of the Association for Psychological Science.2018;13(2): 249-54. https://doi.org/10.1177/1745691617693325.
3. Ellickson RC. The Evolution of Social Norms: A Perspective from the Legal Academy. In: Hechter M, K.-D. Opp K-D (Eds.). Social Norms. New York: Russell Sage Foundation. 2001.
4. Durkin SJ, Schoenaker D, Brennan E, Bayly M, Wakefield MA. Are antissmoking social norms associated with tobacco control mass media campaigns, tax and policy changes? Findings from an Australian serial cross-sectional population study of smokers. Tobacco control. 2021; 30(2);177-84. https://doi.org/10.1136/tobaccocontrol-2019-055325.
5. Chauncey G. Why Marriage?: The History Shaping Today's Debate Over Gay Equality. New York: Basic Books. 2004.
6. Wood W. Attitude change: persuasion and social influence. Annual review of psychology. 2000;51:539-70. https://doi.org/10.1146/annurev.psych.51.1.539
7. Cacioppo JT, Cacioppo S, Petty RE. The neuroscience of persuasion: A review with an emphasis on issues and opportunities. Social neuroscience. 2018;13(2):129-72. https://doi.org/10.1080/17470919.2016.1273851.
8. Yomogida Y, Matsumoto M, Aoki R, Sugiura A, Phillips AN, Matsumoto K. The Neural Basis of Changing Social Norms through Persuasion. Scientific Reports. 2017; 7. https://doi.org/10.1038/s41598-017-16572-2.

9. Berns GS, Chappelow J, Zink CF, Pagnoni G, Martin-Skurski ME, Richards J. Neurobiological correlates of social conformity and independence during mental rotation. Biological Psychiatry. 2005; 58(3):245-53. https://doi.org/10.1016/j.biopsych.2005.04.012.
10. Asch SE. Asch Elevator – Conformity Experiment. Vídeo original, conhecido como Elevador Asch, sobre o experimento orginal sobre o tema. 1951. Recuperado em abril, 2022, de https://www.youtube.com/watch?v=TrTk6DsEJ2Q.
11. Asch SE. Conformity Experiment. vídeo recente, que mostra a força da conformidade, em uma reedição do experimento original de Solomon Asch. 2022. Recuperado em abril, 2022, de https://www.youtube.com/watch?v=TYIh4MkcfJA.
12. Van Bavel JJ, Packer DJ. The power of us: Harnessing our shared identities to improve performance, increase cooperation, and promote social harmony. Little Brown Spark - Hachette Book Group. 2021. ISBN 978-0-316-53841-1.
13. Zak PJ. The physiology of moral sentiments. Journal of Economic Behavior & Organization. 2011; 77:53-65.
14. Kenrick NPL, Butner J. Dynamical Evolutionary Psychology: Individual Decision Rules and Emergent Social Norms. Psychological Review. 2003;110(1):3-28.
15. Baek EC, Falk EB. Persuasion and influence: what makes a successful persuader?. Current Opinion in Psychology. 2018; 24:53-7. https://doi.org/10.1016/j.copsyc.2018.05.004.
16. Terrasse M, Gorin M, Sisti D. Social Media, E-Health, and Medical Ethics. The Hastings Center report. 2019; 49(1):24–33. https://doi.org/10.1002/hast.975.
17. Cialdini RB. As armas da persuasão 2.0. 1. ed. Rio de Janeiro: HarperCollins. 2021.
18. Cialdini R, Cliffe S. The uses (and abuses) of influence. Harvard business review.2013;91(7-8):76-132.
19. Zaki J. Leading with Empathy in Turbulent Times-A Practical Guide. Edelman. 2021. p. 53.
20. Jenkins AC, Macrae CN, Mitchell JP. (Repetition suppression of ventromedial prefrontal activity during judgments of self and others. Proceedings of the National Academy of Sciences. 2008;105(11):4507-12.
21. Barrett LF. Seven and a Half Lessons About the Brain. Houghton Mifflin Harcourt: Mariner Books. 2020. p. 192.
22. Lieberman MD. (Social: Why Our Brains Are Wired to Connect.). New York: Random House. 2013. p. 374.
23. Cacioppo JT, Patrick W. Loneliness: human nature and the need for social connection. New York: W. W. Norton and Company. 2008. p. 317.
24. Domes G, Heinrichs M, Gläscher J, Büchel C, Braus DF, Herpertz SC. Oxytocin attenuates amygdala responses to emotional faces regardless of valence. Biological psychiatry. 2007;62(10):1187-90.
25. Lieberman MD. The Brain's Braking System (and how to 'use your words' to tap into it). Vol. 2. NeuroLeadership Journal. 2009.
26. Grant A. Persuading the Unpersuadable. 2021. Retrieved March 30th, 2022, from https://hbr.org/2021/03/persuading-the-unpersuadable.
27. Kahneman D, Tversky A. Choices, values, and frames. American Psychologist. 1984;39(4):341-50. https://doi.org/10.1037/0003-066X.39.4.341.
28. Kahneman D. Rápido e Devagar – duas formas de pensar . Rio de Janeiro: Objetiva. 2011. p. 607.
29. Hedden T, Gabrieli JD. The ebb and flow of attention in the human brain. Nature Neuroscience. 2006; 9(7):863-5.
30. Reicher S, Hopkins N. Self and Nation. Thousand Oaks, CA: SAGE Publications. 2001. p. 256.
31. Claidière N, Whiten A. Integrating the study of conformity and culture in humans and nonhuman animals. Psychological Bulletin. 2012;138(1):126-45. https://doi.org/10.1037/a0025868.
32. Van Bavel JJ, Packer DJ, Cunningham WA. The neural substrates of in-group bias: A functional magnetic resonance imaging investigation. Psychological science. 2008;19(11):1131-1139.
33. Cikara M, BotvinickMM, Fiske ST. Us Versus Them. Psychological Science. 2011;22(3):306-13. doi:10.1177/0956797610397667.

34. Baumeister RF, Leary MR. The need to belong: desire for interpersonal attachments as a fundamental human motivation. Psychological bulletin. 1995;117(3):497-529.
35. Brewer MB. The social self: On being the same and different at the same time. Personality and social psychology bulletin. 1991;17(5):475-82.
36. Sivanathan N, Kakkar H. The unintended consequences of argument dilution in direct-to-consumer drug advertisements. Nature Human Behavior. 2017; 1(11):797-802. https://doi.org/10.1038/s41562-017-0223-1.
37. Gastil J, Marriott R. How Communicating Misleading Information Dilutes Public Understanding of Weight Loss Mechanisms. Health communication. 2019; 34(12):1524-32. https://doi.org/10.1080/10410236.2018.1504656.
38. Banaji MR, Greenwald AG. Blindspot: Hidden Biases of Good People. Canada: Delacorte Press. 2013. p. 272.
39. Lieberman MD, Rock D, Grant H, Cox C. Breaking Bias Updated: The SEEDSTM Model. Neuroleadership Journal. 2015; 6.
40. Weisz E, Cikara M. Strategic Regulation of Empathy. Trends in cognitive sciences. 2021;25(3):213-27. https://doi.org/10.1016/j.tics.2020.12.002

CAPÍTULO 10

APRESENTAÇÕES PROFISSIONAIS

As apresentações profissionais fazem parte do mundo das organizações, principalmente nas carreiras executivas. Profissionais com educação superior são frequentemente solicitados a falar em público e são avaliados nessa situação, o que pode ter grande influência na progressão de carreira.[1] Nas mais diversas formas de apresentação, como uma reunião em que você apresenta um projeto, um tema livre em um congresso de sua especialidade, a defesa de uma tese, a participação em um fórum de discussões ou uma palestra para mais de mil pessoas, as manifestações de ansiedade, o nervosismo e as alterações de respiração, voz e fala são comuns, tanto que são referidas por 95% dos apresentadores. Profissionais de diversos segmentos podem apresentar manifestações de ansiedade, nervosismo, tremor na voz e imprecisões na fala, mesmo quando têm experiência, como revelado em um levantamento com 700 participantes brasileiros, incluindo professores, militares, artistas, políticos entre outros.[2] Esses sintomas físicos e emocionais são ainda mais fortes quando a apresentação é gravada, e parte dos 5% que referem não se sentirem impactados nessa situação talvez não queiram admitir que a tarefa cause apreensão ou não têm consciência do que pode eventualmente acontecer e de como isso pode impactar a avaliação que os outros têm sobre eles. Falar em público é uma situação reconhecidamente ansiogênica.

Falar em público não é uma situação natural de comunicação, onde a interação permite trocas por mensagens verbais e não verbais, especialmente se houver o uso de microfone. Nesse contexto, a audiência, embora possa ser passiva quanto a enviar mensagens verbais, envia mensagens não verbais de forma continuada por meio de contato visual, expressões faciais automáticas, gestos e movimentação corporal na cadeira. Esses *inputs* de diversas vias de comunicação, partindo de diferentes pessoas, são mais ou menos percebidos por quem fala e podem perturbar a concentração do falante. Essa situação é desafiadora, pois a comunicação profissional em público exige mais que o controle do conteúdo e da forma, uma linguagem acessível, voz e fala agradáveis e respeito às regras de comunicação (Veja Capítulo 3). Falar profissionalmente em público requer preparar-se e, ao mesmo tempo, ter flexibilidade de adaptação em resposta ao *feedback* que se recebe da audiência, em tempo real, pela comunicação não verbal.

O medo de falar na frente de um grupo de pessoas é chamado de glossofobia (do grego *glosso* – língua e *fobia* – temor exagerado), sendo um dos temores mais comuns de universitários, com ocorrência tão frequente quanto o medo da morte.[3] Porém, com a progressão da carreira profissional, ao entrar no mundo das organizações e ser repetidamente submetido a situações de comunicação profissional em público, sentir-se nervoso, ansioso, perceber que a voz treme, ter algumas dificuldades de dicção e vivenciar uma sensação de respiração curta são manifestações que tendem a se reduzir. Experiência, resultado bem-sucedido de algumas apresentações e treinamento sobre como se preparar para enfrentar esse desafio, contribui para se adquirir mais conforto na exposição pública. Porém, pode haver casos que necessitem de tratamento psicológico e/ou medicação, quando a situação de falar em público se configura como um transtorno de ansiedade social, uma fobia social em que a atenção a um possível julgamento dos outros é tão acentuada e ameaçadora que produz um impacto negativo importante, comprometendo o funcionamento pessoal, a vida acadêmica e as relações sociais ou de trabalho.[4]

O objetivo desse capítulo é discorrer sobre as situações mais comuns de apresentações profissionais face a face, seja presencial ou por plataformas virtuais, e oferecer algumas estratégias de regulação emocional para lidar com a percepção de ameaça na situação de falar em público. Características de personalidade, principalmente relacionadas à dimensão extroversão-introversão influenciam a atitude comunicativa e são explicadas nesse capítulo. São também oferecidas algumas dicas para falar em público e para o uso de microfone. Além delas, reunimos algumas informações sobre como produzir *slides*, prática rotineira em muitas organizações, para você identificar oportunidades de melhoria na informação visual que é usada como apoio e que, por vezes, quando mal produzida, prejudica a avaliação sobre o apresentador e compromete sua Presença de líder (Veja Capítulo 12). Esse capítulo inclui também duas autoavaliações, a primeira, que você vai responder a seguir, sobre o medo de falar em público, e a segunda sobre *performance* nas apresentações profissionais.

AUTOAVALIAÇÃO: FALAR EM PÚBLICO

A Escala para Autoavaliação ao Falar em Público *Self Statements during Pubblic Speaking Scale* (SSPS) é um instrumento validado para o português brasileiro que apresenta 10 frases que ilustram como as pessoas podem se sentir ao enfrentar o desafio de falar em público.[5,6]

Escala para Autoavaliação ao Falar em Público (SSPS)

Imagine as coisas que você costuma pensar sobre si mesmo, quando se encontra em alguma situação em que tenha que falar em público. Tendo em mente isso, até que ponto você concorda com as afirmações a seguir? Na escala assinale zero, se você discorda totalmente, e cinco, se você concorda inteiramente com a afirmação. Use os pontos intermediários para outros graus de concordâncias

1. O que tenho a perder? Vale a pena tentar	0	1	2	3	4	5
2. Sou um fracasso	0	1	2	3	4	5
3. Essa é uma situação difícil, mas posso dar conta dela	0	1	2	3	4	5
4. Um fracasso nessa situação seria mais uma prova da minha incompetência	0	1	2	3	4	5
5. Mesmo que não dê certo, não é o fim do mundo	0	1	2	3	4	5
6. Posso dar conta de tudo	0	1	2	3	4	5
7. Qualquer coisa que eu disser vai parecer bobagem	0	1	2	3	4	5
8. Acho que vou me dar mal de qualquer jeito	0	1	2	3	4	5
9. Em vez de me preocupar poderia me concentrar no que quero dizer	0	1	2	3	4	5
10. Eu me sinto desajeitado e tolo, certamente eles vão notar	0	1	2	3	4	5

Para obter seu escore final, veja a instrução a seguir:

- **Autoavaliação positiva:** some os valores que atribuiu como respostas às afirmações 1, 3, 5, 6 e 9 e transfira o resultado para o Quadro 1.
- **Autoavaliação negativa:** para as respostas das afirmações 2, 4, 7, 8 e 10 você deverá fazer o cálculo reverso, conforme a seguinte orientação: se você marcou **0**, insira no quadro **4**; se você marcou **1**, insira no quadro **3**; se você marcou **2**, insira no quadro **2**; se você marcou **3**, insira no quadro 1; se você marcou **4**, insira no quadro **0**. Transfira os resultados para o Quadro 2.

Quadro 1 **Autoavaliação Positiva**	**Quadro 2** **Autoavaliação Negativa**
1 =	2 =
3 =	4 =
5 =	7 =
6 =	8 =
9 =	10 =
Soma dos positivos =	**Soma dos negativos =**
TOTAL: positivos + negativos =	

COMO COMPREENDER SEUS RESULTADOS

O *Self-Statements During Public Speaking* (SSPS) é um questionário com 5 impressões positivas e 5 negativas e, por isso, você teve que fazer um cálculo reverso nessas afirmações.[7]

O somatório final, adicionando os aspectos positivos e negativos, pode ter um valor máximo de 50 pontos. Quanto maior for esse resultado, melhor sua avaliação sobre a habilidade de falar em público. Universitários apresentaram valores médios de 22 pontos, no estudo de validação transcultural desse instrumento para o Brasil, que analisou dados de 2.314 estudantes universitários.[5,8] Posteriormente, um outro estudo brasileiro com diversas categorias profissionais indicou que escores de 45 pontos ou mais são obtidos por pessoas que confiam em suas habilidades de falar em público e têm bastante vivência nessa situação de comunicação.[2] Contudo, apesar de se avaliarem como competentes, consideram a tarefa de falar em público desafiadora, sentem ansiedade, nervosismo e, às vezes, percebem a voz trêmula ou falha. Portanto, você pode ter valores elevados e mesmo assim sentir alguns desses sintomas de desconforto, que tendem a reduzir quando se adquire maior experiência na comunicação profissional. Em nossa experiência, profissionais em fase intermediária de desenvolvimento de carreira apresentam valores ao redor de 35 pontos.

Desta forma, conhecendo seu resultado você poderá refletir sobre o que precisa ser feito para melhorar seu rendimento e a confiança nesse contexto de fala. Lembre-se que 22 pontos é média dos universitários, e 45 o obtido por profissionais brasileiros em topo de carreira. Tendo esses dois valores como comparação, você pode analisar em que faixa está e o quanto precisa investir para melhorar nesse aspecto.

O DESAFIO DE FALAR EM PÚBLICO

O desafio de falar em público está relacionado a quatro aspectos de interação: 1. Modo de falar, 2. Modo de olhar, 3. Proxêmica e 4. Grau do contexto cultural, além do medo de exposição e julgamento, já mencionados. Vejamos.

1. **Modo de falar:** o modo de falar é a dimensão projetiva que tem o impacto mais profundo na situação de falar em público, sendo decisiva na avaliação de quem fala. Três aspectos são mais salientes: a qualidade da voz, as características da dicção e a cronêmica.
   A voz de quem fala é um aspecto físico da comunicação que não deve ser subestimado, pois é ela que carrega a mensagem. Se a voz apresentar algum problema, ela pode chamar a atenção do ouvinte de forma negativa, tornando-se um ruído na comunicação, o que prejudica a transmissão da mensagem. Uma voz clara, de volume adequado ao ambiente, com boa modulação (melodia na fala) transporta sua mensagem de modo agradável e eficiente.
   Contudo, a voz não é somente a carregadora das palavras, mas também reflete características físicas, psicológicas e sociais de quem fala. Além disso, a voz é muito sensível à situação que estamos vivendo e pode sinalizar alegria, desconforto, medo, ansiedade, apreensão ou outras emoções, em respostas automáticas às nossas percepções. Ouvintes reagem negativamente a vozes alteradas, como roucas ou fracas, penalizando as pessoas com julgamentos negativos de personalidade, considerando-as menos atraentes, menos poderosas, menos agradáveis e menos confiáveis.[9]
   Comunicar-se como uma pessoa vencedora deve ser uma busca consciente no mundo das organizações. Nesse ambiente, o conteúdo da mensagem foi indicado como responsável por apenas 11% das avaliações positivas dos falantes, enquanto a qualidade da voz foi apontada como a razão de 23% das avaliações positivas, ficando o resto distribuído entre paixão, conhecimento e presença.[10]
   Há uma nítida preferência por vozes mais graves (grossas) tanto para homens, como para mulheres, porque dão a impressão de capacidade de liderança, sucesso em obter posições hierarquicamente superiores,[11,12] competência, persuasão, confiança e credibilidade.[12-14] Quanto à personalidade, pessoas tímidas têm uma autopercepção de desvantagem vocal quando comparados aos não tímidos,[15] inclusive os profissionais da voz,[16,17] acostumados com a tarefa de falar em público. Timidez relaciona-se a um julgamento antecipado de rendimento negativo em situações de fala: esses indivíduos têm dificuldades de começar a se comunicar, evitam situações de falar em público e avaliam-se negativamente, independentemente de estarem ou não preparados.
   Tanto os problemas de voz (voz rouca, voz baixa, voz fina, cansaço ao falar, voz nasal entre outros), como a timidez em situações de exposição pública podem ser minimizadas com treinamento e/ou tratamento.
   Por sua vez, as características da dicção estão relacionadas ao processo de produção dos sons que compõem as palavras. Dois aspectos chamam a atenção do ouvinte: pronúncia correta e abertura de boca. Alguns erros de pronúncia que chamam muita atenção são: “iNdentidade”, em vez de identidade; “tochico”, em vez de tóxico; “rezistro”, em vez de registro. Falar com a boca muito fechada, subarticulando as palavras, pode passar a impressão de insegurança ou, quando há tensão associada, de agressividade (falar “entre os dentes”). Por outro lado, falar com a boca excessivamente aberta e articulando as sílabas exageradamente pode passar a impressão de vaidade extrema e superioridade. Distorções dos sons, erros e dificuldades de fala devem ser corrigidas por treinamento e/ou tratamento, pois se a dicção não for clara, passa a imagem de que os pensamentos também não o são.

Os elementos de comunicação não verbal que incluem todas as características da voz são chamados de paralinguagem. Esse impacto psicodinâmico é ainda mais evidente ao falar em público, pois essa situação coloca quem ouve em uma posição de observador, e o distanciamento físico nesse contexto favorece uma impressão global de quem fala, considerando a mensagem verbal e a não verbal. Vale ressaltar que o impacto na audiência nem sempre corresponde à real condição emocional do falante, podendo ser apenas o resultado de alguma característica de seus órgãos da fala. Por exemplo: alguém que fala "entre os dentes" pode ser julgado como agressivo, no entanto, essa pessoa pode ter um problema de maloclusão dentária; uma pessoa com respiração curta pode ser julgada como ansiosa, no entanto ela pode ter uma obstrução pulmonar. Alguns exemplos do impacto psicodinâmico dessas características, ou seja, da avaliação automática que fazemos a partir de aspectos da comunicação de alguém que fala conosco, são apresentados no quadro a seguir.[18]

Síntese dos Impactos dos Parâmetros da Comunicação

Parâmetros da comunicação	Impacto na audiência
Som da voz Impressão global da voz do outro	Passa informações de sexo, idade, saúde, origem geográfica, traços de personalidade, liderança, dominância, estado emocional momentâneo e características sociais Uma voz desagradável ao falar em público causa um impacto ainda mais negativo quando amplificada ao microfone
Tipo de voz Percepção específica da qualidade vocal	Voz rouca: passa a impressão de doença, cansaço ou esgotamento Voz soprosa: passa a impressão de fraqueza e falta de vigor; soprosidade discreta pode passar impressão de sensualidade Voz tensa: passa aflição, esforço, necessidade de controle e rigidez Voz nasal ("anasalada"): se for discreta passa afetividade, carinho e sensualidade; se for mais intensa, ativa estigmas negativos associados aos "fanhosos", como limitação intelectual, falta de energia e inabilidade social
Tom da voz Frequência mais aguda (fina) ou grave (grossa)	Voz aguda: passa a impressão de feminilidade, mas também de submissão e infantilidade, se não for adequada à idade do falante Voz grave: passa a impressão de autoridade e/ou dominância, para homens e mulheres, e de virilidade para homens
Intensidade Volume fraco ou forte de voz	Voz fraca, baixa: passa falta de segurança, pouca experiência, medo da reação dos outros ou timidez Voz muito forte, alta: passa agressividade, falta de respeito dos limites do outro e necessidade de se impor
Modulação vocal Melodia na fala, variação de tons graves e agudos	Modulação rica: falar com vários tons passa abertura para negociação e interesse em oferecer elementos emocionais para o outro Modulação reta: falar de modo linear, passa monotonia, rigidez, imposição, falta de abertura para negociação ou controle para não mostrar emoções
Respiração Ciclos de inspiração e expiração do ar coordenados com a fala	Respiração curta e superficial: passa ansiedade, insegurança e possibilidade de descontrole Respiração profunda e boa coordenação na fala: passa controle da situação, segurança e bom contato com o outro

Parâmetros da comunicação	Impacto na audiência
Pausas Instantes de silêncio	Presentes e bem distribuídas: mostram profissionalismo, preparo, controle e reflexão Ausentes ou curtas: mostram ansiedade, pressa, aceleração, comunicação improvisada, falta de filtros e dificuldades de dialogar Longas demais: desconectam os ouvintes

Vale lembrar que as características de comunicação apontadas no quadro são fortemente impactadas pelas diferentes culturas, não apenas no plano internacional, mas até mesmo por aquelas que ocorrem dentro de países muito extensos e diversos, como o Brasil: culturas com forte tradição oral falam com mais paixão, como os afro-americanos e judeus; italianos e gregos usam maior intensidade, ou seja, falam mais alto que os asiáticos;[19] o uso do silêncio, mais incômodo para culturas latinas, é muito valorizado no Japão, por ser considerado uma virtude e um sinal de respeitabilidade e confiabilidade, além de reconhecimento de hierarquia.[20] Observar os comportamentos comunicativos ou perguntar o seu significado evita desentendimentos em interações com diferentes culturas nacionais e internacionais.

Finalmente, um terceiro e importante aspecto relacionado à comunicação oral, também bastante influenciado pela cultura, é a cronêmica, que se refere à função do tempo na comunicação humana.[21,22] Os indivíduos percebem, organizam e usam o tempo na comunicação, com diversos graus de abordagem, o que gera um *continuum* em que um dos extremos é ocupado pelas culturas **monocrômicas** e o outro pelas **policrônicas.** Pessoas de culturas com **orientação monocrômica** organizam-se no tempo de modo contínuo, executam as tarefas uma por vez, em modalidade serial, de modo programado, controlado, organizado e gerenciado pelo indivíduo, que se concentra no que deve fazer, cumpre regras, prazos e agendas. Indivíduos dessas orientações concentram-se em tarefas, que são decompostas em unidades de tempo, e isso ajuda na mensuração e cobrança de atividades. A comunicação nessas culturas é mais direta, mais concisa e sem rodeios. Atrasos não são aceitáveis, e não se excede o tempo concedido de fala. Exemplos de culturas monocrômicas são os Estados Unidos, Alemanha, Reino Unido, Japão e China, países em que o tempo é precioso e não pode ser desperdiçado, representadas pela famosa expressão "Tempo é dinheiro.".

Já as pessoas de cultura com **orientação policrônica** realizam várias coisas ao mesmo tempo, interagem com várias pessoas simultaneamente, tendem a não observar regras, prazos e não se atêm a tempos previamente definidos. Exemplos são os países da América Latina, Índia, México, Grécia, Itália e muitos países do Oriente Médio, em que o tempo é fluido. A comunicação nessas culturas é mais indireta, com maior prolixidade, rodeios são considerados elegantes, e são usados elementos do contexto em profusão. Nessas culturas, atrasos são normalizados, e o tempo de fala é frequentemente excedido, pois se considera que isso ocorreu por ser necessário para atender a outras pessoas, seguindo-se o ritmo natural da interação. Indivíduos dessas culturas concentram-se mais em tradições e relações.

O quadro abaixo reúne as principais características das culturas e atitudes dos indivíduos com orientação monocrômica e policrônica, como descrito na literatura.[21-23]

Síntese das Atitudes Culturais de Acordo com a Cronêmica	
Orientação monocrônica	**Orientação policrônica**
Indivíduo focado em uma tarefa de cada vez	Indivíduo focado em várias tarefas ou atividades ao mesmo tempo
Concentram-se no que devem executar	Distraem-se com tudo ao seu redor
Processo serial de execução	Processo múltiplo de execução
O tempo ocorre uma vez	O tempo é cíclico, repete-se a cada 24 h
Respeito ao tempo e prazo determinados	Respeito aos objetivos e resultados
Tempo é mercadoria preciosa	Pessoas são mais importantes que o tempo
Precisam de informações precisas e instruções detalhadas	Já têm as informações que precisam e não requerem muitas instruções
São compromissados com o trabalho e os resultados	São compromissados com as pessoas e as relações
Planejam-se e respeitam os planos	Mudam planos facilmente
Preocupam-se em não perturbar os outros	Preocupam-se com a comunidade e as relações humanas
Respeitam a privacidade	Respeitam o coletivo, mais que a privacidade
Respeitam a propriedade individual	Emprestam e pedem coisas emprestadas
Tem relações de curto prazo	Tem relações de longo prazo
Enfatizam prontidão e rapidez	Prontidão e rapidez dependem de quem se trata
Falam de modo direto e conciso	Falam de modo indireto e prolixo
Não gostam de ser interrompidos	Interrupções são parte natural da fala

Como facilmente pode-se depreender, a cronêmica interfere na organização de todas as atividades profissionais em função do tempo, como preparação para falar em público, coordenação de reuniões, tomada de decisões, relações com os membros do time e de outros times, sendo mais amplificado nas empresas transnacionais. Como a percepção do tempo difere entre as culturas, questões, como pontualidade, tempo de espera e mudanças de turno nas interações, podem criar conflitos entre os indivíduos, seja em reuniões, mesas redondas ou participações em eventos internacionais.

Compreender a relação entre as culturas e o tempo ajuda a evitar situações embaraçosas e mal-entendidos na comunicação. Com isso em mente podemos gerir melhor as interações em ambientes diversos, o que permitirá resultados de trabalho e relacionamentos mais gratificantes, com pessoas de diferentes culturas e tradições,[23] coisa essencial no mundo globalizado em que vivemos.

2. **Modo de olhar**: o modo de olhar é uma estratégia poderosa de conexão entre as pessoas e é estudado pela oculésica, que analisa os sinais emitidos por meio do comportamento ocular durante as interações sociais. O comportamento dos olhos é geralmente analisado pela sua direção, tempo de duração e abertura. Contudo, há grande influência cultural no modo de olhar,[24] definido por normas sociais: no Brasil e Estados Unidos, olhar nos olhos indica respeito e escuta; ao contrário, não olhar nos olhos é o comportamento esperado no Porto Rico, Haiti e na maior parte da Ásia, locais em que um contato visual mais direto pode ser considerado desrespeitoso e intimidador; de forma contraintuitiva para nós brasileiros, muitos asiáticos podem fechar os olhos para mostrar profunda concentração no que está sendo dito. Arregalar os olhos indica raiva na China, pedido de ajuda na América Latina e atitude de persuasão para os afro-americanos.[25] Os árabes, reconhecidos pela intensidade de seu olhar, olham mais diretamente e por mais tempo para seus parceiros, do que estadunidenses,[26] que podem se sentir incomodados com isso.
Os principais impactos do tamanho da pupila, direção e duração do olhar em nossa realidade são apresentados no quadro a seguir.

Síntese dos Modos de Olhar	
Características do olhar	**Significado**
Pupila	Reduzida: desagrado ou nervosismo Dilatada: conforto, relaxamento
Direção do olhar	Direto nos olhos: profissional Olhos e boca: social Olhos e corpo: íntimo Lateralizado ou fuga de olhar: furtivo Desviado: medo ou evitar contato
Duração do olhar	Curta: evitar o contato, não disponível para interação Longa: interesse ou intimidação

3. **Proxêmica**: a proxêmica estuda o significado social do espaço no campo de interação entre pessoas, sendo determinada a partir das distâncias que os indivíduos mantêm entre si nas diferentes relações sociais, com impacto no uso e organização do espaço físico, sofrendo influências comportamentais, sociais e culturais.[27]
O quanto uma pessoa se aproxima da outra manda informações importantes sobre as relações entre os envolvidos. São apontadas quatro zonas de distância: íntima (até 50 cm), que é usada nas situações de conforto, abraço, proteção, sussurros ou luta; a pessoal (entre 50 e 100 cm), usada entre familiares ou amigos; a social (entre 1 e 4 metros) usada entre conhecidos, relacionamentos profissionais e interações sociais; finalmente, a distância pública (4 ou mais metros), usada em ocasiões públicas, para dar conforto na fala e movimentação do falante pelo espaço,[28] como se vê na figura a seguir.

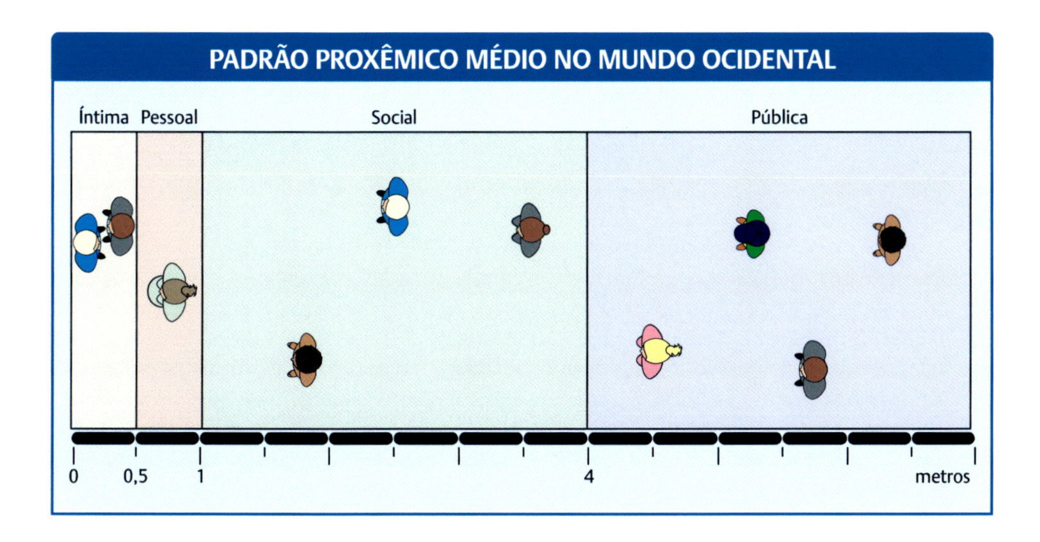

Padrões proxêmicos variam entre as culturas: árabes sentam-se mais próximos que americanos, e latino-americanos interagem com maior proximidade que os europeus.[28] O não respeito de características da proxêmica em uma determinada cultura pode causar mal-estar e dificultar a comunicação.

4. **Grau do contexto cultural**: a cultura fornece uma moldura em que os indivíduos de cada grupo aprendem a organizar seus pensamentos, manifestar emoções e moldar comportamentos e atitudes, de acordo com o que é esperado nesse ambiente social. Cultura não é inata e sim aprendida ao longo da vida e inclui incorporar valores e formas particulares de se comunicar .
   Alto e baixo contextos culturais são um conceito da Antropologia, aplicado ao mundo das organizações, que distribui culturas, nacionalidades, grupos de idiomas, grupos culturais, regiões de um mesmo país e empresas em um contínuo em que uma ponta está a comunicação direta, com base na mensagem veiculada, e na outra a comunicação indireta, que se baseia em diversas vias, verbais e não verbais, nas relações sociais e no ambiente cultural.[28] Esse conceito recebe críticas por falta de validação empírica robusta, porém, no mundo globalizado e com times multiculturais, compreender o que isso significa é muito útil.
   Na cultura de **baixo contexto**, menos relacional e mais individualista, o que precisa ser transmitido é verbalmente dito na comunicação e/ou está documentado de modo claro: o que vale é a palavra e/ou o que está no contrato. Já nas culturas de **alto contexto**, mais relacionais e coletivistas, muitas coisas ficam por dizer, a mensagem em si é mínima, muitos dados estão implícitos ou no ambiente cultural e são inferidos pelo tom de voz, pausas, silêncios e por se considerar quem está falando: não necessariamente a mensagem vai ser claramente transmitida e espera-se que ela seja depreendida. Isso pode causar muitos mal-entendidos na comunicação entre a organização e seus clientes ou entre times de diferentes países.[29]
   Indivíduos de culturas ou empresas que apreciam o baixo contexto tendem a dar instruções mais detalhadas, são mais lógicos, fazem análises mais minuciosas e são orientados para a ação. Já aqueles de culturas ou empresas de alto contexto têm uma

comunicação mais implícita, com mais nuances, orientada às pessoas e acreditam que os indivíduos já têm o contexto necessário, podendo simplesmente fazer um gesto e usar uma intervenção para transmitir um significado ou um comando para uma determinada ação. Como consequência, a comunicação, nas culturas de alto contexto, está nas pessoas, tem vida longa, e as mudanças são lentas; já nas de baixo contexto a comunicação está nas mensagens, tem vida curta, é cheia de detalhes e pode mudar rapidamente.

O ambiente cultural também tem impacto nas relações humanas: nas culturas de baixo contexto os laços sociais são compartimentalizados, tendem a ser mais frágeis e mais superficiais, problemas ou confrontos são mais fáceis de prever, e as pessoas se afastam ou se retiram quando algo não vai bem; já nas culturas de alto contexto, os laços sociais são centrais em todos os aspectos da vida, são fortes, estáveis, perduram por longo tempo, o sistema é mais flexível e é mais difícil prever quando as coisas podem desandar.[27] Evidentemente, há uma relação entre culturas de baixo contexto e monocrômicas e entre as de alto contexto e policrônicas, como vimos no item 1, desse capítulo.

Nas culturas de baixo contexto cada um é responsável por si, problemas e ameaças são tratados individualmente; já no alto contexto todos são responsáveis por todos, o princípio da unidade (Veja Capítulo 9) é muito forte, e se um dos membros do grupo é ameaçado, todos o são.

Além das questões culturais em si, relacionadas à forma como indivíduos de um grupo se comportam, algumas profissões também trabalham nas interações sociais usando um maior ou menor contexto cultural. Por exemplo, profissionais de vendas e recursos humanos, em geral, trabalham com alto contexto, preferem reuniões presenciais e telefonemas, enquanto engenheiros e profissionais de tecnologia da informação comunicam-se com características das culturas de baixo contexto e preferem documentos textuais e *e-mails* como canais de comunicação (Veja Capítulo 6). De modo simplificado veja, no gráfico a seguir, a posição de alguns países e regiões ao longo dos graus de contexto culturais.

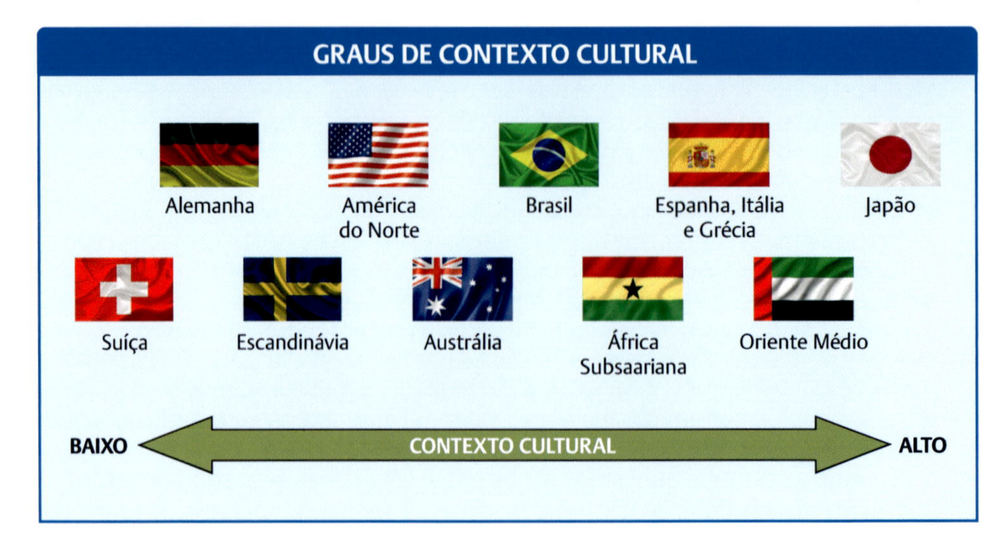

A cultura, de modo simplificado, pode ser comparada a uma lente pela qual as pessoas percebem e analisam a comunicação. Analisar o grau de contexto cultural vai ajudá-lo a evitar inferências errôneas, principalmente quando se está exposto a culturas que usam normas comunicativas diferentes da sua. Ao se comunicar como não é esperado em uma cultura, o cérebro pode perceber essa atitude como um erro e avaliar o indivíduo como despreparado e pouco confiável. Essa é apenas uma reação de seu cérebro, que analisa o mundo pelo que você viveu. Portanto, antes de se julgar alguém como rude e sem tato, ou como ambíguo e furtivo em sua apresentação, compreenda a cultura desse indivíduo. Se você for o apresentador, busque saber o que sua audiência espera, pesquise e entenda a cultura desse grupo e adapte sua comunicação para atender a essas particularidades. Isso, certamente, vai trazer uma maior aproximação com a audiência e mostrar empatia (Veja Capítulo 7). Veja, no quadro a seguir, uma síntese dos extremos de contexto cultural.

Síntese das Diferenças Entre Contextos Culturais	
Baixo contexto cultural	**Alto contexto cultural**
Comunicação direta, lógica e explícita	Comunicação indireta, com nuances e implícita
Baseia-se na mensagem	Baseia-se em diversas vias, verbais e não verbais
Mensagem clara	Mensagem depreendida
Instruções detalhadas	Poucas instruções
A mensagem é o mais importante	Quem fala é o mais importante
Documentação tem grande valor	Dados do ambiente social têm grande valor
Comunicação tem vida curta e pode mudar rapidamente	Comunicação tem vida longa e resiste às mudanças
Mais individualista	Mais relacional
Indivíduos preferem *e-mail*	Indivíduos preferem encontros face a face e telefonemas
Acordos são selados em documentos escritos	Acordos são com base na palavra de quem está envolvido
Laços sociais mais superficiais e frágeis	Laços sociais mais profundos e estáveis

Concluímos que ser bem-sucedido na situação de falar em público é muito mais uma habilidade a ser desenvolvida do que dom ou traço de personalidade e depende de reunir condições e vencer algumas barreiras para evitar o automatismo na comunicação. Organizar o que quer falar, preparar o texto ou um jogo de telas de apoio, fazer alguns exercícios vocais, como bocejos escandalosos e modulações de vogais, estalar língua e lábios para soltar a musculatura e alongar o corpo ajudam a reduzir a tensão dessa situação. Praticar, reconhecer certo temor como sendo normal frente a essa situação de visibilidade e exposição ajudam a ter o controle emocional necessário. Calibrar a mente sobre o que se vai falar, qual o foco e o eixo condutor da apresentação, relembrando os pontos principais é mais eficiente do que monitorar os sinais fisiológicos, como respiração e batimentos cardíacos, pois isso somente aumenta a tensão. Compreender as normas e comportamentos culturais vai facilitar, em grande parte, a qualidade de sua interação e a avaliação de seu sucesso.

FORMAS DE COMUNICAÇÃO PROFISSIONAL FACE A FACE

Sabemos que a comunicação **face a face** teve impacto na evolução do cérebro humano e que nela ocorre uma sincronização comportamental via expressão facial, gestos e fala, ideal para colaboração.[30] Sabe-se também que na comunicação face a face há maior continuidade na mudança de turnos comportamentais entre os parceiros, o que tem um papel central nas interações sociais e mostra o envolvimento das pessoas na comunicação.[31,32] Há duas grandes formas de apresentação profissional face a face: a presencial e a virtual. Vejamos.

- **Face a face presencial:** quando estamos em apresentações profissionais presenciais, ganhamos rapidez na construção de relacionamentos, criamos conexões de trabalho mais fortes, trocamos as posições de falar e escutar de modo mais eficiente e é mais fácil percebermos nuances de pensamentos e sentimentos pela linguagem corporal e expressão facial dos ouvintes. Assim, como recebemos e enviamos uma mensagem completa, podemos ter uma percepção imediata do impacto da nossa comunicação e fazer ajustes verbais e não verbais que retroalimentem esse processo e auxiliem no desenrolar do discurso. Presencialmente também fica mais fácil explorar assuntos delicados e desenvolver liderança. Essas são vantagens descritas pelas próprias pessoas quando comparam suas experiências presenciais às virtuais. Contudo, há algo muito interessante apontado em estudos com análises de atividade cerebral, em tempo real, de duas pessoas em diversas situações de comunicação: particularmente no diálogo face a face presencial, o tipo de sincronização neural que ocorre entre parceiros de comunicação é o resultado de uma integração sensorial multimodal única e que ativa áreas diferentes do cérebro.[33] Assim, a comunicação face a face presencial é realmente especial. As oportunidades de comunicação face a face foram reduzidas pelo volume das interações de tecnologia, que domina o cotidiano de muita gente e foi a realidade mundial no mundo dos negócios na maioria dos países, durante a Pandemia da Covid-19.[34] Na vigência das medidas de distanciamento e considerando-se a economia global competitiva de hoje, organizações capazes de criar times virtuais talentosos conseguiram responder rapidamente às mudanças nos ambientes de negócios e tiveram mais chance de ocupar um bom espaço no mercado. As companhias aprenderam rapidamente que o trabalho remoto é a chave para a continuação dos negócios.[35]

- **Face a face virtual:** é uma forma de comunicação econômica, fácil de usar, tem facilidade de interconectar talentos de várias regiões do país ou do mundo e consegue reunir pessoas de diferentes locais, a baixo custo. Nessa modalidade tivemos vários ganhos para a comunicação: maior objetividade que nos encontros presenciais; mudanças de turno mais lentas e mais respeitadas; redução automática da intensidade da voz, pelas plataformas, quando duas ou mais pessoas falam juntas; e regras dos eventos mais claras e mais obedecidas, inclusive quanto ao horário. Alguns aspectos devem ser observados na comunicação virtual: vestir-se para um ambiente profissional, pois isso melhora suas habilidades cognitivas e seu rendimento, com grande influência nos processos psicológicos (Veja Capítulo 12); pequenos intervalos entre reuniões ou apresentações, saindo da frente do computador, para favorecer a recarga de energia; e limites de horário no trabalho virtual, para não sobrecarregar seu cérebro, principalmente o sistema 2, que tem um orçamento energético limitado (Veja Capítulo 1). Um aspecto que tem importância especial em um mundo que busca ser mais justo é que equipes virtuais podem desencorajar discriminação por idade e etnia, porque a gestão do desempenho dos colaboradores é com base principalmente na produtividade e não em seus atributos.[36]

Além disso, pessoas introspectivas e tímidas sentem-se de certa forma favorecidas, pois ocupam uma condição de igualdade nos "quadradinhos" da tela, tendo o *chat* como um aliado para expressarem suas opiniões, sem ter que falar. Porém, apesar de todas as vantagens apresentadas, a comunicação virtual é uma versão menos rica da comunicação real (Veja Capítulo 6), pois dificulta a criação de laços sociais reais, não favorece o desenvolvimento da liderança e não atende todas as dificuldades de comunicação em algumas situações, como nos momentos de crise.

Atualmente, com o lento retorno ao trabalho presencial, o modelo de trabalho híbrido criou novos desafios de comunicação, principalmente se parte do time está na empresa e parte em trabalho remoto. Não sabemos ainda qual será o impacto nos resultados dos negócios e no desenvolvimento das pessoas; quais tendências serão mantidas como uma nova realidade; e as implicações dessa situação para países com maiores parcelas de jovens ou de idosos.[37] Com a pandemia, os locais de trabalho tiveram de ser reinventados e considerou-se, entre outras possibilidades, a chance de se romper com o passado e dar um novo sentido para o que é o próprio local de trabalho.[38] Várias pesquisas estão em desenvolvimento e ainda é difícil prever o que acontecerá no médio e no longo prazos, mas questões de comunicação continuarão sendo prioridade nas empresas, independentemente da forma predominante de se comunicar.

REAÇÕES EM APRESENTAÇÕES NO PALCO

Praticamente todos os profissionais, ao apresentarem um trabalho, em uma convenção ou congresso, conhecem o medo relacionado à exposição pública, que é ainda maior quando o contexto envolve falar em um palco. Esse medo pode-se manifestar por meio de reações físicas ou mentais, que podem ser categorizadas em três principais tipos: reação de desrealização mental; aumento de tônus muscular e decréscimo do tônus muscular.[39] Vejamos.

- **Desrealização:** nesse tipo de reação o indivíduo sente-se desconectado da realidade e até mesmo duvida que conseguirá se levantar da cadeira no momento correto e começar a cantar ou fazer sua palestra. Apesar de o indivíduo vivenciar uma sensação de ausência e de comprometimento da consciência corporal, na maior parte das vezes e quase de forma automática, ele se levanta e desempenha a tarefa programada. Vários cantores comentam ter vivido essa experiência antes de cantar, por vezes vendo seu próprio corpo distante, entrando no palco ou caminhando. Esta reação de desrealização é mental e totalmente diversa da experiência de medo físico. Há duas estratégias para lidar com isso: controle mental e exercícios físicos. Mentalizar ordens como "Fique aqui." ou "Fique ligado." ajuda a manter a conexão com a situação presente e ativa o córtex pré-frontal, criando concentração no objetivo da apresentação. Essa calibração cerebral pode começar horas antes do evento, revendo os pontos principais do que será abordado. Exercícios físicos simples, de coordenação de mãos e pés ou alongamentos, também são bastante úteis.
- **Aumento de tônus muscular:** a reação de tensão de corpo ocorre mais frequentemente em pessoas corajosas e/ou ansiosas. Das três reações, essa é a mais comum. Em casos extremos todo o corpo pode ficar tenso, com face assustada, aperto dos dentes, estreitamento da garganta e limitação na respiração. Muitas vezes as pessoas relatam que não conseguem fazer o ar chegar ao fundo dos pulmões, como se houvesse um obstáculo no peito. Essa consequência respiratória faz com que as pessoas pensem que devem inspirar mais, o que aumenta a tensão, pois o que deve ser feito é expirar, para se criar uma pressão negativa nos pulmões e favorecer a recarga respiratória, com uma musculatura

mais relaxada. Indivíduos que têm essa reação podem ficar muito falantes, com voz mais aguda (fina), tensa e apertada, sem controlar o volume de sua emissão, falando muito alto e podendo ficar roucos. Para lidar com essa reação deve-se focar em duas estratégias: relaxamento e respiração. Movimentos corporais com alongamentos de braços e pernas, rotação lenta de cabeça e abertura de boca com vogais bocejadas de forma exagerada, ajudam a reverter essa situação. Quanto à respiração, concentrar-se em expulsar o ar dos pulmões com uma expiração lenta e continuada, como se estivesse soprando uma chama, ajuda a quebrar a tendência de se focar na inspiração.

- **Decréscimo do tônus muscular:** a reação física de decréscimo do tônus muscular provoca uma sensação de moleza repentina, sendo mais comum nas pessoas que preferem se esconder e fugir das situações estressantes. Tais indivíduos podem inclusive ficar paralisados de medo, com respiração superficial e colapso da região superior do tórax; podem ainda ter a sensação de desmaio ou queda de pressão semelhante ao que ocorre quando se toma um banho muito quente. A voz pode ficar fraca, soprosa (com ar) e com pouca energia. As palavras podem sumir da mente ("Deu branco."), as frases podem ficar truncadas, e as últimas sílabas serem produzidas sem som. Para lidar com essa reação, deve-se estimular o corpo, associando movimentação física a exercícios respiratórios, como pular, subir e descer escadas, caminhar, produzindo vogais ou sons firmes, como "pá-tá-cá" e associando riso aos movimentos. Embora essa reação não seja tão comum como a anterior, ela pode ser uma vivência assustadora para o indivíduo.

O tempo para aprender a lidar com essas três reações varia de pessoa para pessoa, sendo que alguns indivíduos conseguem se recompor antes de entrar no palco, e outros o fazem quando começam a se apresentar. Desenvolver o controle emocional é uma questão-chave para reduzir as manifestações de estresse nessa situação e pode ser feito com diversas estratégias, de acordo com a situação em que você se encontra (Veja Capítulo 11). Conhecer a forma como você reage vai ajudá-lo a contornar tais reações desagradáveis. Além disso, experiências positivas contribuem para que esse desafio fique menos assustador, portanto, aceite as oportunidades de se apresentar em público como um verdadeiro presente para melhorar sua competência na comunicação.

PERSONALIDADE E A SITUAÇÃO DE FALAR EM PÚBLICO

Uma das dimensões mais exploradas da personalidade é a extroversão-introversão (E-I), bastante estudada pela ciência e popularizada desde os trabalhos originais de Carl Jung,[40] que descreveu essas duas manifestações como tipos gerais de atitude, que se distinguem pela direção da energia psíquica. Os dois tipos, extroversão e introversão, muitas vezes apresentados como polaridades, compõem, na verdade, um *continuum* de atitudes, com características que impactam a forma com que esses indivíduos se comunicam e recarregam suas energias.

Indivíduos **extrovertidos** são descritos como tendo uma atitude orientada para o mundo exterior, são mais falantes e apresentam a característica de pensar em voz alta, ou seja, constroem o próprio discurso enquanto falam, o que pode, algumas vezes, dificultar o entendimento pelo outro ou exigir ajustes para reformular o que foi dito, deixando as ideias mais claras. Os extrovertidos também gostam de estar com muitas pessoas, preferem trabalhar em grupo, aceitam interrupções e interrompem os outros na fala, exibem alta energia e se energizam, em grupo e tendem a ter uma ampla rede de relacionamentos, o que favorece sua visibilidade, principalmente quando se trata de desafios na evolução de uma carreira. Na comunicação profissional, preferem telefonemas, reuniões presenciais ou virtuais e debatem ideias, mesmo que ainda não estejam tão claras em sua mente. Além disso, extrovertidos recebem melhor *feedback* sobre seus comportamentos e, desta forma, se não se saíram muito bem em uma apresentação, isso dificilmente irá impedi-los de tentar novamente, pois aproveitam oportunidades de comunicação e falam com entusiasmo, considerando as críticas recebidas.

Já os indivíduos **introvertidos** são descritos como tendo uma atitude voltada ao mundo interior, são pessoas menos falantes, que pensam muito antes de falar e, por vezes, perdem oportunidades valiosas de se exporem, embora cometam menos erros na comunicação que os extrovertidos, por terem uma atitude mais cautelosa. Preferem grupos pequenos, incomodam-se quando são interrompidos na fala e não interrompem os outros; se energizam quando ficam sozinhos e tendem a ter uma rede menor de relacionamentos, o que pode limitar sua visibilidade para a evolução da carreira, embora os vínculos que constroem tendam a ser profundos; são bons observadores e falam com propriedade e ponderação, sem excessos. Preferem a linguagem escrita, como mensagens de texto ou *e-mails*, e é comum que enviem seus posicionamentos e explicações por escrito, após o término de uma reunião, em que poucos falaram. Apesar de o extrovertido ser visto como alguém com maior *status*, essa é uma avaliação tendenciosa, já que há líderes introvertidos inspiradores e que contribuíram de modo significativo para a humanidade, como Albert Einstein, Bill Gates e Barack Obama.[41] Vale a pena diferenciar introvertidos, que têm a energia psíquica voltada para o mundo interior, dos tímidos, que fazem um julgamento antecipatório negativo em situações de comunicação e, portanto, as evitam. Há pessoas introvertidas e extrovertidas que são tímidas. Timidez não é doença, porém, se o grau for excessivo e causar transtorno de ansiedade, pode requerer atendimento psicológico.

Extrovertidos são percebidos como tendo elevada energia, interesse e disponibilidade para colaborar em diversas frentes, mas também como exibidos, vaidosos, exagerados e querendo participar de tudo. Já os introvertidos podem ser percebidos como bons observadores, cautelosos e profundos, mas também como tendo baixa energia, pouco interesse e falta de abertura para se envolver em projetos com os outros. Antes de carimbar alguém com uma avaliação, confirme o que pode apenas ser uma inferência de julgamento por um padrão de seu cérebro (Veja Capítulo 1).

É fácil identificarmos pessoas que sejam caracteristicamente extrovertidas ou introvertidas, mas, pelo fato de essa dimensão ser um *continuum*, nem todo mundo situa-se nessas extremidades. Existe uma região intermediária que merece atenção e que pode ser ocupada por dois tipos de indivíduos, os mistos e os ambivertidos.

Os indivíduos do **tipo misto**, mais recentemente chamados de **omnivertidos**, apresentam atitudes conflituosas em relação aos dois extremos dessa escala, alternando atitudes extrovertidas com introvertidas, de modo assistemático, o que pode ser o resultado de ansiedade ou da excessiva valorização e preocupação com a resposta dos outros (traço de neuroticismo).

Já os **tipos ambivertidos** têm um compromisso de se manifestarem de modo intermediário nas diversas situações de interação.[42] Esse tipo foi descrito há um século,[43] sendo considerado como uma manifestação de pessoas flexíveis, adaptáveis e efetivas, restringindo a influência da carga genética no traço E-I. Contudo, o conceito de ambivertido nunca teve grande atração na psicologia clínica, teve sua utilidade questionada e foi até mesmo malvisto pela falta de clareza nessa dimensão; porém, recentemente, o conceito de personalidade ambivertida teve sua importância recuperada e hoje esse indivíduo é visto como alguém que tem o melhor dos tipos E-I.[44] O tipo ambivertido foi inclusive proposto como o ideal nas posições comerciais, por se tratar de pessoa mais flexível no envolvimento com os outros, utilizando um repertório comportamental mais amplo e que atende às demandas dos diversos clientes.[45] Esse conceito é hoje bastante empregado nas discussões de neurociência social, com foco nas organizações. Veja, na figura a seguir, as quatro possibilidades apresentadas.

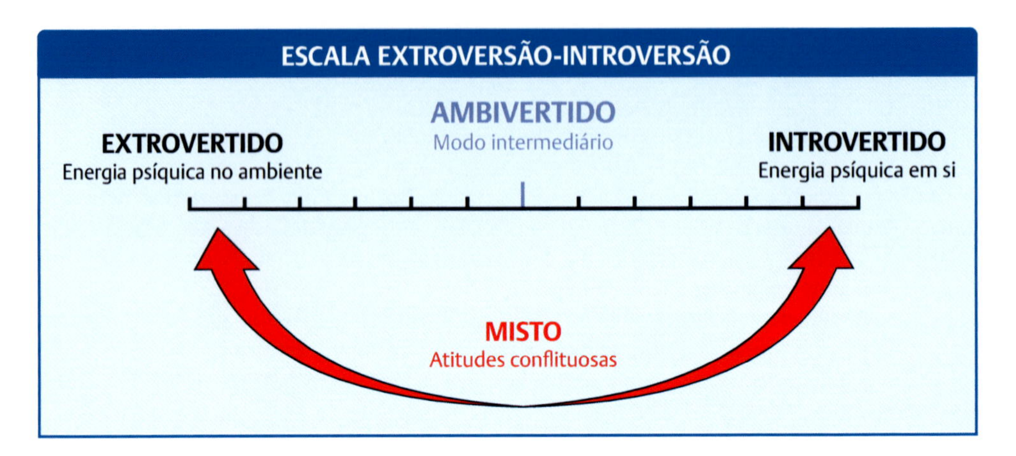

Muitos de nossos clientes corporativos e profissionais em processo de treinamento ou *coaching* referem que já foram mais introvertidos, porém, com a progressão da carreira, aprenderam a se posicionar em reuniões e a oferecerem suas opiniões com maior frequência, mesmo em situações nas quais não possuem todas as informações que gostariam de ter. De modo oposto, muitos profissionais extrovertidos também referem que aprenderam quando se calar, além de temperar a intensidade de suas manifestações em público. Esse comportamento mais situacional é visto como uma resposta ao mundo corporativo atual, que exige a flexibilidade. Ser ambivertido no ambiente profissional favorece equidade na manifestação de pessoas com diferentes personalidades, podendo ser ativamente buscado, inclusive para facilitar a interação de todos.

Se você se considera introvertido, pense nas oportunidades que pode estar perdendo e não tenha medo de dar sua opinião, mesmo quando não tem certeza sobre o que vai expor, deixando claro que essa é sua posição, com base nas informações que possui no momento, mas que gostaria de se aprofundar mais no tema. Pessoas introvertidas geralmente preparam-se com afinco para apresentações em público e tendem a se sair muito bem, embora não tenham conforto nessa tarefa. Por outro lado, se você se considera extrovertido, evite sair falando sempre na frente dos outros e deixe claro quando está construindo seu pensamento enquanto fala e não apresentando uma opinião já elaborada; aprenda quando se calar e organize suas ideias, antes de expô-las de modo espontâneo.

Extroversão ou introversão são padrões de funcionamento fisiológico do cérebro e, portanto, difícil de serem modificados; contudo, você pode ajustar seus comportamentos para favorecer as interações e compreender o que precisa para recarregar suas energias. Seja você introvertido ou extrovertido, considere ser ambivertido como uma boa busca de moderação. Em situações mais difíceis, tenha você qualquer um dos tipos descritos, use o SCARF® como seu aliado, nas formas que apresentaremos a seguir.

USANDO O SCARF® NAS APRESENTAÇÕES PROFISSIONAIS

Ao falar em público, seja em uma reunião ou em uma apresentação no palco, o desafio de envolver a audiência e fazê-la entrar em vibração pode ser enfrentado, utilizando o SCARF®,[46] modelo de colaboração com base em neurociência. Vale a pena refletir sobre quais estratégias podem ser utilizadas nas apresentações em público, com base nos cinco domínios desse modelo: *Status*, Certeza, Autonomia, Relação e *Fairness* (justiça). Ao deixar claro, em sua exposição, que respeita esses domínios, você sai ganhando em três aspectos: promove engajamento da audiência para escutar suas informações; amplia possibilidade de influência do seu discurso; e passa a imagem de um profissional preparado, respeitoso e consciente do impacto que causa. Assim, você se aproxima de quem o ouve e tem maiores chances de reduzir conflitos em potencial. Nessa situação, todas as domínios do SCARF® devem ser contempladas, de modo mais ou menos direto, e podem ser necessárias estratégias específicas para serem aplicadas em casos particulares, como um debate ou uma negociação. Veja a seguir algumas sugestões e estratégias gerais que queremos compartilhar com você.

Para contemplar o ***Status***, você pode agradecer o convite recebido, dizer o quanto valoriza as pessoas presentes e reconhecê-las pelo tempo dedicado em estar ali, se for uma reunião; se for uma apresentação no palco, você pode expressar o quanto se sente prestigiado por ocupar essa posição. Para contemplar a **Certeza**, você pode apresentar a agenda de uma reunião ou os tópicos sobre os quais vai discorrer, mostrando a seleção que fez para esse público específico, trazendo previsibilidade para o que se seguirá; indicar o tempo de sua apresentação também faz parte desse domínio. Para contemplar a **Autonomia**, em uma reunião, você pode explorar as perspectivas dos outros e estar aberto a interrupções e perguntas, porém, em uma apresentação em público, lidar com interrupções no meio de sua fala é mais difícil, mas você pode reservar um tempo no final para responder à plateia, dar opções de encaminhamento de perguntas após sua exposição, escritas ou verbais (quando couber), no *chat* ou até abrindo o microfone, quando estiver se apresentando por plataforma virtual. Para contemplar a **Relação**, você pode indicar pontos em comum com quem o ouve, destacar de forma explícita o objetivo comum do grupo pelo qual todos estão trabalhando para alcançar, deixar claro que entende outras perspectivas, diferentes da sua, mostrando empatia, além de reforçar que a interação permitiu rever sua posição sobre o assunto em questão. Finalmente, para contemplar a ***Fairness*** (**justiça**), você pode esclarecer as intenções de sua comunicação e respeitar as regras da situação, como tempo de fala, preparação do material, nível de formalidade e qualidade do que você apresenta, além de oferecer espaço para cada um se posicionar.

Alguns exemplos de desrespeito aos domínios do SCARF® que podem impactar negativamente sua comunicação: uma postura prepotente na apresentação atinge o *Status* de quem ouve, assim como ignorar alguns ou todos os interlocutores; apresentações sem estrutura, improvisadas e sem um objetivo claro atinge a Certeza; seguir apenas os itens de sua agenda e não dar espaço para perguntas atinge a Autonomia da audiência; usar intimidade de modo inadequado, compartilhando informações pessoais de algumas pessoas que você conhece, ficar calado, ignorar os objetivos comuns do trabalho do grupo ou ainda destacar a diversidade como um problema do grupo, atinge a Relação; e, finalmente, ver somente o que você precisa, não respeitar as regras combinadas ou valorizar poucos e ignorar os outros, atinge a *Fairness* (justiça), que é o domínio balizador desse modelo e compromete ainda mais todos os outros domínios.

DICAS AO FALAR EM PÚBLICO

Considerando que você já selecionou o conteúdo de sua apresentação, domina o conhecimento que quer compartilhar, definiu seu objetivo, organizou um eixo condutor de sua fala para ajudar quem o ouve a acompanhá-la e sabe qual é a sua audiência, você pode melhorar sua forma de apresentação, estando ciente das 10 dicas apresentadas a seguir. Elas são relativamente fáceis de serem implementadas e podem contribuir de modo significativo para melhorar sua imagem de comunicador.

1. Fale corretamente e use sua voz natural, evitando um tom muito grave – grosso, ou muito agudo – fino; quando a voz é artificialmente manipulada a audiência tende a considerar o apresentador falso e/ou manipulador.
2. Torne a comunicação atraente, modulando tom e volume; não fale de forma monótona, linear, traga melodia para sua fala, colocando ênfase nas principais palavras ou trechos de seu discurso.
3. Respire normalmente antes de falar e enquanto fala; a respiração nas pausas do discurso é pelo nariz, mas enquanto fala ela deve ser feita pela boca, para que você não perca o ritmo de sua apresentação.
4. Não use o ar dos pulmões até acabar, para evitar uma inspiração ruidosa, que pode dar a impressão de nervosismo ou ansiedade.
5. Fale sem fazer força para projetar a voz e as palavras; se o apresentador tem uma voz tensa, por sinergia, a plateia também ficará tensa.
6. Articule bem as palavras e não omita os sons finais, principalmente os '*s*' e '*r*'; uma apresentação no palco ou em uma reunião é mais formal que uma conversa.
7. Use pausas para respirar e dar ênfase em certos trechos; falar com pausas é uma característica de apresentadores profissionais experientes.
8. Use velocidade de fala normal, nem muito lenta, o que desliga a audiência e passa a impressão de lentidão de pensamento e falta de energia, nem muito rápida, o que passa ansiedade e pressa; além disso, evite um padrão repetitivo de fala, que parece uma cantilena em diversas frases, o que passa a impressão de uma pessoa chata, pouco atraente e sem energia.
9. Mantenha a hidratação, com goles de água enquanto fala; lembre-se que tanto seu cérebro como suas pregas vocais precisam estar hidratadas.
10. Evite tossir e pigarrear, para não machucar as pregas vocais; contudo, se tiver de fazê-lo, desvie a boca do microfone.

DICAS AO USAR O MICROFONE

O microfone é um recurso tecnológico imprescindível em apresentações profissionais para públicos maiores, gerando conforto ao falante; porém, a simples menção de ter que usá-lo ou a própria visão desse equipamento pode ser intimidadora para muitas pessoas. Aceite que o microfone é seu aliado, que ele permitirá que você use sua voz natural e que as pessoas poderão ouvi-lo com conforto. Para falar sem microfone em um espaço grande, você precisará projetar a voz, o que requer treinamento. Há quatro tipos principais de microfone: pedestal, lapela, auricular e de mesa.

O de pedestal fica apoiado em uma base, tem mobilidade suficiente para se ajustar altura e ângulo em relação à boca do apresentador, deixa as duas mãos livres para os gestos, mas restringe a movimentação de quem fala. O de lapela é pequeno, com grande capacidade de amplificação, é preso à roupa, geralmente à gola, com uma presilha. O auricular apresenta uma haste fixada na orelha e depende de uma pequena caixa que é presa geralmente à cintura do falante. O de mesa é semelhante ao de pedestal, com uma haste curta e flexível. Veja a seguir 20 dicas para usar o microfone como seu parceiro nas apresentações. Embora elas sejam intuitivas e de fácil implementação, seu uso consciente melhora a qualidade de sua apresentação e da interação com a audiência.

1. Teste o microfone antes de qualquer apresentação e veja se você tem retorno de sua voz, para não forçar a fala; peça ajuda ao técnico de som para que você monitore sua própria voz.
2. Posicione o microfone de pedestal na altura de seu queixo e com 5 cm de distância (três dedos); o microfone nunca deve cobrir a boca.
3. Se você tirar o microfone do pedestal, seu braço passa a ter a função de pedestal e não deve se mover, portanto, mantenha proximidade da boca e distância fixas.
4. Posicione o microfone de mesa na direção de sua boca, geralmente na altura do peito, com uma distância maior que a de pedestal, ao redor de 15 cm (duas mãos).
5. Posicione o microfone de lapela, que é mais sensível que o de pedestal, em uma distância média de 5 cm abaixo do ombro, na altura do peito, com cuidado para que cabelos, roupas ou acessórios não causem ruídos.
6. Quando estiver com microfone de lapela, evite abaixar-se porque a boca ficará muito próxima à cápsula, e a voz ficará muito amplificada.
7. Se o microfone de lapela deve ficar escondido em seu corpo, como, por exemplo, durante uma filmagem, use uma pequena manga de espuma (*hush lav*) para reduzir ruídos de contato com as roupas.
8. Não segure o microfone com a mão muito próximo à tela de proteção da cápsula, isso geralmente abafa a voz e interfere em suas propriedades acústicas.
9. Não teste o microfone batendo na cápsula, assoprando ou dizendo "Som, som, som."; diga algo como "Bom dia." para verificar a qualidade do som.
10. Não fique enrolando o fio do microfone e nem mexa constantemente em sua haste, pois prejudica a transmissão, gera ruído e passa ansiedade para a plateia.
11. A função do microfone é amplificar sua voz, portanto, fale naturalmente, de forma clara, como se estivesse conversando com sua audiência, e não grite.
12. Cuidado com palavras com "*p, b, t, d*" para que a pressão da fala não se transforme em uma explosão de som ao microfone.
13. Cuidado para não arfar ou suspirar ao microfone, pois os ruídos da respiração amplificados produzem impacto negativo.
14. Nunca faça comentários paralelos quando está usando o microfone, mesmo que sejam sussurrados, pois eles serão amplificados e podem gerar situações desagradáveis; isso é mais comum nos microfones de mesa, quando há vários apresentadores em uma discussão.
15. Não exagere na interpretação de seu texto, evitando modular demais a voz, porque melodia da fala amplificada pode soar ridícula.
16. Não prolongue os finais das palavras, para não ficar semelhante a uma reza ou canto.
17. Olhe para sua audiência, em diversas direções da sala e não para o microfone, como se ele fosse seu interlocutor.
18. Evite passar na frente de caixas de som, para não dar microfonia, ou desligue o microfone nessa situação.
19. Reflita se é melhor usar um microfone com ou sem fio: microfone sem fio dá liberdade aos movimentos, mas o alcance é mais limitado, seu tempo de uso depende da bateria e ele sofre de interferências de ondas de rádio; os microfones com fio podem

restringir seus movimentos e dar problemas de cabeamento, mas a transmissão sonora pode ser melhor e não capta interferências de equipamentos de rádio.

20. Se o microfone começar a falhar, não insista, coloque-o de lado, aproxime-se da audiência e fale em volume mais forte, usando frases curtas.

ORIENTAÇÃO SOBRE O USO DE *SLIDES*

Não é obrigatório usar *slides*, e muitas apresentações excelentes são feitas sem nenhum recurso audiovisual adicional, além do próprio corpo que fala. Contudo, o mundo das organizações prefere telas de apoio.

Preparar uma apresentação profissional exige foco, estrutura e objetivo. As apresentações profissionais geralmente são acompanhadas de apoio visual, seja por telas de *slides* ou esquemas em *flip chart*, o bloco de cavalete usado para apresentações pedagógicas. Como qualquer comunicação visual, a criação de telas de apoio sofre influência de modismos, tendências empresariais e até mesmo opções geradas pelos próprios programas para criação de apresentação de *slides*. Dentre eles destacam-se o tradicional Microsoft PowerPoint (PPT), criado, em 1987, que é ainda usado na maioria das organizações e é muito amigável; a solução do *Google Slides*, com as mesmas funcionalidades do PPT, mas que arquiva automaticamente na nuvem as mudanças feitas nas apresentações; o moderno *Prezi Present*, criado, em 2009, a partir do conceito de mapas mentais, dinâmico e muito diferente dos dois anteriores, também com arquivamento na web; e o *Keynote*, com muitas ferramentas de diagramação e ilustração, exclusivo para usuários *Apple*.

Não é nosso objetivo discorrer sobre os programas para criação de apresentações, já que eles são de escolha pessoal ou institucional, mas sim orientar os apresentadores para escolhas que favoreçam a comunicação profissional. Não pretendemos também apresentar regras que devem ser seguidas em todas as organizações, já que algumas delas, como agências de publicidade e a indústria do entretenimento, têm um padrão de apresentação profissional distinto e de acordo com a cultura da empresa. Destacaremos os seguintes tópicos: 1. Organização do conteúdo; 2. Partes da apresentação; 3. Texto inserido; 4. Dados numéricos, estatísticas e porcentagens; 5. Ilustrações; 6. Equilíbrio visual na área dos *slides* e 7. Impacto do apresentador. Vejamos.

1. **Organização do conteúdo**: ter o conteúdo cuidadosamente selecionado e organizado de acordo com uma sequência lógica, antes de começar a produzir o jogo de telas da apresentação, é essencial para ter um roteiro prévio. Crie uma lista de tópicos para ordenar seu eixo condutor (Veja Capítulo 2). O objetivo é criar uma série de telas que auxiliem o apresentador a transitar pelas diferentes partes da apresentação, como também para engajar a audiência no tema apresentado. Reduza sua ambição de colocar tudo o que sabe e limite o foco do que vai falar, mesmo que seu tema seja "Panorama Geral sobre X". Deixe em sua apresentação apenas o essencial e, mais uma vez, quem define o grau de detalhamento é quem ouve. Você pode ter telas ocultas, com dados pormenorizados e mais informações, caso alguém lhe peça, mas evite excessos de textos, tabelas, figuras e gráficos. Um *slide* não é um documento de *Word* para o apresentador ler. Se sua apresentação for apenas uma leitura do que está nos *slides*, a impressão é que você não domina o tema, e as informações da tela podem concorrer com você.

2. **Partes da apresentação:** tela de início, com nome do tema em poucas palavras, como se fosse uma manchete de jornal, seu nome, credencial e contato (caso seja indicado), instituição com logomarca oficial e data ajudam a calibrar o cérebro de quem vai

ouvi-lo. Para apresentações científicas em cursos e congressos muitas vezes pode-se usar o resultado de uma pesquisa ou o impacto do que se vai dizer para atrair a atenção do outro, como, por exemplo: "Escuta da Diversidade como Estratégia Neuroprotetora" ou "Arquitetura Estrutural nas Situações de Falar de Improviso". Agenda da apresentação, logo no primeiro *slide*, é essencial e deve limitar-se a pouco itens, sendo três o número ideal. O objetivo da apresentação pode ser exposto logo depois da agenda e, principalmente, no mundo das organizações, essa tela pode evitar diversos mal-entendidos, por expectativas não atendidas. Por exemplo, se o objetivo for o de fazer uma análise dos resultados do último trimestre, não se deve esperar uma revisão da estratégia de novas contratações, embora isso possa até estar marginalmente associado.

3. **Texto inserido:** as informações devem ser organizadas em frases compactas, concisas e com a eliminação de palavras desnecessárias; por exemplo, em vez de se dizer "Metas apenas parcialmente cumpridas devido às restrições da pandemia.", escrever "Metas parciais – pandemia."; em vez de dizer "Esta é a opção mais econômica do mercado no momento.", registrar "Opção mais econômica.". Textos completos são permitidos apenas para transcrições de artigos, citações, incisos ou similares, caso seja necessário destacar exatamente o que está em alguma documentação. Sinais ortográficos, como ponto final, dois pontos e ponto e vírgula não devem aparecer nos itens; sinal de interrogação e exclamação devem ser mantidos, pois mudam o significado do texto e da informação. A tendência moderna é não usar os chamados *bullet points*, os marcadores antes dos itens, pois sujam a imagem e não acrescentam informações relevantes. *Bullet points*, especialmente em forma geométrica colorida, são ruídos visuais. Se for indicado, numere os itens com 1, 2, 3... ou a, b, c... e equilibre-os quanto à quantidade de palavras. Não deixar o texto todo em caixa alta, usar somente um tipo de fonte, sem serifa, ou seja, com letras retas, sem detalhes nas extremidades (p. ex., "r, s, z, p, a" – sem serifa e "r, s, z, p, a" – com serifa). Siga uma consistência gramatical nos diversos itens, por exemplo, todos iniciando com verbos ou substantivos. Entende-se que os diversos itens de um *slide* compõem um parágrafo mental, e as frases devem favorecer essa percepção. Se o tema for "Características do mercado", alguns dos itens podem ser: nicho a ser explorado, canal de comunicação preferencial, serviço pouco disponível no Brasil e necessidade de solução prática. Se o tema for relativo a ações a serem implementadas, use verbos em todos os itens, por exemplo: levantar expectativas, analisar cenários, explorar diversas possibilidades e escolher relação custo-benefício. O texto dos itens ou eventuais citações não deve ser justificado, porque a distribuição dos espaços entre as palavras torna-se irregular, dificulta a leitura, prejudica a fluência da comunicação, e a imagem visual é conhecida como "caminho de rato". Não se deve também centralizar o texto, porque isso é visto como pouco profissional. Evite também usar marcação dupla ou tripla para destacar um trecho, como letra maiúscula, em negrito, sublinhada e/ou em itálico (deixe itálico apenas palavras de segunda língua). Por exemplo, um *slide* com o título apresentado dessa forma: ***PRINCIPAIS VANTAGENS***, contém uma marcação tripla. Deve-se ainda restringir o número de cores utilizadas no texto. Caso tenha um departamento para a produção de suas apresentações, faça, no mínimo, o roteiro detalhado do que você pretende falar, verifique os resultados e faça os ajustes necessários, para se apoderar do conteúdo e sentir-se seguro.

4. **Dados numéricos, estatísticas e porcentagens:** dados numéricos são essenciais para diversas apresentações, não podendo haver erros. Contudo, os números não falam por si só, o que torna essencial dar uma perspectiva do seu valor. Por exemplo, em vez de dizer "*E-commerce* tem 1,7 bilhão de acessos em dezembro...",[47] o impacto é maior se dissermos que são "40 mil acessos por minuto em dezembro". É essencial apresentar uma estatística simplificada e explicar o impacto do número em si. Para contabilistas, matemáticos e cientistas de dados, os números podem até falar por si só, mas para a maioria da audiência, eles precisam ser posicionados e relativizados.

5. **Ilustrações:** poucas imagens, com relação direta com o conteúdo do tema da apresentação, de boa qualidade, jamais protegidas com marca d'água de empresa e nunca se misturando figurinhas com fotos e desenhos. Seguir uma mesma linha de ilustração em toda a apresentação. Ilustrações carregadas, com efeitos de animação e aberturas de várias janelas, tiram o foco do apresentador, que tem que ser o principal elemento de atenção da audiência.

6. **Equilíbrio visual na área do *slide*:** distribua o texto, os itens e eventuais ilustrações ou gráficos de forma a produzir um equilíbrio na tela, sem concentração em apenas um espaço. Lembre-se de deixar uma "moldura respiratória" ao redor de toda a área, ou seja, mantenha uma pequena margem superior, inferior e nas laterais. Quando vários itens são enumerados, e o texto é mais longo, deixe um espaço entre eles. Em casos extremos, quando o número de itens for muito grande, divida o texto em vários *slides*, repetindo o cabeçalho e/ou as figuras do primeiro *slide*.

7. **Impacto do apresentador:** o apresentador é o mais importante recurso audiovisual na comunicação e não o jogo de telas. Mantenha o corpo ereto, as mãos livres e soltas, pés apoiados sem chacoalhar e nem cruzar, para não se desequilibrar, roupas confortáveis, sem serem muito chamativas, acessórios discretos, movimentação harmoniosa e uso controlado da ponteira a *laser*. Voz firme e intensidade adequada ao ambiente são essenciais. Lembre-se que os *slides* são uma referência para o apresentador e um condutor para a audiência, mas *slide* não é *teleprompter*, e a leitura das telas compromete sua imagem, tira credibilidade e passa insegurança. Fale sobre o que está no *slide*, sem ter a necessidade de ler o texto escrito. Fale com as pessoas e não simplesmente para elas. Conduza a audiência mostrando satisfação na interação e transacionando claramente entre os diversos *slides*; um dos momentos mais constrangedores é aquele em que o apresentador olha para a tela e se pergunta, às vezes até mesmo em voz alta: "O que esse *slide* está fazendo aqui?". Se sua apresentação foi preparada por terceiros, reveja e ajuste tudo o que for preciso para se apoderar da forma e do conteúdo.

Agora que você já conhece as principais dicas e tendência atuais nas apresentações profissionais e sabe o que pode ajudá-lo a produzir um melhor impacto, sugerimos que faça uma autoavaliação de *performance* nessas situações, considerando suas apresentações profissionais mais recentes. A seguir faça uma autoavaliação de diversos aspectos de suas apresentações profissionais.

AUTOAVALIAÇÃO: *PERFORMANCE* NAS APRESENTAÇÕES PROFISSIONAIS

São apresentadas a seguir 10 questões para você analisar seu rendimento na situação de falar profissionalmente em público. Alguns deles referem-se a uma avaliação mais global do resultado que você obtém e outros estão relacionados a questões mais específicas e pontuais desse tipo especial de interação. Dê uma nota de 0 a 10 para cada uma das questões e justifique o valor escolhido.

Autoavaliação de *Performance* nas Apresentações Profissionais (APAP)		
Aspecto a ser avaliado	**Nota**	**Justifique**
1. De modo geral, como avalio a minha *performance* nas apresentações orais, considerando a qualidade de minha comunicação e o material apresentado?		
2. Deixo claro para os interlocutores qual é o eixo condutor que guia a minha apresentação?		
3. A mensagem verbal (palavras, argumentos e organização do discurso) é clara e direta, apresentada de modo estruturado?		
4. A mensagem *não verbal* (voz, postura, gestos e expressão facial) está alinhada com a mensagem verbal?		
5. Preocupo-me em saber, com antecipação, o que o meu público-alvo já conhece sobre o tópico que vou apresentar ou quais são as suas expectativas?		
6. De modo geral, como avalio a qualidade dos recursos audiovisuais que utilizo: tamanho de fonte no *slide*, espaçamento entre linhas e moldura, equilíbrio de imagem e texto e quantidade de informação na tela da apresentação?		
7. De modo geral eu consigo fazer minhas apresentações dentro do tempo concedido?		
8. Procuro obter *feedback* durante a minha apresentação ou imediatamente após seu fim?		
9. Agradeço, de forma explícita, pela oportunidade que me foi oferecida de realizar a apresentação?		
10. Respondo, com clareza, às dúvidas que me são colocadas e sinto-me preparado para uma possível discussão e opinião contrária?		

COMO COMPREENDER SEUS RESULTADOS

Bons apresentadores colocam notas 8 ou mais em pelo menos sete itens dessa avaliação, com duas das maiores notas geralmente atribuídas a buscar constantemente *feedback* (Questão 8) de suas apresentações e preparar-se para uma possível opinião contrária (Questão 10).

Profissionais iniciantes geralmente têm dificuldades em organizar um eixo condutor que ajude a guiar a audiência em sua apresentação, fazendo com que as pessoas fiquem engajadas em seu discurso.

Indivíduos extrovertidos podem ter dificuldades em manter o tempo destinado à sua fala; já os introvertidos podem apresentar poucos gestos ou reduzida expressividade na voz. Prolixos têm dificuldade de controlar a mensagem verbal, podendo se perder tanto na administração do tempo, como no controle do conteúdo do seu discurso (Veja Capítulo 2). Tímidos usam poucos gestos e mostram tensão, podendo falar muito menos do que o tempo disponível. Já pessoas muito confiantes nem sempre buscam saber antecipadamente as expectativas e o grau de conhecimento do público-alvo sobre o tema, podendo ser pegas de surpresa.

Sugerimos que você use as notas e os comentários que inseriu nessas questões como um roteiro para desenvolver estratégias de melhoria de suas apresentações profissionais. Avalie quanto suas menores notas atrapalham sua imagem de comunicador e busque estratégias para melhorar tais aspectos.

VÍDEOS RECOMENDADOS

TED's secrets to great public speaking
TED Talk de Chris Anderson com o curador da organização, sobre como fazer uma excelente palestra.
https://www.ted.com/talks/chris_anderson_ted_s_secret_to_great_public_speaking

How to sound smart in your TEDx Talk
TEDxNewYork Talk de Will Stephen com dicas sobre como parecer inteligente em uma apresentação, com foco na comunicação não verbal e recursos audiovisuais, em forma de paródia de uma boa apresentação.
https://www.youtube.com/watch?v=8S0FDjFBj8o

How I beat stage fright
TED@State Street Boston de Joe Kowan sobre como enfrentar o medo do palco por um músico profissional.
https://www.ted.com/talks/joe_kowan_how_i_beat_stage_fright

Sell your ideas – The Steve Jobs way
Palestra de Carmine Gallo na Standford Business School analisando as apresentações de Steve Jobs.
https://www.youtube.com/watch?v=0q-wvAIeUgk

Barack Obama's 3 Best Public Speaking Tips
Vídeo de Carmine Gallo sobre as três principais técnicas utilizadas por Barack Obama para captar sua audiência.
https://www.youtube.com/watch?v=HKv9wYO5a9s

The 110 techniques of communication and public speaking
TEDxZagreb de David JP Phillips sobre dezenas de técnicas simples para melhorar sua comunicação em público.
https://www.youtube.com/watch?v=K0pxo-dS9Hc

REFERÊNCIAS BIBLIOGRÁFICAS

1. Bunch GC. Immigrant students, English language proficiency, and transitions from high school to community college. In: Wiley TG, Lee JS, Rumberger RW. The education of language minority immigrants in the United States . Bristol: Multilingual Matters. 2009. p. 263-94.
2. Ugulino ACN, Behlau M. Autoavaliação do Comportamento Comunicativo ao Falar em Público nas Diferentes Categorias Profissionais. Anais do Congresso Brasileiro de Fonoaudiologia. 2014 out. Joinville, SC, Brasil, 22. Recuperado em 11 de abril, 2022, de http://sbfa.org.br/portal/anais2014/trabalhos_select.php?id_artigo=4929&tt=SESS%C3%83O%20DE%20CONCORRENTES%20A%20PR%C3%8AMIO.
3. Dwyer KK, Davidson MM. Is public speaking really more feared than death?. Communication Research Reports. 2012; *29*(2):99-107. https://doi.org/10.1080/08824096.2012.667772.
4. American Psychiatric Association. Manual diagnóstico e estatístico de transtornos mentais (DSM-V-TR). 5. ed. Porto Alegre: Artes Médicas. 2015.
5. Osório FL, Loureiro SR, Zuardi AW, Graeff FG, Pinho M, Chaves M, et al. Escala de AutoAvaliação ao Falar em Público (SSPS): validação transcultural. Anais do Congresso Brasileiro de Psiquiatria. (Salvador, BA, Brasil, 22). 2004.
6. Osório FL, Crippa JAS, Loureiro SR. Escala para autoavaliação ao Falar em Público (SSPS): validação transcultural para o português do Brasil, estudo dos itens e da consistência interna em amostra da população geral de universitários. Archives of Clinical Psychiatry. 2008; 35(6):207-11. https://doi.org/10.1590/S0101-60832008000600001.
7. Hofmann SG, DiBartolo PM. An instrument to assess self-statements during public speaking: Scale development and preliminary psychometric properties. Behavior therapy. 2000; 31(3):499-515. https://doi.org/10.1016/S0005-7894(00)80027-1.
8. Osório FL, Crippa JA, Loureiro SR. Aspectos Cognitivos do falar em público: validação de uma escala de autoavaliação para universitários brasileiros. Revista de Psiquiatria Clínica. 2012; 39(2):48-53.
9. Amir O, Levine-Yundof R. Listeners' attitude toward people with dysphonia. Journal of Voice. 2013; 27(4): 524.e1-10. https://doi.org/10.1016/j.jvoice.2013.01.015.
10. Quantified Impressions. Is This How You Really Talk? 2013. Acessado em 10 de maio de 2022, de https://www.quantified.ai/blog/wsj-is-this-how-you-really-talk/.
11. Tigue CC, Borak DJ, O'Connor JJ, Schandl C, Feinberg DR. Voice pitch influences voting behavior. Evolution and Human Behavior. 2012; 33(3):210-16. http://dx.doi.org/10.1016/j.bbr.2011.03.031.
12. Klofstad CA, Anderson RC, Peters S. Sounds like a winner: voice pitch influences perception of leadership capacity in both men and women. Proceedings. Biological sciences. 2012; *279*(1738):2698-704. https://doi.org/10.1098/rspb.2012.0311.
13. Apple W, Streeter LA, Krauss RM. Effects of pitch and speech rate on personal attributions. Journal of Personality and Social Psychology. 1979; 37(5):715-27. https://doi.org/10.1037/0022-3514.37.5.715.

14. Buller DB, Burgoon JK, Woodall WG. Nonverbal communication: The unspoken dialogue. New York: McGraw-Hill. 1996.
15. Behlau M, Borrego MCM, Madazio G. Influência da timidez na desvantagem vocal percebida. Anais do 23° Congresso Brasileiro e 9° Congresso Internacional de Fonoaudiologia. (Salvador, BA: Sociedade Brasileira de Fonoaudiologia). 2015.Recuperado em 11 de abril de 2022, de http://www.sbfa.org.br/portal/anais2015/trabalhos_select.php?id_artigo=7973&tt=SESS%C3O%20DE%20P%D4STERES.
16. Gimenez S, Madazio G, Zambon F, Behlau M. Analysis of shyness on vocal handicap perceived in school teachers. Análise da timidez na desvantagem vocal percebida em professores. CoDAS. 2019; 31(3):e20180149. https://doi.org/10.1590/2317-1782/20182018149.
17. Fernandes G, Madazio G, Vaiano T, Behlau M. A influência da timidez na desvantagem vocal percebida em profissionais da voz. Anais do 26° Congresso Brasileiro, 3° Congresso Ibero-americano de Fonoaudiologia e 6° Congresso Sul-Brasileiro de Fonoaudiologia, PR, Curitiba. 2018. Recuperado em 11 de abril de 2022, de http://sbfa.org.br/portal/anais2018/trabalhos_select.php?id_artigo=10351&tt=SESSÃO DE CONCORRENTES A PRÊMIO.
18. Behlau M. Avaliação de voz. In: Behlau M. (org). Voz. O livro do especialista. Rio de Janeiro: Revinter. 2000. p. 85-180.
19. Andersen AP. The Basis of Cultural Differences in Nonverbal Communication. In: Samovar AL, Porter ER, McDaniel RE. (Eds.). Intercultural communication - A reader. 13. ed. Belmont: Wadsworth Publishing Company. 2012.
20. McDaniel RE. Nonverbal Communication: A Reflection of Cultural Themes. In: Samovar L, Porter R. (Eds.). Intercultural communication. A reader. 8. ed. Belmont: Wadsworth Publishing Company. 1997.
21. Hall ET. Beyond culture. New York: Anchor Books. 1976.
22. Bruneau TJ. Chronemics and the verbal-nonverbal interface. In: Key MR (Ed.). The relationship of verbal and nonverbal communication. New York: Mouton Publishers. 1980.
23. Bluedorn AC, Kaufman CF, Lane PM. How many things do you like to do at once? An introduction to monochronic and polychronic time. Academy of Management Perspectives. 1992; 6(4):17-26. https://doi.org/10.5465/ame.1992.4274453.
24. Uono S, Hietanen JK. Eye contact perception in the West and East: a cross-cultural study. PloS one. 2015; 10(2):e0118094. https://doi.org/10.1371/journal.pone.0118094
25. Porter R, Samovar L. An Introduction to Intercultural Communication. In: Samovar L, Porter R. (Eds.). Intercultural communication. A reader. 8. ed. Belmont: Wadsworth Publishing Company. 1997.
26. Matsumoto D. Culture and Nonverbal Behaviour. In: Manusov V, Patterson LM. (Eds.). The SAGE Handbook of Nonverbal Communication.Thousand Oaks: Sage Publications Inc. 2006. p. 221.
27. Hall E. Beyond culture. New York: Anchor Books. 1976. p. 256.
28. Hall E. The Hidden Dimension. New York: Anchor Books. 1966. p. 201.
29. Ting-Toomey S, Chung LC. Understanding intercultural communication. 2. ed. New York: Oxford University Press. 2012. p. 326.
30. Boaz NT, Almquist AJ. Biological anthropology: a synthetic approach to human evolution. New Jersey: Prentice Hall. 1997.
31. Wilson M, Wilson TP. An oscillator model of the timing of turn-taking. Psychonomic bulletin & review. 2005; 12(6):957-68. https://doi.org/10.3758/bf03206432.
32. Dumas G, Nadel J, Soussignan R, Martinerie J, Garnero L. Inter-brain synchronization during social interaction. PloS one. 2010;5(8):e12166. https://doi.org/10.1371/journal.pone.0012166.
33. Jiang J, Dai B, Peng D, Zhu C, Liu L, Lu C. Neural synchronization during face-to-face communication. The Journal of neuroscience: the official journal of the Society for Neuroscience. 2012; 32(45):16064–9. https://doi.org/10.1523/JNEUROSCI.2926-12.2012.
34. RoAne S. Face to face: how to reclaim the personal touch in a digital world.New York: Fireside. 2008. p. 267.
35. Gartner. 9 future of work trends post-COVID-19. 2020. Retrieved May, 2022, from https://www.gartner.com/smarterwithgartner/9-future-of-work-trends-post-covid-19/

36. Bergiel BJ, Bergiel EB, Balsmeier PW. Nature of virtual teams: a summary of their advantages and disadvantages. US Management Research News. 2008; 31(2):99-110.
37. World Economic Forum. A guide to thriving in the post-COVID-19 workplace. 2020. Retrieved May, 2022, from https://www.weforum.org/agenda/2020/05/workers-thrive-covid-19-skills/
38. Ancillo AL, Núñez MTV, Gavrila SG. Workplace change within the COVID-19 context: a grounded theory approach. Economic Research-Ekonomska Istraživanja. 2021;34(1):2297-316. https://doi.org/10.1080/1331677X.2020.1862689.
39. Berghs G. Stage fright in singers: three reaction types. Folia Phoniatrica Logopaedica. 2008; *60*(6):294-7.https://doi.org/10.1159/000170079.
40. Jung CG. Psychological types: Or the psychology of individuation. Oxford, England: Harcourt, Brace. 1926.
41. Cain S. O poder dos quietos. Rio de Janeiro: Sextante. 2019. p. 336.
42. Cohen D, Schmidt JP. Ambiversion: characteristics of midrange responders on the Introversion-Extraversion continuum. Journal of personality assessment. 1979;43(5):514-16.
43. Conklin ES. The definition of introversion, extroversion and allied concepts. The Journal of Abnormal Psychology and Social Psychology. 1923;17(4):367.
44. Davidson IJ. The ambivert: A failed attempt at a normal personality. Journal of the history of the behavioral sciences. 2017;53(4):313–31. https://doi.org/10.1002/jhbs.21868.
45. Grant AM. Rethinking the extraverted sales ideal: The ambivert advantage. Psychological Science. 2013; 24(6):1024–30. https://doi.org/10.1177/0956797612463706.
46. Rock D. SCARF: A Brain-based model for collaboration with and influencing others. NeuroLeadership Journal. 2001.(1). Recuperado em 22 de abril, 2022, de https://membership.neuroleadership.com/material/scarf-a-brain-based-model-for-collaborating-with-and-influencing-others-vol-1/
47. E-commerce Brasil. E-commerce tem 1,7 bilhão de acessos em dezembro e vê 'dança das cadeiras'. 2022. Recuperado em maio, 2022, de https://www.ecommercebrasil.com.br/noticias/e-commerce-acessos-dezembro/

AUTORREGULAÇÃO EMOCIONAL NA COMUNICAÇÃO

CAPÍTULO 11

Comunicar-se pode ser uma situação desafiadora. Até mesmo o simples fato de compartilhar uma ideia ou um sentimento, pode gerar o medo de não ser compreendido. Falar em público é altamente ansiogênico e, de forma consciente ou não, provoca sintomas físicos e emocionais, em menor ou maior grau, em quase todas as pessoas. Diversas emoções podem aflorar, algumas incontroláveis, por causa de muitos motivos, desde a falta de prática até a importância da apresentação e do público envolvido. A questão básica é que somos seres sociais, e uma de nossas necessidades fundamentais é nos sentirmos aceitos.[1] O simples fato de sabermos, inconscientemente, que estamos sendo avaliados, julgados ou até mesmo ignorados quando falamos, aciona a parte dorsal do córtex cingulado anterior, região cerebral relacionada com a angústia causada pela dor, muitas vezes chamada de "sofrimento". Isto quer dizer que sentir-se excluído ou apenas pensar nessa possibilidade pode provocar no cérebro a mesma reação que a da dor física.[2,3]

Várias teorias têm sido propostas para explicar as emoções. A visão clássica é que emoção é separada da cognição, o que continua sendo convincente pelo simples fato de ser intuitivo, apesar de existirem várias evidências científicas contra isso.[4] Na verdade, a cognição ou o pensamento consciente é parte integrante tanto da geração da emoção, quanto da regulação emocional. Como apresentamos no Capítulo 1, o córtex pré-frontal (cérebro executivo ou sistema 2) guia comportamentos, pensamentos e sentimentos. Essas são habilidades cognitivas fundamentais chamadas de funções executivas; entre elas está a capacidade de inibir comportamentos e pensamentos inadequados e regular as emoções.[5] Estas surgem das propriedades físicas do nosso corpo e do cérebro, este em constante adaptação (neuroplasticidade) aos diversos ambientes naturais e sociais em que vivemos, em combinação com a cultura e a educação que tivemos.[4]

Emoções não são universais, como se acreditou por muito tempo, mas variam de cultura para cultura e não vêm prontas quando nascemos. Emoções podem ser construídas e reconstruídas ao longo da vida, e essa é a base da Teoria da Emoção Construída.[4] De acordo com essa teoria, se você teve uma experiência ruim no passado, ao refletir conscientemente sobre os elementos envolvidos nela, como contexto e pessoas, e analisar o que fez bem, o que poderia ter feito diferente e/ou o que pode ser melhorado para chegar a um resultado positivo, em uma nova situação semelhante, você pode reconstruir essa experiência e mudar sua emoção sobre ela. Para compreender melhor como isso pode ser feito, analisaremos um processo simples de regulação emocional, elaborado de maneiras variadas com base nas teorias de avaliação emocional.[6-8] Isso permitirá que você gerencie suas reações automáticas, gerando respostas conscientes que o ajudarão a lidar com o desafio de falar em público ou com interlocutores desafiadores, mantendo o equilíbrio emocional.

É claro que existem muitas situações na vida, tanto pessoal, quanto profissional, que provocam emoções ou sentimentos, como ansiedade, medo, raiva, tristeza ou felicidade, e todas elas impactam a forma como nos comunicamos. As emoções permeiam a nossa vida, por isso consideramos importante a compreensão da natureza da emoção. A partir disso, o objetivo deste capítulo é apresentar um modelo simples do processo de geração da emoção e estratégias de regulação emocional, bem como suas aplicações.

O processo de geração da emoção passa por quatro estágios: situação, atenção seletiva, avaliação e reação automática.[6,7] Vejamos.

ESTÁGIOS DO PROCESSO DE GERAÇÃO DA EMOÇÃO

- **Situação:** a geração da emoção sempre começa com uma situação que inclui diversos tipos de estímulos, no caso desse livro a comunicação. Por exemplo, ao falar em público, os estímulos podem ser: a sala em que você irá se apresentar (grande, pequena, abafada, acústica boa ou ruim, sem local adequado para você se posicionar); a sua audiência e sua conexão social com ela (poucas ou muitas pessoas, conhecidos ou não, nível hierárquico, conhecimento do tema); os comportamentos e as mensagens não verbais dessas pessoas (inquietas demais, olham para você ou ficam no celular ou computador; mostram expressão de interesse ou sono) entre outros.

- **Atenção seletiva:** o segundo estágio é marcado por onde você escolhe colocar seu foco. Tenha claro que a atenção seletiva terá grande impacto em seu comportamento. Imagine que ao iniciar uma apresentação profissional você coloca seu foco em uma pessoa próxima que está com cara fechada. Isso desencadeia mecanismos emocionais que podem lhe trazer dificuldades, o que merece uma avaliação mais cuidadosa da situação.

- **Avaliação:** o terceiro estágio, o mais importante, é a avaliação que você produz para dar significado à "cara fechada" que observou logo no início de sua apresentação. A avaliação que você faz pode não ter nenhuma base na realidade e ser apenas o resultado de suas experiências passadas ou de como seu cérebro interpretou o estímulo em questão: pode ser que a pessoa teve uma noite mal dormida, talvez esteja com dor de cabeça ou pode até ser que ela realmente despreza sua apresentação, o que então seria de fato um *feedback* negativo.

- **Reação automática:** depois da avaliação, uma reação automática (resposta emocional) é desencadeada, o que configura o quarto estágio do processo de geração das emoções. Se você considerou algo como ruim (como no exemplo anterior), o seu cérebro avaliará isso como uma ameaça e vai disparar alterações em sua fisiologia ou em suas emoções, como taquicardia, mãos frias, sudorese excessiva, perda de raciocínio ("Deu branco!"), gagueira, voz trêmula, tonturas, desmaios e tantos outros sintomas desagradáveis. Duas áreas cerebrais entram em ação quando acontece a reação automática a uma avaliação negativa: as amígdalas (central de defesa do sistema límbico) que têm a função de monitorar momento a momento o que acontece ao nosso redor, identificando se há alguma ameaça à nossa sobrevivência; e a ínsula, envolvida principalmente com emoções negativas, como o nojo ou o desprezo. Essas emoções são geradas em um processo cíclico e constante, em que as próprias reações alimentam a situação, criando crescentes avaliações negativas, o que geralmente leva a um escalonamento ascendente de emoções e reações, a ponto de poder ocasionar um desmaio ou um ataque de pânico.

A figura a seguir resume os quatro estágios do processo de geração da emoção,[6,7] com exemplo da situação de falar em público.

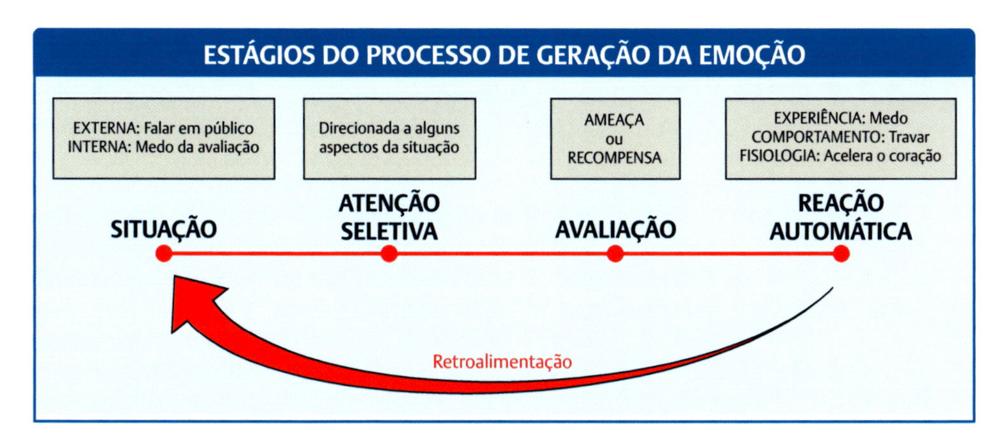

Conscientizar-se da existência desse processo e de seus estágios é um passo essencial para o desenvolvimento de sua comunicação, principalmente em momentos mais desafiadores.

ESTRATÉGIAS DE REGULAÇÃO EMOCIONAL

A boa notícia é que há cinco estratégias de regulação, que podem ser utilizadas em diferentes estágios da geração da emoção: 1. Seleção da situação; 2. Modificação da situação; 3. Mudança do foco da atenção; 4. Modulação da resposta e 5. Mudança cognitiva.[6,7,9] Vejamos.

1. **Seleção da situação:** essa é uma estratégia de antecipação e deve ser utilizada antes que aconteça uma situação potencialmente preocupante. Usando essa estratégia você terá a opção de selecionar quais emoções quer vivenciar, aproximando-se das que são motivadoras e afastando-se das ameaçadoras. Ao falar em público, se você estiver muito desconfortável e tiver a opção de não ser o apresentador (ameaça), você pode optar por preparar o material com outra pessoa (motivação) e deixá-la fazer apresentação por você, ficando como apoio ou nem estando presente. Em uma posição de liderança, isso pode não ser possível ou pode prejudicar seu desenvolvimento de carreira. Por isso, vale considerar as demais estratégias.

2. **Modificação da situação:** essa segunda estratégia também é de antecipação, sendo fácil de ser implementada. Vamos considerar um contexto em que você não pode ou não deve recusar a se apresentar, mas sente-se inseguro, preocupado ou desconfortável. Nessa estratégia, você analisa o que pode ser feito para modificar as emoções previstas ou que já está sentindo, como, por exemplo visitar o local da apresentação dias antes do evento, conversar com o técnico de som, familiarizar-se com o público, buscar informações sobre as expectativas da audiência, além de praticar sua apresentação para torná-la mais natural e ter confiança quanto ao conteúdo.

3. **Mudança do foco da atenção:** essa estratégia deve ser usada caso você não possa mudar a situação antecipadamente, como proposto anteriormente. Ela pode ser útil quando a emoção está sendo ativada e prestes a gerar uma reação automática. Pare um instante e racionalize a situação com ajuda do seguinte comando: "Onde coloco meu foco é uma escolha? Vou escolher!". Por exemplo, ao escolhermos olhar para alguém conhecido ou de expressão amável na plateia, usamos um foco externo e sentimos que estamos sendo apoiados; ao deixarmos o olhar mais vago, dirigindo-o ao fundo da sala, reduzimos o contato visual com as pessoas, seremos menos influenciados por suas expressões, o que pode nos acalmar. Já a escolha do foco interno relaciona-se com nossos pensamentos e sensações fisiológicas, pois se eles forem ruins, amplificaremos ainda mais o desconforto, gerando um ciclo de avaliações negativas. Sabendo disso, podemos usar antecipadamente um recurso chamado intenção de implementação,[10] preenchendo a estrutura de comunicação pelo plano "Se–então.", como nos exemplos a seguir: "Se isso acontecer, então eu farei aquilo."; "Se eu ficar ansiosa, então respirarei profundamente."; "Se começar a me preocupar demais com minha aparência, então vou focar nos pontos principais de minha fala." etc. (Veja Capítulo 12).

4. **Modulação da resposta:** ao contrário das anteriores, essa é uma estratégia de resposta focada, quando as emoções já estão presentes. Ela envolve duas ações opostas, **supressão** e **expressão,** que devem ser usadas com cautela e consciência de que o impacto de seu uso continuado é negativo, prejudicando sua saúde física e mental, além de comprometer sua imagem. A **supressão** é o ato de esconder seus sentimentos para os outros, a famosa "cara de paisagem" quando você está recebendo uma crítica indesejada ou é interrompido continuadamente em sua apresentação. Pode ser eficaz por curtos períodos, mas quando estamos cansados ou estressados, o cérebro executivo (sistema 2) não conseguirá mantê-la, pois isso consome muita energia (Veja Capítulo 1). Quanto mais suprimimos emoções, mais ativações cerebrais são feitas nas amígdalas e na ínsula (sistema 1), áreas automáticas do cérebro, sobre as quais não temos controle. Pessoas que costumam esconder suas emoções por hábito podem somatizar frustrações, ter aumento da pressão arterial e provocar aumento na pressão arterial de seus interlocutores,[11] ficar distraídas no momento da comunicação e ser vista como pouco sensíveis, o que é negativo para a liderança. Já a **expressão** é o ato de manifestar mais explicitamente um comportamento emocional positivo, sorrindo, acenando afirmativamente com a cabeça e produzindo outros sinais não verbais que refletem a emoção positiva, mesmo que você não a esteja sentindo. Expressar sentimentos bons promove conexão social com a plateia e traz conforto cognitivo, principalmente se usarmos o sorriso. Vamos imaginar que uma pessoa discorda de sua opinião, enquanto ela fala, você acena positivamente com a cabeça, em vez de demonstrar contrariedade. Agindo assim, você sinaliza que está entendendo essa posição diversa da sua (Veja Capítulo 7) e abre a chance de um diálogo. Isso deve ser feito com naturalidade e com filtros, pois em momentos de pressão, uma modulação de resposta inadequada, com exagero ou amabilidade forçada, pode indicar um comportamento passivo-agressivo (Veja Capítulo 8), que confunde o interlocutor. Portanto, a modulação da resposta exige autoconhecimento e inteligência emocional, para não comprometer a comunicação e nem aumentar o nível de estresse dos envolvidos.[11]

5. **Mudança cognitiva:** essa é considerada a mais poderosa e universal das estratégias de regulação emocional, pois envolve a capacidade humana de transformar cognitivamente

o significado de suas experiências passadas, presentes ou futuras. Pode ser utilizada antes, durante e/ou depois de um acontecimento que envolva emoção. Já mencionamos que uma das funções do cérebro executivo (córtex pré-frontal ventrolateral) é a de inibir e regular comportamentos e emoções, ativando o sistema de freio do cérebro.[12] Da mesma forma que o sistema límbico é ativado quando nos sentimos ameaçados, quando acionamos o funcionamento do córtex pré-frontal, o sistema de freio entra em ação, diminuindo a agitação do cérebro automático. Mudança cognitiva implica acionar a cognição de modo deliberado e diminuir a ativação do sistema emocional. Geralmente, a mudança cognitiva é associada à técnica de **ressignificação,** em seus diversos tipos. Contudo, incluímos aqui mais uma técnica, simples e eficiente, a **nomeação simbólica**, pois consideramos que ela é de fácil implementação, podendo ser suficiente em muitas situações que exigem uma regulação emocional ou ser a porta de entrada para facilitar a ressignificação. A **nomeação simbólica** é pensar na situação desconfortável e encontrar três ou quatro palavras que identificam emoções, sentimentos ou sensações associadas a ela. Não adianta falar apenas a primeira palavra que sair de sua boca, como "Estou com medo!" ou entrar em detalhes do porquê está com medo. Isso não aciona o sistema executivo e só vai aumentar a emoção negativa. Imagine que você está prestes a subir no palco para sua apresentação e percebe que está bastante desconfortável. Pense conscientemente sobre o que esta situação está causando em você naquele momento e diga mentalmente ou em voz alta para si mesmo: "Eu estou me sentindo nervoso, com medo e inseguro." Pergunte a si mesmo "E o que mais?" Em seguida, diga a si mesmo "Vou deixar o nervosismo, o medo e a insegurança de lado e vou focar na minha apresentação.". O exercício é encontrar as palavras certas que representam o que está de fato sentindo, o que lhe dará alívio e certo controle da situação. Pensar e analisar acionam o cérebro executivo e diminuem a força do inconsciente, mas isso funciona bem para emoções de baixo nível, como frustração, ansiedade, decepção, medo, tristeza, e não será tão eficaz quando as emoções estiverem amplificadas ou em alto nível, como pavor, terror, ansiedade extrema ou depressão, o que pode exigir tratamento psicológico. A nomeação é muito eficiente para evitarmos que a ameaça do evento saia do nível 1 – alerta, para o nível 2 – alarme e chegue ao nível 3 – pânico (Veja o Capítulo 1). Já o uso da **ressignificação,** geralmente, tem um efeito mais forte na regulação emocional que a nomeação simbólica. Na ressignificação usamos nossa capacidade de ver ou interpretar um estímulo negativo ou uma situação ruim de forma diferente, por um ponto de vista mais positivo, de um modo que gere um entendimento melhor e mais útil para a situação, mudando seu impacto emocional. Ressignificar consome recursos energéticos e cerebrais, mas promove controle, uma vez que você mesmo encontre um novo significado que faz sentido para você.[13,14] Pode ser difícil ressignificar sozinho e vale pedir ajuda. Existem vários tipos e estratégias de ressignificação; vamos destacar seis deles que podem ser usados individualmente ou em conjunto, dependendo da situação e do contexto. Vejamos.

- **Normalização:** envolve aceitar que seus sentimentos, no contexto em questão, são normais. Ao falar em público é normal identificar que se está ansioso ou com medo por ser uma plateia grande ou porque a apresentação é a de um projeto muito importante. As perguntas a serem feitas a si mesmo, seguidas de um "Sim!" convicto, são: "Outra pessoa nesta situação estaria se sentindo assim?"; "É normal sentir-se assim nesse contexto?". Ao reconhecer a normalidade dos sentimentos, além de amenizar a situação, você estanca as emoções secundárias, como a frustração por estar com medo. A normalização feita logo após a nomeação simbólica pode ajudar você a ficar no nível 1 – alerta, o que é útil para mantê-lo atento e focado em sua apresentação.

- **Repriorização ou reordenação:** é reorganizar ou hierarquizar suas responsabilidades e tarefas atuais para poder ter uma perspectiva mais ampla da situação. Imagine que sua apresentação na reunião de diretoria irá ocorrer em duas semanas e que você está sobrecarregado, agitado e preocupado com isso. Pare, reflita e pergunte: "De todas as minhas atividades atuais, essa apresentação é a mais urgente ou importante?"; "Esta é uma das minhas três prioridades?"; "Como e quando posso me organizar para preparar isso?". Ao analisar e comparar a situação em questão com outros eventos, você ameniza o impacto emocional dela, ou seja, você ressignifica a situação e se organiza melhor.
- **Reposicionamento:** é ver uma situação difícil por meio da perspectiva de outra pessoa ou cultura. Isso sempre vai exigir mais esforço cognitivo, pois você terá que imaginar uma perspectiva diferente da sua (uso da empatia cognitiva) ao lidar com a situação. Por exemplo, uma diretora exigente estará presente na reunião em que você apresentará um novo projeto. As perguntas possíveis que você deve fazer para gerar um reposicionamento são: "O que ela gostaria de saber?"; "Quais os questionamentos possíveis?"; "Quais informações tenho que destacar como mais importantes para ela?". O reposicionamento pode ajudar a definir ações antecipadas, que podem agregar valor ao trabalho em questão, como, por exemplo, buscar diretamente a perspectiva e expectativa da audiência, perguntando o que as pessoas esperam.
- **Distanciamento:** semelhante à anterior, simula uma perspectiva diferente, tanto do passado, quanto do futuro, ou a visualização de um cenário desejado. A diferença neste caso é que a perspectiva é desenvolvida por si mesmo, sem ajuda de outra pessoa: "Se eu estivesse na plateia o que gostaria de ver?"; "Como eu quero estar me sentindo após este evento?"; "Daqui a um ano, quando o projeto estiver concluído, como verei esta situação?"; "Há um ano, o quanto me sentia preparado para assumir este projeto e quanto me preparei de lá para cá?". O distanciamento ajuda no autorreconhecimento, uma ferramenta poderosa para a autoestima e confiança.
- **Reformulação ou reinterpretação:** trata-se de dar um novo significado, de forma positiva, para uma situação vivida. Contudo, você precisa acreditar nesse novo significado ou ele não será eficaz. Digamos que você teria uma hora para apresentar seu projeto, mas acaba de ser avisado que este tempo foi reduzido à metade. Você pode ressignificar isso, reformulando a situação, dizendo para si mesmo: "Esta é uma boa oportunidade para eu praticar minha assertividade."; "Vou falar apenas o essencial, mas estou preparado para dar detalhes se perguntarem."
- **Aprendizagem:** é o último tipo de ressignificação e possibilita refletirmos sobre o que aprendemos, após viver uma situação de grande impacto emocional, e como podemos melhorar nosso comportamento ou atitudes futuras. Pode ser feita de forma isolada ou em conjunto com a reformulação descrita anteriormente. As perguntas básicas que você deve se fazer são: "O que fiz bem e como posso fazer melhor na próxima vez?"; "O que aprendi com esta experiência?"

Resumindo, a ressignificação é uma técnica poderosa que muda o filtro mental, sendo uma habilidade mais natural para os otimistas, além de gerar novas conexões cerebrais. Todas essas estratégias de autorregulação emocional na comunicação, para serem implantadas, dependem dos sistemas cerebrais para o controle dos comportamentos, o que requer esforço cognitivo, envolvendo o sistema 2, cérebro executivo. A boa notícia é que essas técnicas de ressignificação podem ser aprendidas e transformadas em hábitos, contribuindo também para o desenvolvimento da inteligência emocional.

Para controlar comportamentos indesejados na comunicação, precisamos regular nossas emoções a fim de não entrar no automatismo de reagir. Por exemplo, devolver uma grosseria que nos foi dirigida com outra pode não ser a melhor forma de interação; entrar em pânico por ter sido solicitado a se manifestar de improviso, em público, não vai contribuir para organizar seus pensamentos. Além disso, a regulação emocional também é exigida quando precisamos construir novos hábitos na comunicação, como responder calmamente em situações de conflito.

Da mesma forma que os animais, não temos como controlar os estímulos captados no ambiente pelo sistema 1 e reagimos a eles de modo automático, por questões de sobrevivência. Contudo, diferentemente dos animais, nós, seres humanos, temos a capacidade de acionar o sistema 2 para conscientemente transformar estímulos em informações e processá-las de forma racional, para produzir respostas que sejam apropriadas. Desta forma, como animais racionais, podemos fazer escolhas e decidir o que é melhor para cada situação.

Ao fazermos isso, colocamos em prática o chamado poder de veto (livre-arbítrio), isto é, a capacidade de inibir conscientemente um ato que se inicia de forma inconsciente.[15] O poder de veto está relacionado ao mecanismo de supressão/inibição do sistema 2. Cerca de 0,5 s antes de iniciarmos um movimento voluntário, o cérebro envia um sinal que potencialmente levará a uma determinada ação. Nos 0,3 s iniciais, o cérebro produz atividade elétrica e não temos consciência nenhuma desta ação em potencial. Contudo, ainda temos os 0,2 s finais para ativar o poder de veto e decidir se a ação será realizada. Apesar de 0,2 s parecer muito pouco tempo, em termos neurocientíficos, isso é suficiente para o cérebro inibir a ação indesejada e ativar uma nova em resposta a uma reação automática.

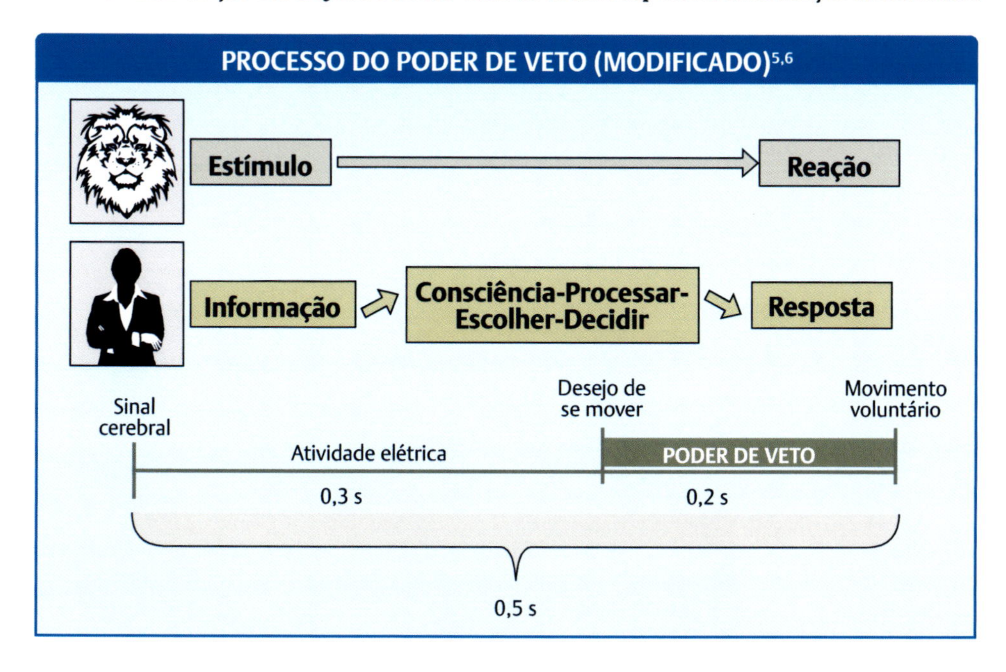

As estratégias de regulação emocional apresentadas são muito úteis em situações de falar em público, mas também são eficientes em outros contextos, como, por exemplo, para desenvolver comportamento assertivo em situações complexas ou falar com interlocutores difíceis, quando a emoção sobrepõe a capacidade de elaboração e transmissão da mensagem, tanto na vida profissional, quanto pessoal.

VÍDEOS RECOMENDADOS

Emotion regulation
Vídeo de James Gross sobre estratégias de regulação emocional, da série Social Psyclips – Sharing Psychological Science, Standford University.
https://www.youtube.com/watch?v=9n5MqKLitWo

Daniel Siegel Presenting a Hand Model of the Brain
Vídeo apresentando uma estratégia regulação emocional no cérebro usando a mão como metáfora.
https://www.youtube.com/watch?v=gm9CIJ74Oxw

You aren't at the mercy of your emoticons
TED Talk de Lisa Feldman-Barrett sobre a teoria da construção das emoções, em oposição à interpretação tradicional de emoções universais.
https://www.ted.com/talks/lisa_feldman_barrett_you_aren_t_at_the_mercy_of_your_emotions_your_brain_creates_them

How I live in mortal dread of public speaking
TEDxSydney de Megan Washington, uma cantora com gagueira e pavor de falar em público.
https://www.ted.com/talks/megan_washington_why_i_live_in_mortal_dread_of_public_speakingortal dread of public speaking | TED Talk

REFERÊNCIAS BIBLIOGRÁFICAS

1. Cacioppo JT, Patrick W. Loneliness: human nature and the need for social connection. New York: W. W. Norton and Company. 2008. p. 317.
2. Lieberman MD, Eisenberger NI. Pains and Pleasures of Social Life. Science. 2009;323(5916):890-1.
3. Eisenberger NI, Lieberman MD, Williams KD. Does rejection hurt? An fMRI study of social exclusion. Science. 2003;302(5643):290-2.
4. Barrett LF. How Emotions are Made: The Secret Life of the Brain. (Cap. 4). New York: Houghton Mifflin Harcourt. 2017.
5. Arnsten AF, Li BM. Neurobiology of executive functions: catecholamine influences on prefrontal cortical functions. Biological Psychiatry. 2005;57(11):1377-84.
6. Gross JJ. The emerging field of emotion regulation: An integrative review. Review of general psychology. 1998;2(3):271-99.
7. Ochsner KN, Gross JJ. The neural architecture of emotion regulation. In: Gross JJ. (Ed.). Handbook of emotion regulation. (Cap. 5). New York: The Guilford Press. 2007. p. 87-109.
8. Scherer KR, Schorr A, Johnstone T. (Eds.). Appraisal processes in emotion: Theory, methods, research. New York: Oxford University Press. 2001.

9. Ochsner KN. Staying cool under pressure: insights from social cognitive neuroscience and their implications for self and society. NeuroLeadership Journal. 2008;(1):26-32.
10. Gollwitzer PM. Implementation intentions: strong effects of simple plans. American psychologist. 1999; 54(7):493-503.
11. Butler EA, Egloff B, Wilhelm FH, Smith NC, Erickson EA, Gross JJ. The social consequences of expressive suppression. Emotion (Washington, D.C.). 2003;3(1):48-67.
12. Lieberman MD, Eisenberger NI, Crockett MJ, Tom SM, Pfeifer JH, Way BM. Putting feelings into words: affect labeling disrupts amygdala activity in response to affective stimuli. Psychological science. 2007;18(5):421-8.
13. Ochsner KN, Gross JJ. Cognitive Emotion Regulation: Insights from Social Cognitive and Affective Neuroscience. Current directions in psychological science. 2008;17(2):153-8.
14. Rock D. Your brain at work: Strategies for overcoming distraction, regaining focus, and working smarter all day long. New York: Harper Collins. 2009.
15. Libet B, Gleason CA, Wright EW, Pearl DK. Time of conscious intention to act in relation to onset of cerebral activity (readiness-potential). The unconscious initiation of a freely voluntary act. Brain: a journal of neurology. 1983;106(3):623-42.

PRESENÇA LÍDER E ESTRUTURAS DE APOIO

Quando um profissional se comunica em nome de uma organização, tanto suas habilidades pessoais de transmitir uma informação, como as estratégias que ele usa e que definem as relações da empresa com todos os *stakeholders* (públicos de interesse) são percebidas pelos destinatários da mensagem. Seja essa comunicação organizada ou caótica, clara ou confusa, profissional ou amadora, ela é a base da imagem e existência da organização, que será julgada por como seus representantes se comunicam. Ter consciência de sua comunicação e do impacto que ela causa otimiza o desenvolvimento da liderança, pois favorece a escolha de comportamentos a serem desenvolvidos.

Um desses comportamentos, de grande valor, é a presença líder. **Presença líder** é um conceito que desenvolvemos a partir do conceito de **Presença executiva**, tópico bastante frequente nos trabalhos de consultoria das últimas duas décadas. Presença executiva se referia a estar no ambiente corporativo e projetar uma imagem quase instantânea de dono da situação, inspirando confiança imediata e sendo o centro das atenções.

Quer você esteja ou não em uma posição executiva, em que tenha autoridade administrativa ou de supervisão, ter Presença executiva faz com que os outros acreditem em seu potencial para estar em algum cargo de *C-Level* (do inglês *chief*, cargos executivos), o que implica liderar e não somente gerenciar pessoas e problemas. Contudo, nem todos os profissionais ocuparão um cargo executivo, e o impacto da Presença líder é um diferencial muito importante na vida profissional de um especialista sobre um tema qualquer, um professor universitário, um consultor de negócios ou um negociador. A partir dessa constatação, expandimos o conceito de Presença executiva para o mundo profissional como um todo, passando a nos referir a ele como **Presença líder**, independentemente de você já ocupar ou querer ocupar um cargo executivo.

Portanto, **Presença líder** se refere, principalmente, a projetar a imagem de alguém que é inspirador para pessoas de menor hierarquia, que é confiável para seus pares e que merece a atenção das pessoas que estão em cargos superiores no *ranking* profissional. Liderança não indica chefia: chefe tem relação de poder sobre subordinados, enquanto líder é a pessoa que cria relações de inspiração, envolvimento e que conduz outras pessoas para a ação. Nem todo chefe conquista a posição de líder, e nem todo líder ocupa um cargo de chefia. Líderes têm uma enorme influência na segurança psicológica (Veja Capítulo 7) de uma equipe ou de uma organização. Contudo, precisamos distinguir a diferença entre líderes que é chefe e líder que pratica liderança. Líder é um papel, uma função, enquanto liderança é um comportamento que influencia os outros de forma positiva. Liderança é uma atitude que geralmente surge de modo natural, na infância ou adolescência, mas que também pode e deve ser treinada pelas experiências da vida ou, de modo formal, pela educação. Já chefia é uma posição que depende essencialmente de decisões empresariais.

Muito se discute sobre liderança ser aprendida ou ser um traço genético herdado. Recentemente descobriu-se que um marcador genético, o rs4950, que se encontra em um gene receptor de acetilcolina neuronal (CHRNB3), tem uma relação com a tendência de se ocupar um papel de liderança.[1,2] Portanto, pode haver certa carga genética favorável à liderança, mas ela precisa se transformar em funcionalidade por meio do desenvolvimento das habilidades de liderança. Em outras palavras, a carga genética contribui, mas é essencial aprender a ser líder por um misto de escolha, influência do ambiente, educação e oportunidades de desenvolvimento das habilidades necessárias para conduzir pessoas. Todos devemos exercer liderança em algum momento, mesmo sendo apenas um membro da equipe, para fazermos a diferença para o time e a organização, promovendo segurança psicológica. Dentro desse quadro, a comunicação é a estratégia mais fácil para sinalizar e reforçar o comportamento de liderança.

No presente capítulo vamos apresentar os componentes da Presença líder, o perfil hormonal do líder e as estruturas de apoio que podem ser aprendidas para se ter mais segurança na comunicação e no desenvolvimento da carreira.

COMPONENTES DA PRESENÇA LÍDER

Presença líder está associada ao conceito de projetar *gravitas*, que originalmente era uma das virtudes da sociedade romana, assim como *dignitas*, *pietas* e *iustitia* (dignidade, piedade e justiça). *Gravitas*, literalmente, quer dizer peso e originou a palavra gravidade, uma das forças físicas de atração mútua que os corpos exercem uns sobre os outros. Quando a palavra *gravitas* é associada ao conceito de liderança, expressa diretamente uma personalidade ética, segura e confiável, de alguém que se apresenta com seriedade, honra e dever, com controle sobre o impacto de sua comunicação. *Gravitas* produz uma percepção instantânea de influência e é, geralmente, desenvolvida ao longo de uma carreira, por meio da busca de autoconhecimento, do conhecimento sobre um tema, da experiência profissional e do desenvolvimento de uma marca pessoal, qualidades que raramente podem existir em profissionais jovens.

O *Center For Talent Inovation* (CTI), de Chicago, ouviu 268 executivos em posições seniores, homens e mulheres, que compartilharam suas opiniões sobre os aspectos envolvidos no conceito de presença executiva.[3] Chegou-se a um *mix* dinâmico, com três pilares: *gravitas*, que responde por 67% do todo, relacionado à impressão global de como você age; comunicação, que contribui com 28% e refere-se a como você interage; e aparência física com um valor de 5%. Embora esse último ingrediente possa parecer pouco expressivo, ele é o funil pelo qual os outros dois componentes do *mix* se manifestam; problemas na aparência podem descarrilar a presença executiva, sendo, portanto, fundamental nessa composição, não podendo ser desprezado.

Nessa pesquisa, *gravitas* apareceu em seis comportamentos: manter elegância sob pressão; agir com decisão e garra; mostrar integridade e falar a verdade; demonstrar inteligência emocional; ter reputação a toda prova; e projetar de forma hábil sua visão pessoal. No aspecto da comunicação, tanto para homens, como para mulheres, os três itens mais votados como essenciais para presença executiva foram: usar um estilo conciso e convincente nas apresentações, sem prolixidade e com persuasão (Veja Capítulo 9); ter a habilidade de controlar o ambiente; e demonstrar assertividade e vigor (Veja Capítulo 8). Para dar mais peso às palavras, líderes com presença executiva reconhecida falam com velocidade controlada, com pausas interpretativas, permitindo que o interlocutor reflita sobre o que está sendo comunicado. Um bom exemplo pode ser visto em diversos discursos de Barack Obama, que tem pausas características, muito estudados por pesquisadores da área de comunicação. Já quanto à aparência física, os tópicos mais votados foram: higiene e educação; ser bem apessoado e atraente (não *sexy*); e usar roupas sofisticadas, o que não significa vestuário de grife, mas sim opções que evidenciem suas escolhas e contribuam para seu capital visual. Erros a serem corrigidos na aparência incluem: roupas desleixadas e fora do tamanho de quem as veste; impressão de falta de higiene, como cabelo e pele muito oleosos; unhas ruídas ou cutícula arrancada; tintura de cabelo exagerada; apliques de cabelo (perucas) evidentes para homens; maquiagem borrada e/ou esmalte lascado para mulheres.

Apesar de o mundo das organizações ser atualmente menos formal, o nível executivo é mais criterioso e exigente quanto à aparência física. Seu capital visual deve espelhar atenção para a imagem e vai além do clássico terno e gravata ou calça e blazer, saia e casaquinho. Steve Jobs (*Apple*) usava tênis, calça jeans e camiseta preta (substituída por gola olímpica em sua fase terminal de câncer) e isso representava seu estilo; Mark Zuckerberg (*Facebook*) usa calça de sarja e camiseta de gola careca e cores básicas, como azul, cinza ou preta; Indra Nooyi (*PepsiCo*) inclui detalhes étnicos de sua origem indiana; e Andrea Jung (*Avon*) usa roupas de tonalidade rosa, colares e brincos de pérolas. O importante é ter um estilo, manter coerência nele e saber o que ele projeta sobre você.

No mundo da comunicação virtual para negócios, tornou-se evidente uma menor formalidade das roupas, quando comparadas às reuniões corporativas presenciais. Contudo, deve-se estar vestido para um ambiente profissional, pois não apenas impacta que o está vendo, mas, também, melhora suas habilidades cognitivas e seu rendimento, o que é explicado pelo conceito de cognição vestida.

Cognição vestida é um termo criado para descrever a influência sistemática que o vestuário tem sobre os processos psicológicos do usuário; é um processo que envolve dois fatores independentes: o significado simbólico das roupas e o significado físico da experiência de usá-las.[4] Pessoas com roupas adequadas ao contexto da interação social melhoram o desempenho das tarefas que estão executando, o que tem impacto nas reuniões e aulas, mesmo nas ministradas via plataforma virtual. Evidentemente, reuniões virtuais não exigem as mesmas roupas formais que reuniões corporativas presenciais, mas você desempenhará melhor se estiver vestido para um ambiente profissional.

Convidamos você a responder a autoavaliação da habilidade para formar uma boa imagem, essencial para desenvolver sua Presença líder.

AUTOAVALIAÇÃO: HABILIDADE PARA FORMAR UMA BOA IMAGEM

Nessa autoavaliação você terá a oportunidade de refletir sobre diversos aspectos diretos e indiretos que contribuem para a formação de uma boa imagem, ou seja, para o um *marketing* pessoal adequado, elegante e sem autopromoção, o que é uma alavanca fundamental para a sua carreira.

Habilidade para Formar uma Boa Imagem[5]

Leia atentamente as afirmações a seguir e assinale de 1 a 5 em cada uma delas, de acordo com o seu grau de concordância como mostrado no quadro a seguir.

1 = Jamais 2 = Raramente 3 = Às vezes 4 = Quase sempre 5 = Sempre

Sou uma pessoa que...					
1.... está pautando sua imagem profissional com base nos meus valores pessoais e éticos	**1**	**2**	**3**	**4**	**5**
2. ... consegue manter o contato com empresas, associações profissionais, esportivas, culturais, religiosas e com ex-colegas	**1**	**2**	**3**	**4**	**5**
3. ... quando tem alguma dificuldade com outra pessoa, procura conversar diretamente com ela, evitando fofocas e mal-entendido	**1**	**2**	**3**	**4**	**5**
4. ... sabe que é competente, mas é humilde para estar aprendendo sempre, sem assumir uma postura arrogante	**1**	**2**	**3**	**4**	**5**
5. ... se mantém atualizada em relação ao que ocorre na minha área de atuação e às tendências do mercado de trabalho e do mundo	**1**	**2**	**3**	**4**	**5**
6. ... é responsável pelo próprio crescimento profissional na carreira escolhida	**1**	**2**	**3**	**4**	**5**
7. ... consegue ter uma visão de futuro, imaginando o que estarei fazendo daqui a alguns anos	**1**	**2**	**3**	**4**	**5**
8. ... mesmo que seja com meus próprios recursos financeiros, estarei, sempre que possível, participando de seminários e cursos para me desenvolver profissionalmente	**1**	**2**	**3**	**4**	**5**
9. ... escreve matérias relacionadas à sua vida profissional ou área de trabalho, para publicação em revistas e jornais (mesmo que de sua empresa ou associação profissional)	**1**	**2**	**3**	**4**	**5**
10. ... cuida da apresentação pessoal, estando atenta ao vestuário adequado à atividade que desenvolvo	**1**	**2**	**3**	**4**	**5**
11. ... tem posturas e atitudes profissionais adequadas e compatíveis com a etiqueta empresarial	**1**	**2**	**3**	**4**	**5**
12. ...se comunica de forma eficaz com as outras e consigo expor minhas ideias com clareza	**1**	**2**	**3**	**4**	**5**
TOTAL					

COMO COMPREENDER SEUS RESULTADOS

Some os valores das suas doze respostas e veja a seguir como está sua imagem pessoal e profissional.

46 a 60 pontos: sua imagem pessoal e profissional é **excelente**. Você não deve ter dificuldades para colocar-se nas funções que pretende e nem de se relacionar com os outros de forma harmoniosa e produtiva, pois deve ter uma boa imagem e ser reconhecido com alguém extremamente profissional.

31 a 45 pontos: sua imagem pessoal e profissional é **positiva**. Converse um pouco mais consigo mesmo, ouça o que os outros dizem com sinceridade de você e observe atentamente em que aspectos você pode melhorar ainda mais.

16 a 30 pontos: sua imagem pessoal e profissional é **razoável**. Seu grau de empatia e relacionamento não é muito bom. Procure buscar mais *feedbacks* das outras pessoas, ouvir mais e falar menos, para identificar quais os aspectos você pode desenvolver para tornar sua imagem positiva.

15 pontos ou menos: sua imagem pessoal e profissional é **negativa**. Procure a partir deste teste, da observação das situações do dia a dia e, principalmente, do *feedback* das pessoas, reconhecer suas vulnerabilidades e desenvolver um plano de ações de melhoria de sua imagem pessoal e profissional. Procure aprender com todas as experiências, mesmo que sejam negativas, evitando repetir situações que promovam frustrações e comprometam a sua imagem. Só você pode mudar esta situação.

Você já respondeu e analisou suas respostas na autoavaliação de Habilidades para Formar uma Boa Imagem. Como nosso foco particular é a comunicação, vamos destacar no quadro a seguir os principais ajustes que podem ser necessários para aumentar sua **Presença líder**. Veja como simples mudanças de palavras podem provocar um grande efeito positivo na percepção do outro sobre suas habilidades de liderança.

Síntese da Comunicação para a Presença Líder		
Evitar falar	**Prefira usar**	**Comentários**
"Eu acho..." "Eu imagino..." "Eu acho que sim/não."	"Eu entendo..." "Eu percebo..." "Eu entendo que sim/não."	Acho remete a achismo, impressão e não a uma opinião com base em compreensão ou percepção Imagino refere-se a uma criação que pode não ser real
"Eu creio..." "Eu acredito..."	"Eu penso..." "Eu entendo..."	Acreditar é crença (na fada do dente, no Papai Noel) e não cabe no contexto da comunicação profissional
"Eu gostaria..."	"Eu preciso..." "O importante aqui é..."	Eu gostaria é futuro de pretérito e refere-se a algo que poderia acontecer no futuro, após uma situação no passado, indicando também incerteza. Embora possa ser uma forma polida de fazer um pedido, enfraquece o que se segue. A opção de "Eu preciso..." deixa clara a necessidade, mas é centrada em quem pede, podendo ser mais conveniente usar a alternativa "O importante aqui é...", mais neutra

(Continua.)

Evitar falar	Prefira usar	Comentários
"O que você acha?"	"Minha opinião é... e quero saber a sua"	A formulação em pergunta abre a possibilidade de o outro discordar de você; ao contrário, ao expressar sua opinião e mostrar-se aberto a ouvir a do outro, você amplia os canais de comunicação
"Eu concordo".	"Eu concordo porque..."	Simplesmente dizer que concorda é uma manifestação de conformidade; ao explicar o motivo disso, você deixa claro que utilizou aspectos racionais e/ou emocionais em seu posicionamento
"Desculpe, mas..."	"Quero esclarecer..." "Quero destacar..." "Quero corrigir..."	Não iniciar com um pedido de desculpas, pois implica culpa em algo; prefira ir direto ao ponto a ser esclarecido ou ajustado. Algumas pessoas usam essa frase como forma de mostrar boa educação, sem perceber o impacto negativo no mundo das organizações
"Talvez, quem sabe, nós possamos..." "Só fico pensando se..."	"Eu recomendo que..." "Entendo que podemos..." "Não tenho certeza e quero explorar mais isso.	"Talvez", "quem sabe" e "Só fico pensando se" são expressões muito vagas e que mostram indecisão, insegurança ou desconforto para apresentar suas ideias; recomendação ou entendimento sobre um fato têm mais força; em certos casos pode-se pedir um tempo antes de se posicionar
"Se nós tivermos..."	"Quando nós tivermos..."	O uso do "se" é do pretérito imperfeito do subjuntivo e expressa um desejo condicionado a um evento ou fatos externos; já o "quando" é o futuro do subjuntivo e indica uma ação que vai ocorrer em algum momento no futuro, portanto, elimina-se o elemento condicional, passando certeza e segurança
"Na verdade, acho que..."	"Quero esclarecer..." "Entendo que..." "Penso que..." "Percebo que..."	"Na verdade..." implica julgamento de que algo não verdadeiro estava sendo dito e, portanto, deve ser evitado, indo-se direto ao ponto em questão
"Isso não é uma boa ideia."	"Por favor, me explique como isso funciona."	Em vez de desmotivar o outro julgando a qualidade da ideia apresentada, mostre curiosidade para entender, peça explicações, o que também dá ao outro uma chance de autoavaliar o que está propondo
"Isso não vai dar, é impossível!"	"Vamos buscar outras formas de..."	Muitas das possibilidades atuais eram impossíveis de ser realidade no passado; use o "nós" e pense em conjunto com o outro sobre algumas alternativas para não mostrar falta de abertura e disponibilidade
"Vou falar um pouquinho/um pouco."	"Vou falar o mais importante." "Vou enumerar o essencial." "Vou resumir em um minuto"	Iniciar uma comunicação dizendo que vai falar um pouco ou um pouquinho desqualifica tudo o que se segue e permite que o interlocutor pense que você não conhece o assunto, se sente inferior a ele ou não quer ocupar o tempo dele

(Continua.)

Evitar falar	Prefira usar	Comentários
"Só quero comentar..."	"Preciso comentar..." "Quero aproveitar a oportunidade e comentar..."	Indica limitação de sua contribuição, como se você não tivesse direito a uma maior participação; isso reduz seu *status* e o valor do que está apresentando. Algumas pessoas usam essa frase como forma de mostrar boa educação, sem perceber o impacto negativo no mundo das organizações
"Ah... isso não é comigo!"	"Deixe-me ver quem pode ajudá-lo."	Mostra falta de vontade de ajudar e querer se ver livre do outro; endereçar a solicitação é o mínimo de gentileza
"Bem, o que vocês acham de...?"	"Esse é meu plano e estou aberto a ouvir o de vocês."	A pergunta permite negação e dificulta a comunicação; já a frase preferencial indica preparo e considera a possibilidade de o interlocutor ter uma visão diversa, o que mostra abertura e flexibilidade
"Vou tentar..." "Estou tentando..."	"Vou buscar..." "Vou reunir condições para..." "Vou fazer assim que possível."	Tentar é vago para o cérebro, por exemplo, tente ler o relatório (não leia, apenas tente!); seja mais afirmativo usando buscar ou deixando claro que será preciso reunir condições para executar o que está sendo solicitado
"Temos X, Y e Z, mas..."	"Temos X, Y, Z e..."	O "mas" funciona como uma borracha que cancela tudo o que foi dito anteriormente; por exemplo, "o projeto é bom, exequível, temos colaboradores para implementá-lo, mas não temos caixa." Isso gera frustração e coloca ponto final no projeto. Podemos reverter essa conclusão ao substituirmos o trecho final por "...e não temos caixa.", pois isso leva à ação de se refletir sobre o que pode ser feito para conseguir esse aporte financeiro

A Presença líder pode ser desenvolvida e como se refere ao impacto que você causa em seu entorno, é importante você analisar como se projeta no ambiente profissional, compreender quais são suas fortalezas e no que se baseia sua confiança, monitorar sua imagem visual, melhorar a comunicação e interagir com os outros com energia e sem medo da visibilidade. Pessoas que têm Presença líder não passam despercebidas.

Convidamos você a fazer uma autoavaliação das habilidades relacionadas à Presença líder e refletir sobre seus resultados.

AUTOAVALIAÇÃO: HABILIDADES PARA A PRESENÇA LÍDER

A seguir reunimos em um quadro as principais habilidades para o desenvolvimento da Presença líder. Você vai avaliar aquelas que estão mais desenvolvidas e as que merecem sua atenção.

Habilidades para a Presença Líder

Leia as doze atitudes e habilidades relacionadas à Presença líder, apresentadas no quadro a seguir, que envolvem aspectos de comunicação, aparência física e controle emocional. Assinale as três que você utiliza mais e as três que estão pouco desenvolvidas e pense em estratégia para seu desenvolvimento, o que aumentará sua confiança e ajudará na construção de sua marca profissional.

1 Compartilhar abertamente visão, propósito e articular processos que os favoreçam	**2** Ter uma excelente escuta, confirmando o que entende dos outros	**3** Selecionar o que é essencial comunicar e descartar o que não é relevante	**4** Controlar o ambiente com sua comunicação, contribuindo para regular as emoções
5 Ter senso de humor e leveza na comunicação	**6** Ser autêntico e alinhar seu discurso aos valores em jogo e necessidades das pessoas	**7** Saber decidir considerando fatos e pessoas	**8** Saber ler as pessoas e o ambiente, considerando o que é dito e o que pode ser intuído
9 Buscar *feedback* sobre sua comunicação com muitos interlocutores	**10** Postura e linguagem corporal alinhadas ao discurso, situação e contexto	**11** Manter uma aparência cuidada, jovial e atraente, sem exageros	**12** Manter serenidade e equilíbrio em situações de pressão e estresse

Três aspectos mais desenvolvidos:	
Três aspectos que merecem atenção:	

COMO COMPREENDER SEUS RESULTADOS

No quadro a seguir está descrito o que você pode ganhar com cada habilidade quando ela está desenvolvida e o que pode estar perdendo quando esse aspecto não é contemplado. Reflita sobre suas escolhas usando os comentários do quadro a seguir e busque ações para agir sobre o que você quer desenvolver.

Seguir Observações Gerais para as Autoavaliações	
No quadro a seguir está descrito o que você pode ganhar com cada habilidade quando ela está desenvolvida e o que pode estar perdendo quando esse aspecto não é contemplado. Reflita sobre suas escolhas usando os comentários do quadro a seguir e busque ações para agir sobre o que você quer desenvolver.	
Aspectos da presença líder	**Possíveis ganhos e perdas**
1 Compartilhar abertamente visão, propósito e articular processos que os favoreçam	Líderes gostam de falar sobre o futuro e direcionam o cérebro dos liderados nesse sentido. Ao compartilhar abertamente seus pensamentos e favorecer processos que facilitem a implementação de suas ideias, o líder agrega credibilidade à sua liderança Quando isso não é feito, pode-se dar a impressão que existe uma agenda oculta, o que coloca o time em situação de desconfiança
2 Ter uma excelente escuta, confirmando o que entende dos outros	O bom comunicador é um ouvinte atento e ao deixar claro que entende os outros torna mais fácil discordar ou apresentar contra-argumentos Quando isso não é feito, a interpretação mais comum é de narcisismo, falta de empatia e pouca abertura, o que desmotiva o time
3 Selecionar o que é essencial comunicar e descartar o que não é relevante	Líderes têm filtros poderosos e não se perdem em detalhes; destacam o essencial em uma situação, deixando claro o seu valor e relevância, o que favorece a compreensão Quando isso não é feito, o time pode-se perder em excesso de informações, executar ações desnecessárias e até mesmo considerar o líder desorientado
4 Controlar o ambiente com sua comunicação, contribuindo para regular as emoções	Um dos aspectos mais evidentes da Presença líder é a habilidade de calibrar razão e emoção, principalmente frente a desafios ou conflitos, por meio de uma comunicação consciente e adequada à situação, deixando um ambiente favorável para a solução de problemas e o desenvolvimento do time Quando isso não é feito, decisões pouco embasadas podem ser tomadas, pessoas podem se sentir prejudicadas, e o ambiente torna-se tóxico, o que não favorece o desenvolvimento do time, pois ele se sente ameaçado
5 Ter senso de humor e leveza na comunicação	Senso de humor, pensamento levemente otimista e leveza na comunicação favorecem a abertura para se considerar novas ideias e soluções e torna o ambiente mais colaborativo, além de ajudar a ressignificar erros ou resultados indesejados, o que reenergiza o time Quando isso não é feito, tende-se a usar soluções mais automáticas, há menos espaço para a criatividade, e o líder pode ser considerado ameaçador e antiquado
6 Ser autêntico e alinhar seu discurso aos valores em jogo e às necessidades das pessoas	O cérebro é formatado para identificar imediatamente comportamentos não autênticos, pois eles podem representar ameaças; ao ser quem você é e alinhar comunicação a valores e necessidades do time, você favorece a aproximação das pessoas e reduz barreiras, mesmo quando há diferenças de opiniões Quando isso não é feito, surge uma situação de desconfiança, pode-se pensar que existe uma agenda oculta, e colocam-se os membros do time em situação de possível ameaça, direcionando-se energia para defesa e não para colaboração e criatividade

(Continua.)

Aspectos da presença líder	Possíveis ganhos e perdas
7 Saber decidir considerando fatos e pessoas	Reunir conscientemente fatos, dados, informações e avaliar o impacto do que se pretende fazer sobre as pessoas mostra maturidade e é um dos sinais mais importantes de inteligência emocional Quando isso não é feito, considerando-se apenas os negócios, metas e/ou resultados, as pessoas sentem-se desvalorizadas, surge o risco de desmotivar o time ou perder talentos
8 Saber ler as pessoas e o ambiente, considerando o que é dito e o que pode ser intuído	Automaticamente nosso sistema límbico faz uma leitura das pessoas e do ambiente, mas os líderes usam essa habilidade de modo consciente e valorizam o que veem e o que pode ser intuído, confirmando suas percepções, quando necessário Quando não é feito, os líderes são considerados egocentrados, narcisistas e focados apenas em suas necessidades, pois deixam de avaliar as pessoas e o contexto
9 Buscar *feedback* sobre sua comunicação com muitos interlocutores	Ao buscar feedback, o líder mostra mentalidade de crescimento, abertura para escuta e aproximação com o time, além de ter a oportunidade de melhorar sua própria liderança, reconhecendo o que é necessário fazer Quando isso não é feito, o líder dá a impressão de não valorizar o time, deixa claro que há uma distância hierárquica e passa a impressão de que apenas sua opinião basta
10 Postura e linguagem corporal alinhadas ao discurso, situação e contexto	O alinhamento de todos esses aspectos na comunicação mostra que o líder tem foco em si, nos outros e no contexto e revela consistência em sua imagem, o que reforça a credibilidade necessária para que o time se sinta seguro Quando isso não é feito, provoca a falta de alinhamento, o que ativa o sistema límbico, e desencadeia a percepção de ameaça, o que reduz a colaboração e a criatividade
11 Manter uma aparência cuidada, jovial e atraente, sem exageros	Líderes preocupam-se com sua aparência, pois sabem que ela reflete a imagem que se quer apresentar ao mundo; ao cuidar dela mostram que estão preparados para a interação com o outro e, independentemente da idade, é uma pessoa que atrai positivamente a atenção do outro, com jovialidade e vigor, o que ajuda na conexão e indica prontidão para a ação Quando isso não é feito, gerando uma aparência que é descuidada e largada, pode-se passar a impressão de que não se valorizam os cuidados pessoais e, por abrangência, talvez não se valorize o cuidado com os outros
12 Manter serenidade e equilíbrio em situações de pressão e estresse	Líderes tomam decisões difíceis e nem sempre simpáticas aos liderados; têm que trabalhar sob forte pressão e estresse, lidando com resultados e pessoas. Por isso, manter a serenidade deve ser uma busca diária para conduzir o time em tempos desafiadores, pois oferece segurança Quando isso não é feito, especialmente de modo reiterado, a impressão que se passa é de alguém imaturo, com dificuldade de tomar decisões quando são envolvidas emoções e com baixa habilidade de gerenciar estresse

PERFIL HORMONAL DO LÍDER

Líderes apresentam uma combinação específica de hormônios que favorecem a expressão e a percepção de liderança. Para tanto, compreender o que a neurociência diz sobre a combinação correta dos hormônios para liderança pode contribuir para enfrentar o desafio da comunicação profissional. O perfil hormonal de líderes, homens e mulheres, é composto por um trio: alta testosterona, relativamente baixo cortisol e alta oxitocina.[6]

LÍDER E EQUILÍBRIO HORMONAL

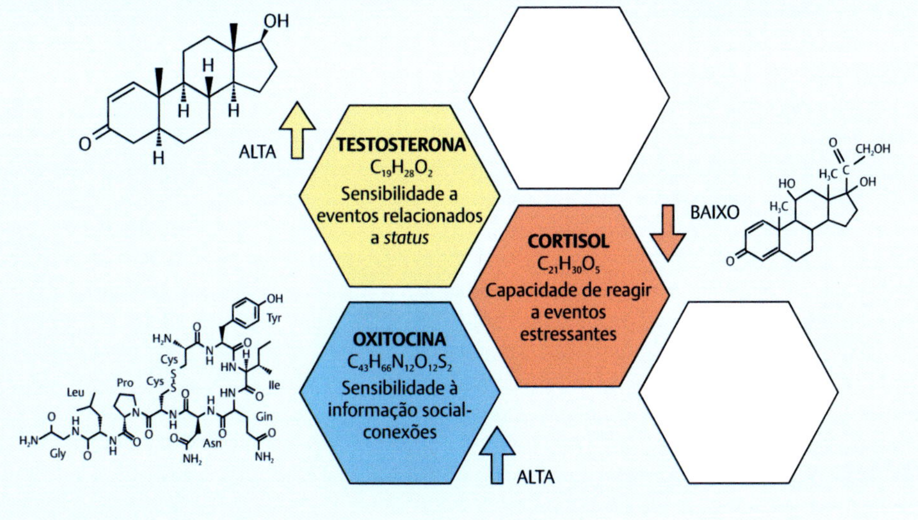

ALTA

TESTOSTERONA
$C_{19}H_{28}O_2$
Sensibilidade a eventos relacionados a *status*

BAIXO

CORTISOL
$C_{21}H_{30}O_5$
Capacidade de reagir a eventos estressantes

OXITOCINA
$C_{43}H_{66}N_{12}O_{12}S_2$
Sensibilidade à informação social-conexões

ALTA

Pessoas com alto nível de testosterona preocupam-se com *status*, são confiantes, assertivas e fluentes; sua comunicação não passa despercebida, sendo muito sensíveis a eventos relacionados a *status*, como reconhecimentos, deferências ou valorização de conquistas. Pessoas com nível de cortisol relativamente baixo mantêm-se controladas sob estresse, mostram elevada autorregulação emocional e reagem de modo flexível, usando estratégias de enfrentamento funcionais para lidar com os acontecimentos, sem se descontrolarem em público ou sofrerem de esgotamento (síndrome de ***burnout***). Esse duo de alta testosterona e relativamente baixo cortisol é essencial, pois de nada serve ser sensível às questões de *status* e mostrar dominância, mas ao mesmo tempo dar sinais de esgotamento e descontrole por não conseguir reduzir os níveis de cortisol. Na verdade, alta testosterona e alto cortisol representam desvantagem para a liderança, pois a pessoa é considerada ameaçadora. Já baixa testosterona associada a baixo cortisol não permite a manifestação de liderança. Em resumo, não é a alta testosterona que prevê a dominância e a liderança, mas sim a sua associação a baixo cortisol.[7] Esse duo, além de prever atitude de dominância, também é responsável pelos indivíduos aceitarem maiores riscos em suas decisões, o que é muito importante em tempos complexos como os atuais.[8]

Alta testosterona e relativamente baixo cortisol valem para homens e mulheres, embora essas tenham 1/6 do nível médio de testosterona encontrado nos homens; o que interessa é o valor relativamente mais alto em comparação a mulheres não líderes.[9,10] Com valores tão reduzidos, quando comparados aos dos homens, poderíamos pensar que mulheres teriam mais dificuldades biológicas para a liderança, contudo, o organismo da mulher é muito mais sensível à testosterona que o do homem e não há nada que indique uma menor disposição biológica para liderança feminina. O menor número de mulheres em cargos de alta liderança é mais uma questão cultural, de tradição nas organizações e do impacto de vieses inconscientes, do que de uma deficiência hormonal.[7,9,10]

Embora o duo testosterona/cortisol preveja capacidade de liderança, sozinho ele não explica os traços associados à liderança e, desta forma, entra em jogo um terceiro hormônio, a oxitocina, responsável pelo comportamento pró-social e pela formação de laços sociais.[11] Esse hormônio completa o perfil hormonal da liderança, e sua principal função é aumentar a atenção para as informações sociais na interação. Liderar é inspirar, conduzir, orientar e proteger os membros de um grupo, e a presença de altos níveis de oxitocina faz com que as pessoas sejam sensíveis às informações sociais no ambiente, aumentando a conexão social. No caso da liderança, um aumento dos laços sociais é benéfico quando o líder e o grupo se veem do mesmo lado de uma questão, ou seja, quando a conexão é verdadeira e justificada, com demonstrações de confiança e obtenção de benefício típicas de quando pertencemos a um grupo.[12] Mostrar conexão social quando o líder foi imposto, e o grupo não o aceita, prejudica ainda mais a validação de liderança dessa pessoa. Níveis muito altos de oxitocina são observados na amamentação, natural ou não, tanto na mãe, como no pai, e refletem o instinto de proteção do bebê; uma baixa dos níveis de oxitocina tem sido associada à depressão pós-parto, por interrupção precoce da amamentação materna.[13]

No cérebro, quando a oxitocina é liberada, outros dois neuroquímicos de bem-estar, a serotonina e a dopamina, também são produzidos. Na conexão social, a dopamina reforça o sorriso de agradecimento ao tratarmos bem uma pessoa, e a serotonina melhora o humor. Quando a oxitocina, serotonina e dopamina são combinados, é ativado um circuito cerebral que gera o comportamento empático.

Sabemos que estamos sujeitos a diversas influências no ambiente de trabalho, o que impacta o comportamento das pessoas. Ao ser claro e transparente na comunicação, o líder promove conexão social, gera empatia, e isso cria um ambiente seguro. Portanto, ao gerar empatia, somos levados a agir com moralidade, o que inspira confiança que, por sua vez, libera mais oxitocina, criando um ciclo virtuoso de oxitocina-empatia-moralidade-confiança.[14] Líderes em ambientes de trabalho de alta confiança pedem ajuda aos liderados e pares em vez de apenas dizer a eles o que deve ser feito, aumentando a confiança e colaboração entre as pessoas.

Estudos feitos em organizações para medir a relação entre confiança e lucratividade mostraram que aqueles que trabalham em ambientes de alta confiança desfrutavam 60% a mais de seus empregos, estavam 70% mais alinhados com o objetivo de suas empresas e sentiam-se 66% mais perto de seus colegas. Uma cultura de alta confiança promove melhorias na forma como as pessoas se comunicam, tratam uns aos outros e a si mesmos. Em comparação aos funcionários de organizações de baixa confiança, o pessoal de alta confiança tinha 11% mais empatia com seus colegas de trabalho, desqualificaram seus colegas 41% menos e experimentaram 40% menos esgotamento (***burnout***). Eles também sentiram um maior senso de realização em 41% a mais.[15]

O duo testosterona/oxitocina em níveis altos adequados demonstra o ponto ideal entre competição saudável e alto grau de confiança e colaboração.[14] Essa combinação, aliada a níveis relativamente baixos de cortisol, favorecidos pela capacidade de autorregulação emocional, gera estresse moderado, suficiente para se ter energia necessária ao desempenho, e elevada motivação, para alcançar objetivos desejados, além de manter o bem-estar do ambiente e dos indivíduos.

A relação entre hormônio e liderança é uma via de mão dupla, em que o perfil hormonal influencia a habilidade de liderar, e o exercício da liderança impacta positivamente o perfil hormonal. Assim, há formas naturais de mudar os níveis hormonais, e a comunicação tem um papel importante nisso. Manifestar reconhecimento de *status* do seu time, celebrar pequenas e grandes vitórias, explicitar avanços e conquistas, destacar desafios vencidos por meio de frases simples, e que especificamente reconheçam o que foi feito de bom, são ações que aumentam a testosterona de todos os envolvidos. Mas, frases genéricas, como "Muito bem", não servem; é preciso dizer "Que ótimo termos finalizado isso antes do prazo, mostra como estamos trabalhando melhor em equipe.".

Há várias ações que ajudam a reduzir o cortisol: enfrentar desafios reconhecendo sua existência; favorecer atividades para desestressar o time; incentivar todos a verbalizarem o que está difícil; e usar estratégias de nomeação simbólica e de ressignificação para dar uma nova interpretação aos fatos (Veja Capítulo 11). Em vez de simplesmente dizer: "Isso é difícil, está dureza!", para reduzir o cortisol, podemos dizer: "Isso é difícil, todos estamos frustrados, foi grande o esforço empregado e podemos aprender com o ocorrido e melhorar esse processo em uma nova oportunidade.".

Finalmente, para aumentar os níveis de oxitocina, use sempre o "nós" inclusivo. Interesse-se genuinamente pelas pessoas, lute pelo desenvolvimento dos membros de seu time (e não só do aprimoramento técnico) e incentive atividades sociais em grupo, para reforçar a interação. Deixe claro, quando fala de suas conquistas, que elas somente puderam ser obtidas, pelo poder do grupo, pelo poder do "nós". Explicite os objetivos comuns e busque aliados para alcançá-los.

Embora o *status* social aumente quando sentimos que dominamos alguma coisa e somos reconhecidos por essa habilidade ou conhecimento, a competição social é tão difundida em nosso cotidiano, que vencê-la não é suficiente e gera mais necessidade de comportamentos dominantes e preferência por produtos que caracterizem alto *status* (carros de luxo, viagens exóticas, acessórios e joias caras...), para sinalizar nossa posição superior em relação aos outros. Contudo, a testosterona parece não ser mediadora nessas situações e sim a percepção de autorreconhecimento, o senso de direito ou o merecimento por ter sido bem-sucedido em uma tarefa.[16] Portanto, consumir produtos de luxo não contribui para aumentar seus níveis de testosterona.

Ajuda extra para manipular os níveis hormonais pode ser obtida com algumas ações do dia a dia: manter uma dieta baixa em açúcares e alta em zinco; tomar vitaminas A e D que aumentam os níveis de testosterona; ter um sono adequado, fazer exercícios físicos regulares, treinar a atenção plena (*mindfulness*) e divertir-se reduzem os níveis de cortisol; e, finalmente, relaxamento, massagem, apoio social e palavras positivas contribuem para a produção de oxitocina. É responsabilidade individual de quem escolhe ser líder contribuir para o desenvolvimento de sua liderança e inspirar outros a serem líderes. Compreender o funcionamento do cérebro, as limitações do córtex pré-frontal e recuperar a energia gasta no dia a dia não devem ser apenas um conhecimento teórico, mas uma aplicação prática para o seu desenvolvimento.

Ao aceitar um convite para falar em público, aproveitar uma oportunidade de comunicação para uma audiência desafiadora ou oferecer-se para fazer uma apresentação de um projeto, você está criando uma excelente oportunidade de treinamento de liderança:

o *status* que a situação lhe confere aumenta sua testosterona; controlar o estresse e seu emocional reduz o cortisol; preocupar-se com sua audiência, criando laços na interação e oferecendo algo que seja desejado por quem lhe ouve, aumenta a oxitocina. Claro que isso pode ser uma atividade desafiadora, mas não deve se transformar em uma ameaça e, sim, em uma oportunidade de deixar uma marca positiva de si mesmo nos outros.

ESTRUTURAS DE APOIO

As estruturas de apoio na comunicação são esquemas intencionais que favorecem a transmissão da mensagem com um objetivo particular. Esses esquemas são moldagens básicas, arranjos padronizados que facilitam a organização das ideias, a decodificação das mensagens e o processamento da intenção da comunicação. Todos as usamos, porém, com diferentes níveis de consciência, habilidade e resultados.

Ao usar uma estrutura de apoio na comunicação, a padronização empregada favorece os processos cognitivos do cérebro, acalma nossos temores relacionados à comunicação, traz conforto pela previsibilidade na interação e contribui para um aumento de retenção da mensagem em até 50%, já que facilita o processamento do que está sendo dito. Em poucas palavras, usar uma estrutura de apoio liberta quem fala para estar presente e focado no destinatário da mensagem e melhora grandemente a possibilidade de se atingir o objetivo da comunicação. Líderes utilizam estruturas de apoio regularmente e saber empregá-las nas apresentações profissionais é um passo importante para se destacar e contribui para o desenvolvimento de *gravitas*.

Apresentamos a seguir dez intenções de comunicação, com sugestões de estruturas de apoio pré-moldadas que podem ser facilmente utilizadas. Nosso objetivo é descrever esses esquemas principais para que eles sejam mais funcionais em seus desafios de interação social.

1. **Compreender a lógica:** a estrutura mais associada à essa intenção é a da **"Causa-e-Efeito"**, um esquema que compreendemos facilmente desde criança. Seu uso pretende mostrar ao interlocutor que quando um evento ocorre, outro, como consequência, irá acontecer. Além de se destacar claramente a causa, usando apenas informações relevantes e diagnósticas, sem prolixidade (Veja Capítulo 9), deve-se estimar sua intensidade para se avaliar a força do efeito. Comunicação de decisões sobre negócios, contratações de pessoas e redução de quadros são situações em que esse esquema contribui para favorecer a intenção da mensagem.

2. **Destacar vantagens relativas:** é uma intenção que pode ser facilitada com o uso do esquema de **"Comparação X Contraste"**. Para atingir seu objetivo, deve-se ter clareza sobre quais diferenciais deverão ser incluídos na comparação, para que se crie uma imagem clara dos contrastes entre os elementos que estão sendo comparados. Argumentos são importantes, mas a utilidade do que está sendo destacado deve ter prioridade na apresentação, para se evitar o efeito diluição (Veja Capítulo 9).

3. **Construir história e alavancar o futuro:** para fazer uma revisão histórica ou uma releitura dos acontecimentos que determinaram a situação atual, a melhor estrutura de apoio é a do **"Passado-Presente-Futuro"**. Para que tenha sucesso, devem ser selecionados os elementos essenciais do que havia antes, para criar uma memória interessante. Em seguida se apresentam os elementos atuais ainda ativos, para ajudar na percepção correta da realidade. Finalmente, se faz a estimativa do que pode acontecer, para gerar uma expectativa positiva. Essa estrutura contribui decisivamente para o primeiro

elemento da arquitetura estrutural da comunicação, que é o objetivo e eixo condutor (Veja Capítulo 2). É uma moldagem muito útil nas revisões históricas, mudança de posicionamento empresarial no mercado, lançamento de novos produtos e modificação de estratégias corporativas. Pode também ser usada em situações de alto risco, quando a revisão permite antecipar um panorama negativo para o futuro. Esse esquema leva o destinatário da mensagem à reflexão, o que será facilitado por dados e fatos claros.

4. **Efeito do trio:** um elemento de retórica que recebe o nome de *tricolon* e consiste de três palavras, cláusulas ou frases paralelas usadas para aumentar o impacto de uma informação. O **truque dos três** é poderoso para engajar a atenção do outro e ajudar na retenção do que foi dito.[17] É muito usado em discursos motivadores, como os de Barack Obama ou em apresentações com forte poder de influência, como as de Steve Jobs. O truque dos três aparece em várias situações, como, por exemplo: listar argumentos, escolher itens de uma apresentação, apontar elementos principais de um projeto ou destacar benefícios de um produto. Não se sabe exatamente as razões, mas o trio encanta o cérebro: um elemento é pouco, dois sempre parecem estar em contraponto e quatro ou mais são excessivos (o cérebro os descarta). Exemplos de trios encantadores são: " A democracia é o governo do povo, pelo povo, para o povo.", de Abraham Lincoln; "Vim, vi e venci.", atribuída ao imperador romano, Júlio César; "Liberdade, igualdade, fraternidade.", lema da Revolução Francesa; e a recente "Força, foco e fé.", considerado um mantra de resiliência. Um exemplo muito popular há décadas: "É um pássaro? É um avião? Não, é o super-homem." Assim, use em seu discurso essa estrutura simples, que além de tudo mostra reflexão sobre um determinado tema e favorece a memorização; nos casos em que você quer destacar apenas um aspecto, por esse ser fundamental, vale repetir a mesma palavra três vezes, como fazem os corretores de imóvel ao destacar os critérios para uma boa aquisição: 1. Localização; 2. Localização e 3. Localização.

5. **Discordância gentil:** discordar sempre pode ativar o sistema de defesa do outro, o que não é conveniente, pois pode transformar uma situação de comunicação em situação de ameaça. Para discordar sem interromper a fluência da comunicação, uma estrutura de apoio simples e com efeito bastante positivo é **"Eu posso estar enganado, mas..."**. Discordar não é brigar e, na maioria das vezes, indica apenas diferentes perspectivas de se analisar um evento. Contudo, ao discordar posso colocar o outro em uma situação de ameaça, por enviar uma mensagem de julgamento, de que o consideramos errado, equivocado ou limitado em sua afirmação. Ao julgarmos o outro estamos nos colocando em uma situação de superioridade, afirmando que somos melhores, o que é um gatilho suficiente para colocar muitas pessoas em situação de ameaça (Veja Capítulo 1). Quando nos sentimos ameaçados, seja por um estímulo real (assalto) seja social (opiniões divergentes), nossas percepções ficam reduzidas, nossos recursos cognitivos ficam limitados, não produzimos respostas criativas e temos grande chance de disparar uma reação de "atacar, fugir ou congelar", típica do sistema límbico, como reação automática de sobrevivência. Porém, todos somos humanos e erramos muitas vezes ao longo da vida, o que faz parte de nossa história. Reconhecer os próprios erros é mais difícil do que identificar erros nos outros, porque nessa situação temos um distanciamento que nos favorece. Ao usarmos a estrutura de apoio **"Eu posso estar enganado, mas..."**, acalmamos o outro porque admitimos, logo de saída, que podemos estar errados e colocamos o outro em modo de reflexão para que ele possa analisar a situação em questão novamente.

6. **Mostrar abertura para o desenvolvimento:** ter abertura para se desenvolver e aprender coisas novas, incorporar conhecimentos e mostrar disposição para melhoria continuada é uma atitude extremamente valorizada no mundo das organizações. Essa atitude espelha a mentalidade de crescimento, que é acreditar que as capacidades humanas não são fixas e podem ser desenvolvidas ao longo do tempo, com esforço e persistência.[18] Frases associadas à mentalidade de crescimento envolvem verbos de movimento que indicam transformação ou aquisição de habilidades. O contrário disso é a mentalidade fixa, associada ao pensamento de que a inteligência é fixa e não passível de melhoria, revelada em estruturas que expressam uma condição imutável, como, por exemplo: "Sou inteligente."; "Isso é minha especialidade."; ou "Sou o melhor nessa área.". Essas frases devem ser substituídas por estruturas que incluam verbos, como "desenvolver, aprender, crescer, esforçar-se, melhorar ou dedicar-se".[19] Assim, em vez de "Eu quero ser reconhecido pelo mercado.", a construção "Eu quero aprender como me tornar um ótimo profissional para ser reconhecido pelo mercado.". A nova formulação mostra abertura para o desenvolvimento e ação em direção à meta. Esses verbos de transformação são muito importantes, pois mostram humildade frente ao conhecimento disponível no mundo. Além deles, há também uma estrutura-chave da mentalidade de crescimento que é usar **"Eu ainda não..., mas..."**, em que na primeira parte da frase você especifica o que ainda não desenvolveu e depois do "mas" você define uma ação que deverá fazer para favorecer seu desenvolvimento.[18] Por exemplo: "Eu ainda não domino esse tema, mas se me dedicar mais, vou fazer uma boa apresentação." ou "Eu ainda não concluí esse projeto, mas com a ajuda do time vamos desenvolvê-lo a tempo." ou "Eu ainda estou inseguro para falar em público, mas vou desenvolver meu eixo condutor para me ajudar nessa situação.".

7. **Resolução de problemas:** problemas são ingredientes constantes no dia a dia das organizações e ouvir para saber resolvê-los ou endereçá-los caracteriza a qualidade da liderança. A estrutura que favorece essa intenção é a de **"Problema-Solução-Benefício"**, que para ser bem aplicada deve obedecer às seguintes condições: reduzir o problema a um ponto claro a ser endereçado; propor uma solução que vai direto ao ponto, sempre que possível; e salientar o principal benefício dessa proposta, destacando-se o valor em que se baseia essa solução. Situações variadas requerem essa estrutura, sendo ela de muita utilidade quando envolve pessoas, seja para atendimento a um cliente insatisfeito ou desenvolvimento de um membro do time que não está oferecendo os resultados esperados.

8. **Liderança para ação:** mostrar liderança para direcionar o comportamento das pessoas é uma oportunidade para se destacar e independe de se ocupar ou não um cargo de chefia. Essa intenção de comunicação usa a estrutura de apoio **"O quê? E então? E agora?"**.[20] Como na intenção anterior para resolução de problemas, seu resultado depende da habilidade de identificar a questão com clareza, ou seja, começar com a etapa do "O quê?", para compreender os fatos, verificar por que são relevantes, quais são as suas implicações e consequências. Depois se aplica o "E então?", para se refletir sobre quais são as opções para sair da situação em questão. Finalmente, em modo de *brainstorm*, usamos o "E agora?" para identificar o curso das ações e os próximos passos, o que lhe permitirá liderar as pessoas para agir na solução do problema apresentado. Esse modelo é simples e muito eficiente, devendo-se controlar a armadilha da ansiedade que muitas vezes amplifica a etapa do "E então?", mostrando um

cenário pior que o da realidade ao entrar nos detalhes do problema, restringindo-se os próximos passos pelo fato de o cérebro ter ficado em modo de ameaça. Isso pode transformar a etapa do "E agora?" em uma batalha perdida. Indivíduos e empresas com pensamento positivo, mentalidade de crescimento, processos de melhoria contínua e foco no futuro empregam regularmente essa estrutura de apoio. Ela é muito utilizada para resolver crises de modo estratégico, para lidar com crimes empresariais, imprevistos desagradáveis, alta rotatividade de funcionários, perda de *market share* e sempre que for preciso incluir novas perspectivas e obter maior compreensão do que ocorre. Seu uso em grupo traz uma análise mais precisa, pois integra diversas perspectivas e permite identificar soluções mais criativas e mais fáceis de serem validadas, pois serão propostas pelo grupo. Essa é uma das estruturas mais poderosas de comunicação, apresentada inicialmente como um Modelo Reflexivo na área da saúde,[20] para incentivar reflexão para a ação e teve seu uso disseminado na pesquisa científica e no mundo das organizações, com evidente aplicação também para os desafios da vida pessoal.

9. **Falar de improviso:** ter que falar de improviso é, provavelmente, a única situação que supera o medo de falar em público, em uma tarefa pré-agendada. Falar de improviso refere-se a algo que não teve ensaio prévio, que de modo súbito e imprevisto foi solicitado e que, portanto, pode gerar sensação imediata de desconforto e ameaça. Contudo, falar de improviso não é sinônimo de falar sem preparação. O improviso deve ser antecipado, e uma mínima preparação deve sempre ocorrer, mesmo que feita em poucos minutos. Por exemplo, em uma premiação, é capaz que lhe peçam para falar algumas palavras; em uma homenagem a um amigo, talvez alguém lhe solicite para destacar qualidades ou conquistas dessa pessoa; quando você acompanha um superior em uma visita a um cliente, há uma grande chance de que ele lhe peça para apresentar alguns detalhes ou compartilhar informações de um produto, projeto ou proposta. Anteveja tais situações e prepare-se com a estrutura de apoio **"Abrir-Desenvolver--Fechar"**. Para a **abertura**, você pode agradecer a oportunidade (se o agradecimento for sincero, caso contrário não diga nada, pois o detector de falsidade do cérebro é excelente!), pode usar algo das pessoas ou da empresa como elemento de similaridade com o que vai dizer ou, simplesmente, anunciar que vai falar o essencial, o mais importante, uma característica específica sobre o que foi solicitado. A seguir, passe rapidamente para o **desenvolvimento** de sua fala, use preferencialmente tópicos, para não se perder, indique possíveis benefícios ou impactos sobre as pessoas, a empresa ou o ambiente, deixando que o outro peça detalhes, se for preciso. O **fechamento** de sua fala pode ser feito destacando a sua mensagem central, agradecendo a oportunidade (se couber) e oferecendo-se para compartilhar mais detalhes ou outras perspectivas, se houver interesse ou necessidade. Se sua opinião for solicitada de improviso e você não tiver um posicionamento formado sobre o tema, mas for pressionado a se expor, deixe claro que está compartilhando um entendimento parcial, com o que sabe até então e que gostaria de mais dados e informações, antes de uma posição definitiva. Finalmente, se for um improviso de uma situação que envolve emoção e não tenha sido antecipada, como um reconhecimento que você não esperava receber, respire fundo para se acalmar, diga como está se sentindo (reconhecer isso acalma o cérebro, mas não mergulhe nas emoções para não se descontrolar; veja Capítulo 11) e destaque o valor do que está recebendo; evite começar a agradecer pessoas nominalmente, pois seguramente vai-se esquecer de algumas, que se sentirão magoadas.

10. **Regular emoções negativas:** autorregulação emocional nas situações de comunicação, particularmente ao falar em público ou na interlocução com pessoas difíceis, pode ser um grande desafio. Várias estratégias podem contribuir para você manter o controle nessa situação e não sofrer o disparo de mecanismos de defesa a possíveis ameaças (Veja Capítulo 11). Intenção de implementação é uma estrutura de pensamento usada para você se comunicar consigo mesmo,[21] acionando o sistema 2, racional, do cérebro para diluir o impacto de contextos de risco de comunicação. Ela é apresentada no formato de planos conhecidos como **"Se-Então"**, ou seja, "Se a situação X ocorrer, então farei Y.". Nessa estrutura, o X representa o que dispara a emoção (gatilho), e o Y é a ação definida previamente para apoiar a regulação emocional. Por exemplo: "Se eu ficar muito nervoso antes de minha apresentação, então vou focar nos tópicos de minha fala." ou "Se perceber minha garganta apertando ao falar, então vou respirar mais profundamente." ou ainda "Se o fulano (alguém importante) estiver na reunião de apresentação do projeto, então vou considerar isso uma oportunidade de me expor.". Com isso você aborda previamente, do ponto de vista mental, uma situação específica e traça um plano operacional para tratá-la de modo mais efetivo.[22]

Um resumo das dez estruturas, com suas principais aplicações e comentários, é oferecido no quadro a seguir.

Síntese das Estruturas de Apoio		
Estruturas de apoio	**Principal aplicação**	**Comentários**
1. Causa e efeito	Compreender a lógica	Estrutura simples, de fácil compreensão e direta
2. Comparação × Contraste	Destacar vantagens	Exige seleção de fatos e dados relevantes
3. Passado-Presente-Futuro	Construir uma história	Poderosa estrutura inspiradora
4. Efeito do trio	Influenciar, engajar e argumentar	Truque dos três itens para encantar o cérebro do outro
5. Eu posso estar enganado, mas...	Discordar gentilmente	Oferece o benefício da dúvida
6. Eu ainda não..., mas...	Mostrar abertura para o desenvolvimento, com verbos de ação	Estrutura que indica disposição de desenvolvimento de uma habilidade
7. Problema-solução-benefício	Resolução de problemas	Destaca o valor da solução apresentada
8. O quê? E então? E agora?	Reflexão para ação	Estrutura simples e eficiente, geradora de alternativas
9. Abrir-Desenvolver-Fechar	Falar de improviso	Estrutura em três partes, previsíveis e de uso simples
10. Se (quando) a situação X ocorrer, então eu vou fazer Y	Regular emoções	Estrutura mental, plano de ação previamente definido para situações de risco

O uso das estruturas de apoio deve-se tornar um hábito, a partir do qual você terá mais confiança na comunicação e liberdade de criar um diálogo eficiente, com base na arquitetura estrutural da comunicação (Veja Capítulo 2). Essa estratégia contribui para o desenvolvimento de sua Presença Líder, ideal para se destacar no mundo profissional. Duas atitudes simples exemplificam como a comunicação apoia no exercício da liderança: 1. Enquadre o trabalho, lembrando seus colegas dos desafios e das incertezas existentes, bem como a interdependência que o trabalho exige, o que requer escutar, principalmente quando algo estiver errado; e 2. Faça perguntas que gerem reflexão de todos, não só de seus pares mas, também dos superiores; boas perguntas promovem respeito, oportunidades de todos contribuírem, favorecendo novas ideias.

COMENTÁRIOS DE IMPROVISO

Quando a situação é formal e você preparou um discurso ou quando você está em uma entrevista sobre um tópico específico, evite incluir comentários de improviso, pois sob emoção você pode não ter os melhores filtros na escolha do que diz. Concentre-se no que você preparou e evite arroubos que podem causar desconforto e mal-estar. Lembre-se que o cérebro executivo tem limitações, e o cérebro automático é aquele que vai estar no comando, se estivermos expostos a situações com alta carga emocional, cansados ou relaxados demais.

Veja exemplos de pessoas públicas, com muita experiência, que em um momento de relaxamento, em um discurso, entrevista ou abordagem da imprensa, falaram o que não deveriam ter dito.

- Fernando Henrique Cardoso, presidente do Brasil, em jantar com empresários de São Paulo, na presença da imprensa, junho de 1998: "*Aposentado é vagabundo!*"
- Luiz Inácio Lula da Silva, presidente do Brasil, em discurso na capital da Namíbia, em novembro de 2003: "*Quem chega não parece estar em um país africano, é uma cidade tão limpa e bonita.*"
- Vicente Fox, presidente do México, acrescentou o seguinte improviso em um discurso preparado, em janeiro de 2019: "Mexicanos dotados de grande dignidade, força de vontade e capacidade de trabalho estão executando tarefas que nem os pretos querem fazer nos Estados Unidos."
- Marta Suplicy, ministra do Turismo e sexóloga, em declaração sobre o caos nos aeroportos, em junho de 2007: "*Relaxa e goza. Depois você vai esquecer todos os transtornos.*"
- Donald Trump, presidente dos Estados Unidos, ao vencer as eleições primárias de seu partido em New Hampshire: "*Serei o melhor presidente que Deus criou.*"
- Paulo Guedes, ministro da Economia, na defesa do patamar elevado da taxa do câmbio do dólar, em 2019: "*Dólar alto é bom... Empregada doméstica estava indo para a Disney. Uma farra danada...*"
- Joe Biden, presidente dos Estados Unidos, em discurso em Varsóvia, em abril de 2022, em referência à invasão da Ucrânia: "Essa guerra não é digna de vocês, povo russo. Putin pode e deve pôr fim a essa guerra. [...] Pelo amor de Deus, este homem não pode permanecer no poder!"
- Jair Bolsonaro, presidente do Brasil, em entrevista a extremistas alemães de direita, sobre a pandemia do COVID-19: "Muitas [vítimas] tinham alguma comorbidade, então a COVID apenas encurtou a vida delas por alguns dias ou algumas semanas."
- Jair Bolsonaro, presidente do Brasil, em entrevista à Jovem Pan, em 2018: "*Trabalhadores têm que escolher entre ter direitos ou ter emprego.*"

- Damares Silva, ministra da Mulher, da Família e Direitos Humanos, em declaração à imprensa contra a legalização do aborto, antes de assumir a pasta, em dezembro de 2018: "*Gravidez é um problema que só dura nove meses.*"
- Papa Francisco, ao responder a um padre brasileiro, nas ruas da Itália, que pede para que ele reze pelo povo brasileiro: "*Vocês não têm salvação... Muita cachaça e nada de oração.*"

O risco de comentários de improviso é grande e pode comprometer sua imagem. Se você cometer um deslize desse tipo, peça desculpas pelo que falou. Ao reconhecer genuinamente seu erro, e se ele não se repetir, terá a compreensão dos ouvintes, e essa experiência será de grande aprendizado para sua vida.

Assim, Presença líder é uma atitude a ser desenvolvida ao longo da carreira, requer consciência na comunicação, pode ser auxiliada por estruturas de apoio e se desenvolve ao longo da vida, independentemente de se ter um cargo de chefia. Reflita sobre que posição você quer ocupar no mundo e invista para alinhar sua decisão às suas atitudes e comportamentos na comunicação.

VÍDEOS RECOMENDADOS

Executive Presence
Talks at Google – palestra de Sylvia Ann Hewlett sobre presença executiva como o elo perdido entre mérito e sucesso.
https://www.youtube.com/watch?v=i2QOAfWLedE

Speaking up without freaking out
TEDxPaloAlto de Matt Abraham sobre estrutura de comunicação para dar segurança em apresentações em público, excelente para se pensar na presença líder, passar confiança e compartilhar ideias e histórias.
https://www.ted.com/talks/matt_abrahams_speaking_up_without_freaking_out

The 10% Rule - How Slowing Down Can Build Executive Presence
Apresentação de Jeff Black sobre a regra dos 10% na presença executiva, pela consultora Kimberly Faith.
https://www.youtube.com/watch?v=mf0 mcJX0sfk

How to Develop Executive Gravitas
Vídeo de Jim Schleckser da INC CEO Project sobre como desenvolver gravitas para presença executiva.
https://www.youtube.com/watch?v=9wSjoortlzI

REFERÊNCIAS BIBLIOGRÁFICAS

1. Antonakis J, Day DV, Schyns B. Leadership and individual differences: At the cusp of a renaissance. The Leadership Quarterly. 2012; 23(4):643-50. https://doi.org/10.1016/j.leaqua.2012.05.002.
2. De Neve JE, Mikhaylov S, Dawes CT, Christakis NA, Fowler JH. Born to Lead? A Twin Design and Genetic Association Study of Leadership Role Occupancy. The leadership quarterly. 2013; 24(1):45–60. https://doi.org/10.1016/j.leaqua.2012.08.001.

3. Hewlett SA, Leader-Chivée L, Sherbin L, Gordon J, Dieudonné F. Executive presence. Key Findings. 2013. Recuperado em 16 março, 2022, de https://www.dca.org.au/sites/default/files/executivepresence-keyfindings-cti.pdf
4. Adam H, Galinsky AD. Enclothed cognition. Journal of Experimental Social Psychology. 2012; 48(4):918-25. https://doi.org/10.1016/j.jesp.2012.02.008.
5. Dutra D. Teste de Habilidade para Formar uma Boa imagem. 2002. Recuperado em 25 abril, 2022, de http://www.denizedutra.com.br/autodiagnostico.html.
6. Davis J Mehta P. An ideal hormonal profile to become a leader: Can you help yourself to be a better leader? NLI Journal. 2015;6.
7. Mehta PH, Josephs RA. Testosterone and cortisol jointly regulate dominance: evidence for a dual-hormone hypothesis. Hormones and behavior. 2010; 58(5):898–906. https://doi.org/10.1016/j.yhbeh.2010.08.020.
8. Mehta PH, Welker KM, Zilioli S, Carré JM. Testosterone and cortisol jointly modulate risk-taking. Psychoneuroendocrinology. 2015; 56:88-99. https://doi.org/10.1016/j.psyneuen.2015.02.023.
9. Edwards DA, Casto KV. Women's intercollegiate athletic competition: cortisol, testosterone, and the dual-hormone hypothesis as it relates to status among teammates. Hormones and behavior. 2013; 64(1):153-60. https://doi.org/10.1016/j.yhbeh.2013.03.003
10. Kerr C. Viés inconsciente. Literare Books International. 2021.p. 215.
11. Bartz JA, Zaki J, Bolger N, Ochsner KN. Social effects of oxytocin in humans: context and person matter. Trends in cognitive sciences. 2011;15(7):301-9. https://doi.org/10.1016/j.tics.2011.05.002.
12. Foddy M, Platow MJ, Yamagishi T. Group-based trust in strangers: The role of stereotypes and expectations. Psychological Science. 2009; 20(4):419-22. https://doi.org/10.1111/j.1467-9280.2009.02312.x.
13. Lara-Cinisomo S, McKenney K, Di Florio A, Meltzer-Brody S. Associations between Postpartum Depression, Breastfeeding, and Oxytocin Levels in Latina Mothers. Breastfeeding medicine: the official journal of the Academy of Breastfeeding Medicine. 2017; 12(7), 436–442. https://doi.org/10.1089/bfm.2016.0213.
14. Zak P. A molécula da moralidade: as surpreendentes descobertas sobre a substância que desperta o melhor em nós. Elsevier Brasil. 2107.
15. Zak PJ. The neuroscience of trust. Harvard business review. 2017; 95(1):84–90.
16. Wu Y, Eisenegger C, Sivanathan N, Crockett MJ, Clark L. The role of social status and testosterone in human conspicuous consumption. Scientific reports. 2017; 7(1):1-8. https://doi.org/10.1038/s41598-017-12260-3.
17. Squarisi D. Manual de redação e estilo para mídias convergentes. Geração Editorial. 2011.
18. Dweck C. Mindset: a nova psicologia do sucesso. Objetiva. 2017.
19. Grant H. The Incredible Benefits of a "Get Better. 2014. Recuperado em 30 março, 2022, de https://www.youtube.com/watch?v=l4kz92qWpLA.
20. Rolfe G, Freshwater D, Jasper M. Critical Reflection for Nursing and the Helping Professions a User's Guide. Hampshire: Palgrave Macmillan. 2001.
21. Gollwitzer PM. Implementation intentions: Strong effects of simple plans. American Psychologist. 1999; 54(7):493–503. https://doi.org/10.1037/0003-066X.54.7.493.
22. Behlau M, Madazio G, Pacheco C, Vaiano T, Badaró F, Barbara M. Coaching strategies for behavioral voice therapy and training. Journal of Voice. 2021. https://doi.org/10.1016/j.jvoice.2020.12.039.

RESUMO CONCLUSIVO

Comunicação é um verdadeiro desafio no mundo complexo e diverso em que vivemos, mas provavelmente é o melhor investimento que podemos fazer para melhoria em nossa vida pessoal e profissional. Neste livro exploramos diversos aspectos que podem ajudá-lo a ter consciência sobre como você se comunica, destacando o impacto que isso pode ter sobre o outro, e quais estratégias podem utilizar para melhorar a qualidade de suas interações.

Dez pontos merecem ser destacados para você monitorar seu desenvolvimento. Eles são simples observações essenciais para você melhorar sua competência na comunicação e, refletem um conhecimento quase intuitivo, contudo, nem sempre são suficientemente valorizados. São eles:

1. **É impossível não se comunicar:** mesmo o silêncio é uma forma de comunicação e, às vezes, é a melhor opção, mas essa escolha deve ser uma exceção. Ao ficar calado você permite que o outro atribua o significado que ele quiser; ao falar você tem a chance de transmitir a mensagem da forma que entende ser melhor, mas isso requer preparo. Escutar é essencial e deve ser visto como a base da comunicação.

2. **Comunicamo-nos desde o nascimento, e nosso cérebro é formatado para a interação:** enviamos e captamos sinais constantemente, conscientes ou não, e essa é uma estratégia básica do cérebro para garantir nossa sobrevivência, pois estamos buscando padrão nas mensagens com base em nossa experiência. Na maior parte do tempo usamos automatismos nas interações, mas devemos saber quando isso não nos beneficia e usar o cérebro executivo nessas situações.

3. **Ter consciência sobre sua comunicação é um diferencial de qualidade:** reflita sobre o que você comunica, quando se comunica e ajuste a fala e a escuta para elas serem fiéis à natureza do diálogo. Mesmo assim, esteja ciente de que poderá haver mal-entendidos e, portanto, corrija o que não saiu bem e pergunte, antes de inferir algo sobre quem fala com você. Confirme suas percepções e ajuste sua fala.

4. **O poder da comunicação é imediato e enorme:** tocamos o outro com o que falamos e pela forma com que falamos, de modo instantâneo; uma mensagem de texto com três palavras pode mudar a respiração, a pressão arterial, o ritmo do coração e o humor de quem a recebe. Comunicação é ferramenta de sucesso, instrumento de felicidade, mas pode comprometer sua carreira e sua imagem se for mal utilizada.

5. **A comunicação profissional é um tipo especial de interação:** nascemos com uma programação cerebral para desenvolver a comunicação, mas a comunicação profissional vai

mais além e requer treino, observância de regras e previsibilidade para atingir e engajar todos os públicos de interesse. Na maioria das organizações, o diferencial competitivo não está nos produtos, que podem ser imitados, mas na qualidade do atendimento que é oferecida aos clientes, o que tem profunda relação com a comunicação.

6. **A comunicação pode ser comprometida por ruídos:** você pode acreditar que a mensagem esteja absolutamente clara em sua mente, mas ninguém é um livro aberto, e o outro não tem o poder de ler seu pensamento; além disso, repertórios diferentes, culturas, experiências de vida, problemas de voz e fala, crenças e vieses podem interferir negativamente na transmissão da mensagem. O seu próprio pensamento automático, a mente narrativa, pode-se tornar um grande ruído e prejudicar a sua escuta. Seja consciente dos ruídos na comunicação e procure reduzi-los ao máximo.

7. **Considere o objetivo, o destinatário da comunicação e a mensagem:** um discurso com objetivos ambíguos ou pouco claros gera desconforto para quem ouve; pense no que você pode dizer que faça valer o tempo e a atenção do outro, para que ele não o considere descartável; finalmente, uma mensagem verbal desalinhada com a mensagem não verbal produz desconfiança em quem ouve e reduz a credibilidade de quem fala, portanto, avalie com critérios a qualidade de suas interações.

8. **Busque assertividade na comunicação:** seja direto, conciso e preciso no que fala, destacando valor e respeitando seus direitos e os dos outros; quanto mais complexo for o tema, mais assertivo você deverá ser, deixando claro o objetivo e o eixo condutor de sua fala. No mundo atual, em que temos a percepção de que o tempo está encurtado, assertividade é valor; contudo, ser assertivo não é natural e precisa ser treinado constantemente.

9. **Construa diálogo com escuta, empatia e persuasão:** valorize sua relação com o outro, reconheça a opinião do outro, mesmo que você discorde, permita a expressão das emoções, busque perspectivas diversas e escute com intenção. Entenda as situações em que o emprego da empatia resolve problemas de modo mais justo e contribui para a solução de impasses. Empatia não é sinal de fraqueza, ao contrário, quando bem empregada, é demonstração de força. A empatia pode ser treinada e, aliada à escuta consciente, favorece o processo de influenciar o outro, considerando o que essa pessoa vê, sente e pensa. Principalmente quando existe um possível conflito de ideias ou opiniões, o diálogo é o melhor caminho.

10. **Aprenda a se comunicar na diversidade:** o mundo é diverso e as empresas querem ser diversas para se emparelharem com a realidade social: é mais justo e gera mais lucros. Comunicar-se na diversidade é desafiador, requer esforços e é preciso ter curiosidade para conhecer o outro, mas os resultados nos negócios e no desenvolvimento dos times é inegavelmente superior aos das equipes similares. Se você se comunica apenas com pessoas parecidas com você, cuidado, pode estar vivendo em uma bolha que não representa a realidade social. Desenvolva uma comunicação inclusiva para promover diversidade de pensamentos e ideias. A vivência da diversidade faz bem ao cérebro, ajuda a manter sua saúde mental e amplia a sua visão de mundo.

O QUE COMUNICO QUANDO ME COMUNICO

Esse é o subtítulo de nosso livro, em que exploramos, de modo prático, diversos aspectos da comunicação, com aplicação no mundo das organizações e no desenvolvimento de carreira. Evidentemente, essa exploração é um esforço para simplificar a complexidade da comunicação, com finalidade didática, a fim de ajudá-lo a vencer os desafios que enfrenta e vai enfrentar. Você fez diversas autoavaliações, refletiu sobre seu comportamento na comunicação e já deve estar melhorando a qualidade de suas interações. Contudo, comunicação é percepção e trabalho em andamento, que nunca estará concluído, merecendo atenção por toda a vida. Encare esse trabalho continuado como uma ferramenta para ser uma pessoa melhor, desenvolvendo a consciência do que você comunica, quando se comunica.

Comunicação consciente é um objetivo central para melhorar a qualidade das relações pessoais e profissionais, requer autoconhecimento e regulação emocional. A comunicação se faz na interação, e cada interação é única. Os tempos mudam, diferentes demandas surgem, desafios nunca enfrentados passam a existir, como contato com pessoas de diferentes culturas e novos canais de comunicação. Tudo isso exige repensar como melhorar a transmissão e escuta das mensagens. Muito do nosso dia a dia é automático, e isso inclui nossa comunicação; esse processo é eficiente, rápido e gasta pouca energia cerebral, porém, não é adequado para novas situações, para os momentos que exigem reflexão, criatividade, resolução de problemas complexos e trabalho em times com diversidade. Ter consciência de sua comunicação é compreender o impacto de sua forma de falar e escutar sobre o outro e é também avaliar o que a situação exige e produzir a melhor resposta; de modo reverso, é também desenvolver a consciência de como a comunicação do outro o impacta.

Ao findar esse livro, esperamos que você esteja mais preparado para essa jornada de aprendizado contínuo e mais sensível quanto à importância de valorizar o processo de comunicação, um investimento com elevado retorno para sua vida profissional e pessoal. Desenvolver a comunicação é um trabalho continuado, a ser executado ao longo de toda a vida, e nunca estará concluído. Contudo, como testemunhamos em nossos atendimentos e treinamentos, enfrentar o desafio de uma comunicação consciente é plenamente compensado pela possibilidade de atingir o cérebro e o coração do outro, o que gera laços mais estáveis e mutuamente satisfatórios, produzindo interações e resultados de melhor qualidade.

ÍNDICE REMISSIVO

Entradas acompanhadas por um *f* ou *q* itálico indicam figuras e quadros, respectivamente.

A

F

G

H

I

L

T

U

V